KATJA REITER

# DIY Home Decoration

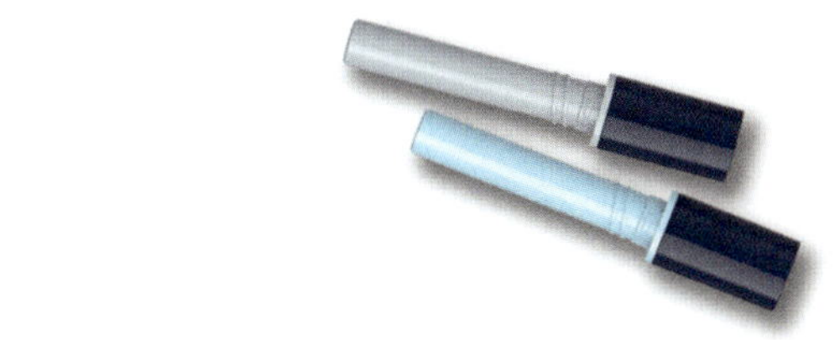

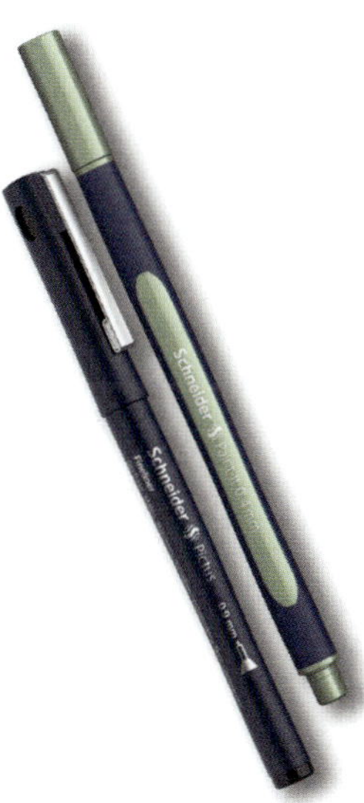

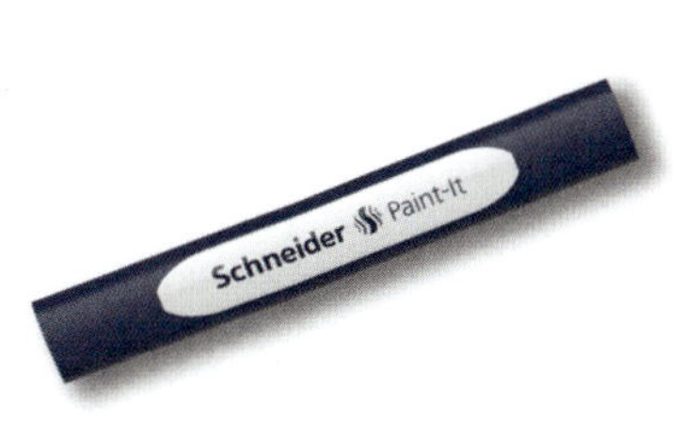

KREATIVE
PROJEKTE
MIT DEN STIFTEN VON

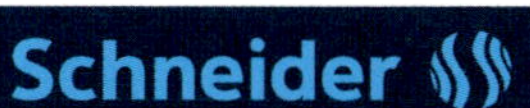


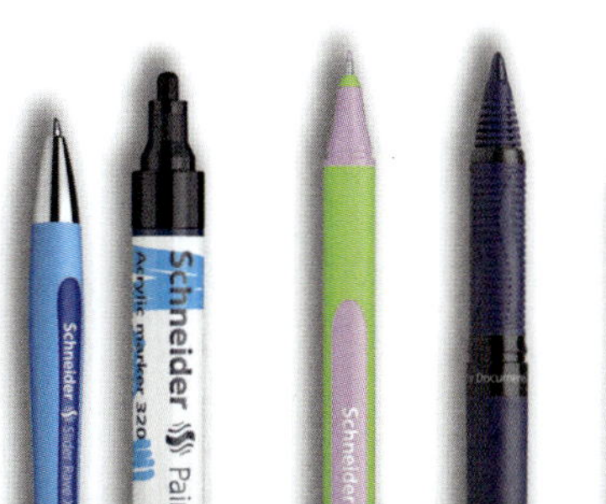

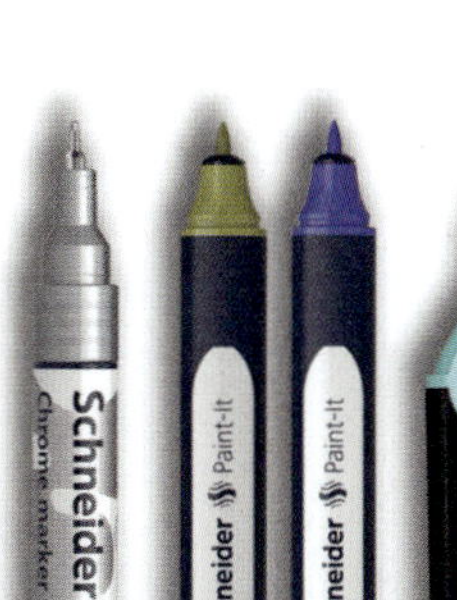

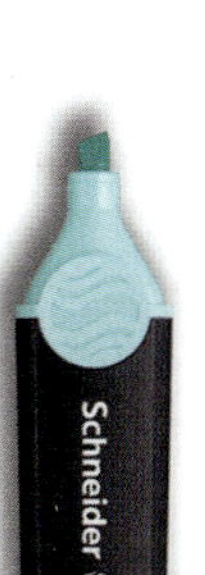

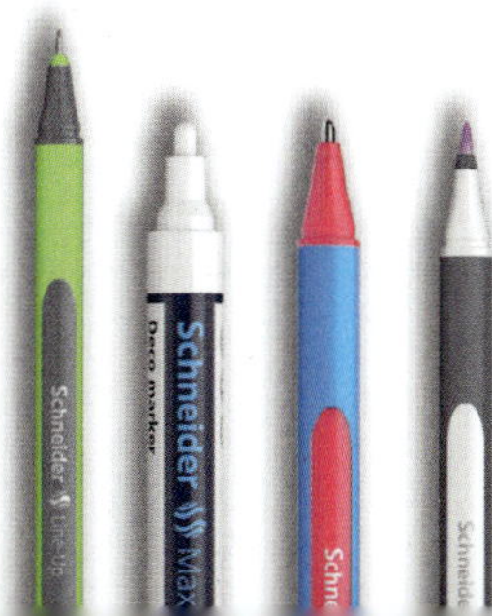

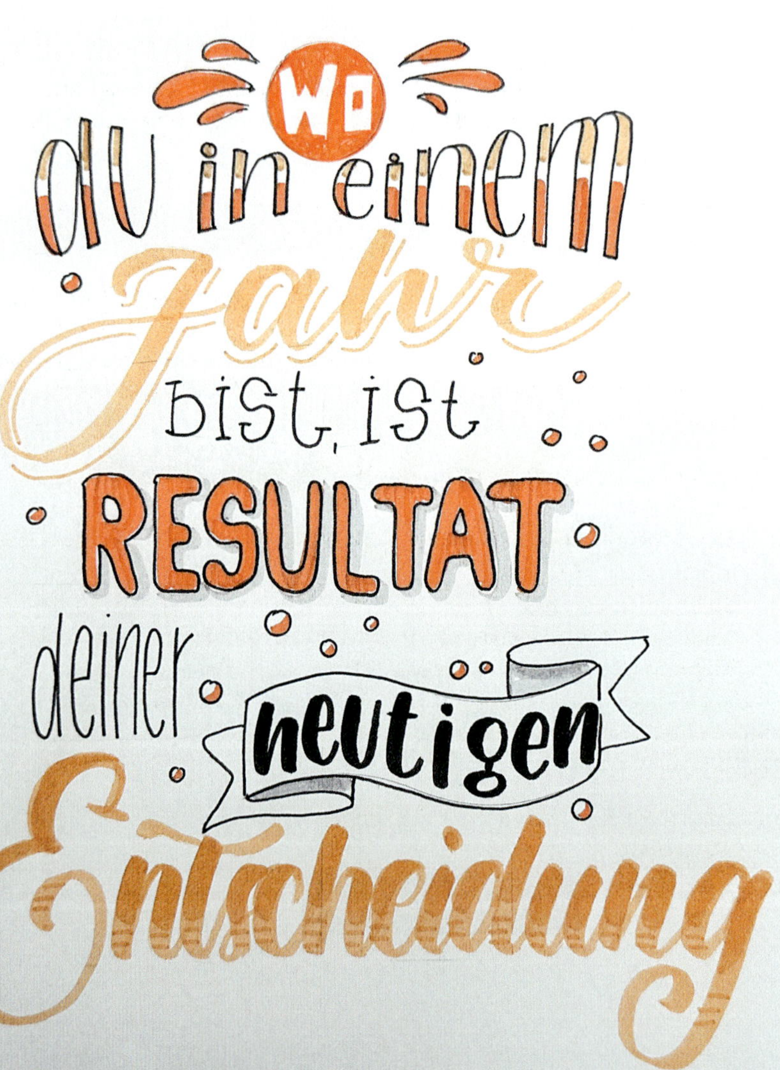
Wo
du in einem
Jahr
bist, ist
RESULTAT
deiner
heutigen
Entscheidung

Schneider Paint-It
Schneider Paint-It

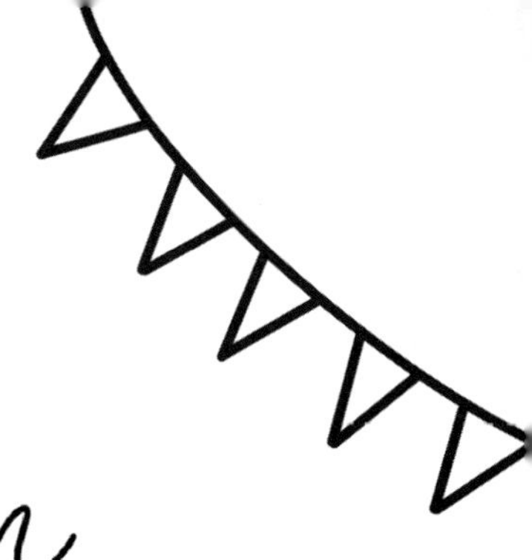

# Herzlich Willkommen

Dieses Buch „DIY Home Decoration" ist das Ergebnis meiner Leidenschaft, verschiedene Dinge, Oberflächen und Materialien kreativ zu verzieren.

Das begann vor einigen Jahren, als ich ein paar weiße Schuhe kaufte und Lust bekam, diese für mich zu personalisieren. Das hat mir so viel Freude gemacht, dass fortan keine „weiße" Fläche vor mir sicher sein konnte.

In diesem Buch möchte ich dir zeigen, wie du Handlettering, verschiedene Muster und Schmuckelemente einsetzt, um Erinnerungen für deine Lieben festzuhalten. Du wirst lernen, wie du Alltagsgegenstände wie Fenster oder Taschen in Kunstwerke verwandeln kannst. So wird aus Altem etwas Neues und aus langweiligen Dingen wieder Objekte, an denen du dich neu freuen kannst.

Dieses Buch ist für alle geeignet, die Lust an den Themen Upcycling, Handlettering und Malen von Mustern und keine Angst haben, auch mal ein kleines Risiko einzugehen. Mit den wunderbar farbenfrohen und nachhaltigen Stiften von Schneider Schreibgeräte für verschiedene Projekte bist du dabei gut ausgerüstet. Ich zeige dir in jedem Kapitel, welche Stifte ich wofür genutzt habe und gebe dir Tipps in der Anwendung, sodass du immer weißt, welcher Stift genau der richtige für dich ist. Jedes Projekt ist mit einem Schwierigkeitsgrad versehen, sodass du entspannt entscheiden kannst, womit du starten möchtest. Im hinteren Teil des Buches findest du auch einen QR-Code mit einem Link zu den Vorlagen der einzelnen Projekte.

Jetzt freue ich mich, dich in meine Welt mitzunehmen.
Lass uns gemeinsam loslegen!

Deine Katja

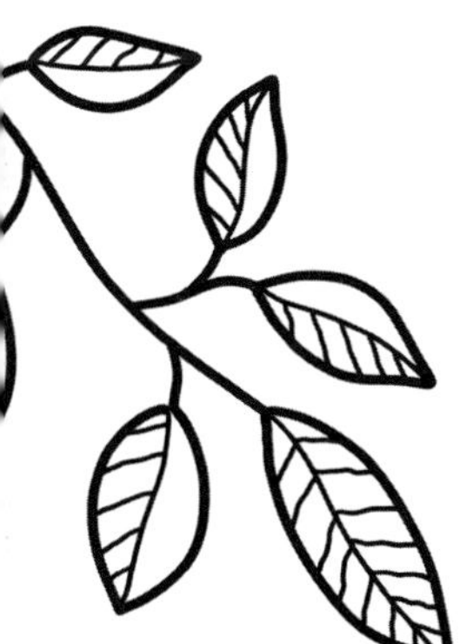

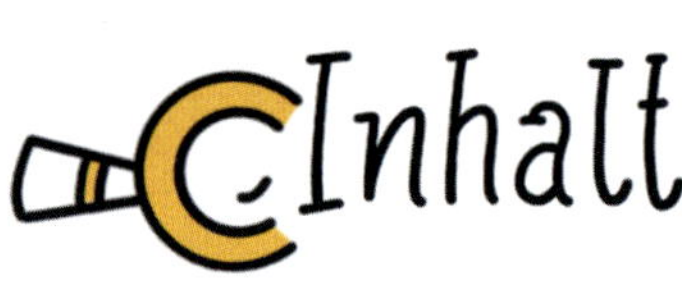

# Inhalt

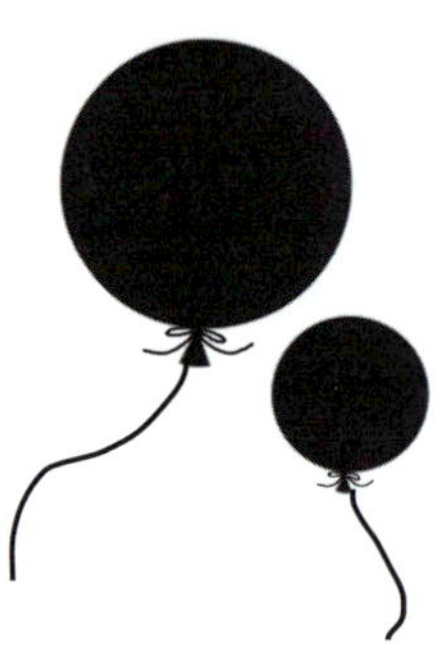

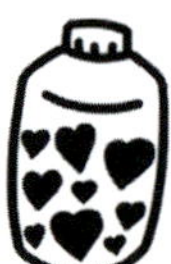

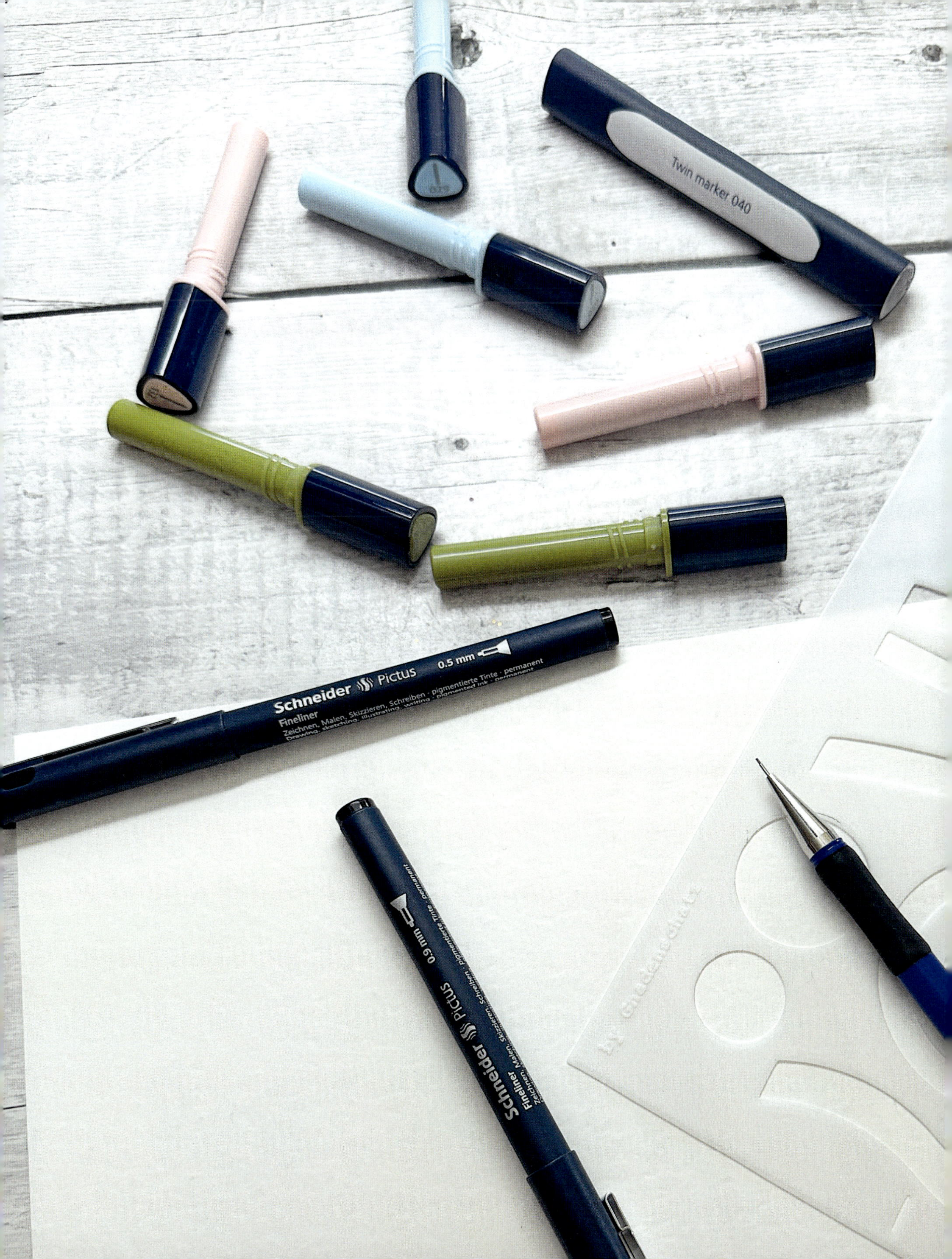
Twin marker 040
Schneider Pictus
0.5 mm
Fineliner
Zeichnen, Malen, Skizzieren, Schreiben · pigmentierte Tinte · permanent
Schneider Pictus
0.9 mm
Fineliner

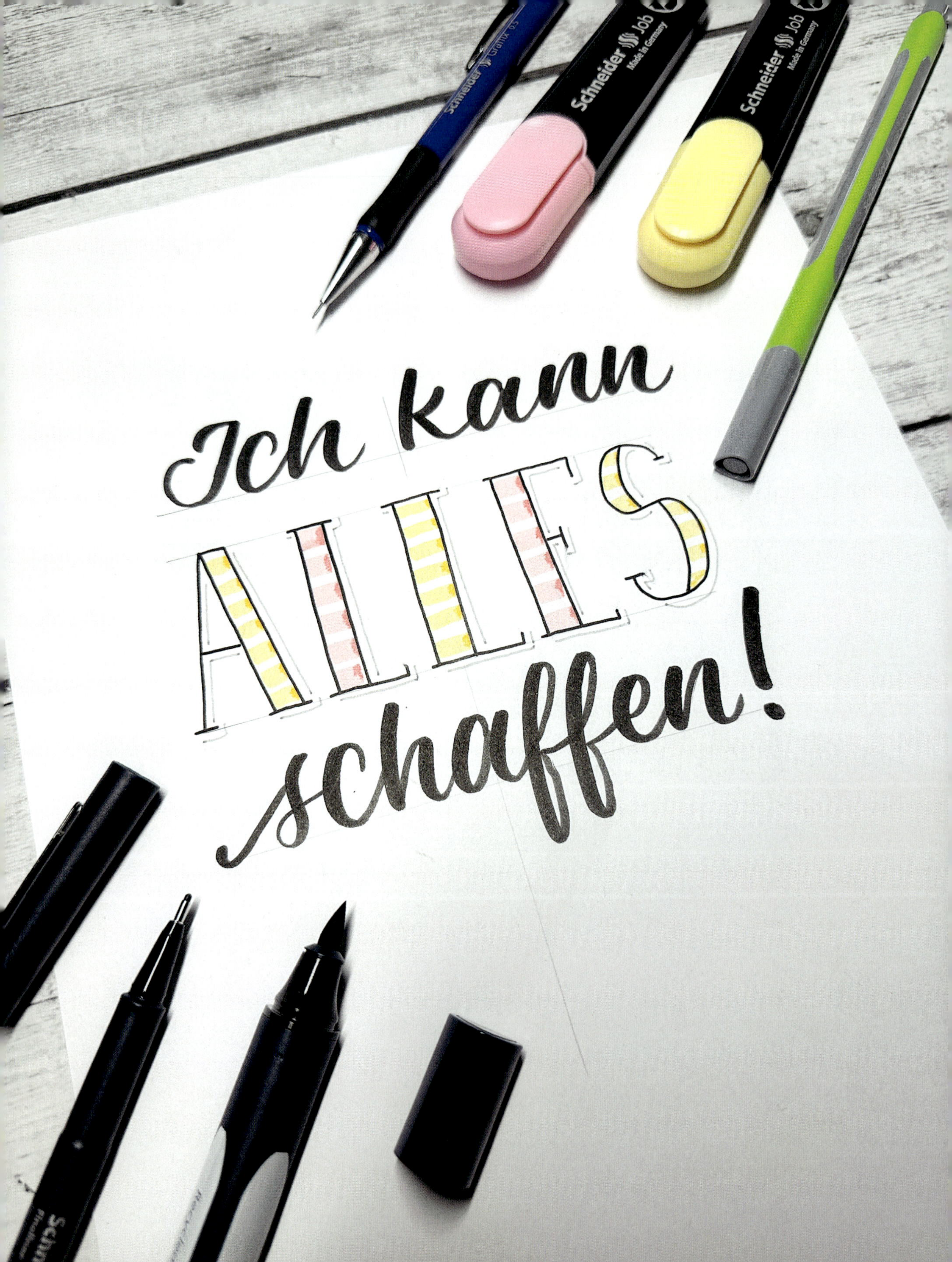
Ich kann
ALLES
schaffen!
Schneider Job
Made in Germany
Schneider Job
Made in Germany

# Etwas Ermutigung für den Anfang

Vielleicht ist es beängstigend für dich, wenn du eine „weiße“ Fläche siehst, die zwar nach Veränderung ruft, du aber daran zweifelst, dass diese auch perfekt aussehen wird.

Darum möchte ich dir sagen: Es geht nicht um Perfektion! Denn das Streben nach Perfektion hemmt uns, lässt uns vergleichen und das wiederum zerstört die Freude. Aber um die Freude im Gestaltungsprozess von wunderschönen Botschaften, die dir wichtig sind, geht es. Botschaften, die von Herzen kommen und mit deinen Händen gemacht sind, lassen dein Projekt immer wunderschön und einzigartig erstrahlen.

Und wenn dann doch mal ein kleines Malheur passiert, werde kreativ und nutze verschiedene Schmuckelemente, um den kleinen Patzer liebevoll einzubinden. In meinem Buch „Mein Lettering Training“ habe ich dem Thema ein ganzes Kapitel gewidmet. Außerdem findest du darin noch weitere Anleitungen zum Thema „Handlettering lernen“. Falls du es in deinem Bücherregal stehen hast, nimm es gerne zur Hand und vertiefe das eine oder andere Thema nochmal.

Nun lass uns mit etwas Theorie starten. Ich freue mich schon, dir die verschiedenen Stifte von Schneider vorstellen zu dürfen.

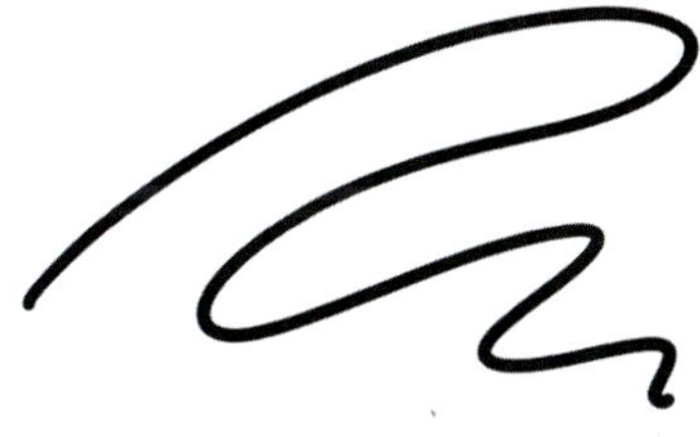

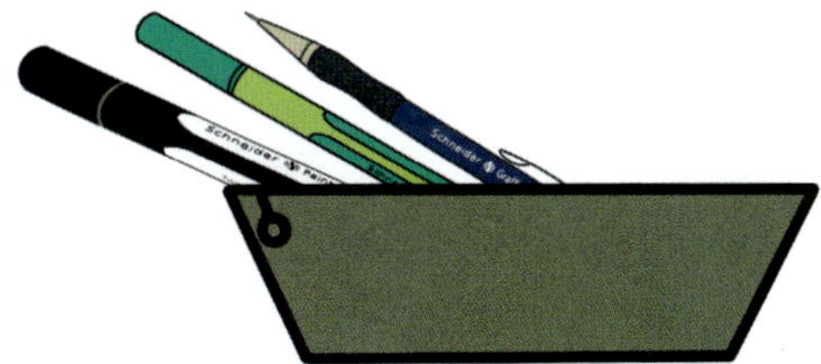

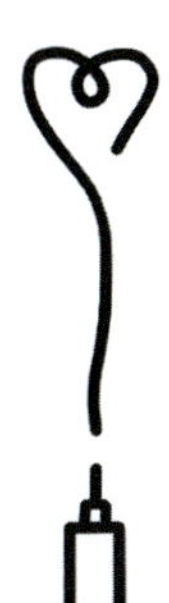

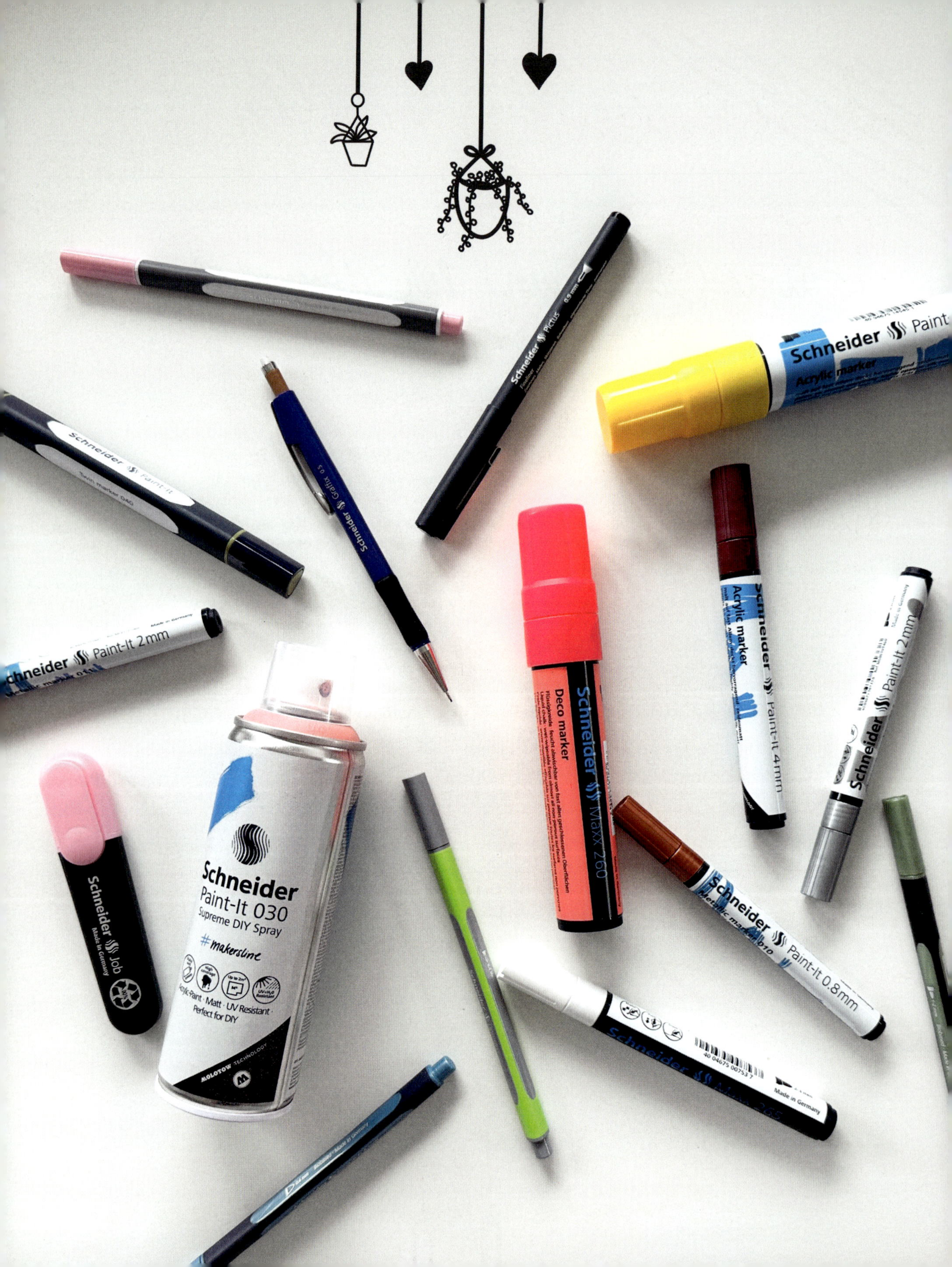

Schneider Paint-It 030
Supreme DIY Spray
#makersline
Acrylic-Paint · Matt · UV Resistant · Perfect for DIY
MOLOTOW TECHNOLOGY
Schneider Job
Made in Germany
Schneider Paint-It
Twin marker 040
Schneider Graffix 0.5
Schneider Pictus
Schneider Paint-It
Acrylic marker
Deco marker
Schneider Maxx 260
Acrylic marker
Paint-It 4mm
Schneider Paint-It 2mm
Paint-It 2mm
Made in Germany
Schneider Paint-It 0.8mm
Metallic marker 010
Made in Germany

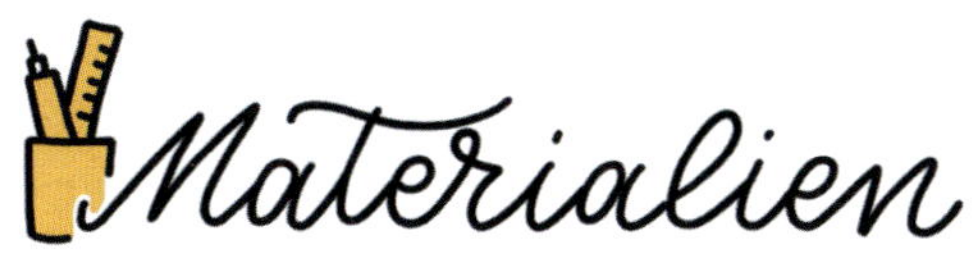


## Graffix-Druckbleistift

Der Bleistift ist wohl eines der wichtigsten Tools im kreativen Schaffensprozess, lassen sich mit ihm doch tolle Entwürfe und Vorzeichnungen anfertigen. Der Graffix ist ein Druckbleistift mit einer rutschfest gummierten Griffzone und integriertem Radiergummi, der gut in der Hand liegt.

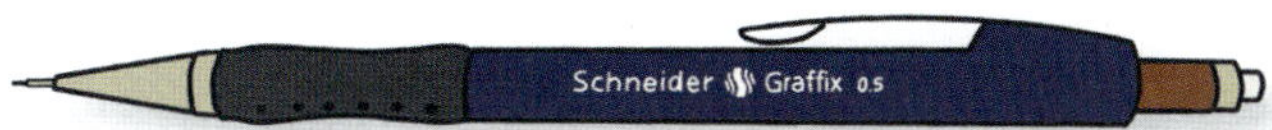


## Pictus-Fineliner

Den Fineliner Pictus, den es in acht verschiedenen Strichstärken gibt, verwende ich vorwiegend zum Gestalten auf Papier. Aber auch zum Vorzeichnen auf Stoff ist er sehr gut geeignet. Seine wasserbasierte, pigmentierte Tinte garantiert dauerhaft brillante Farben und eine exzellente Lichtbeständigkeit.

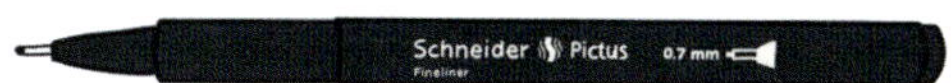


## JOB-TEXTMARKER

Textmarker kennen wir vor allen Dingen aus der Schule oder dem Büro. Es geht darum, sich wichtige Dinge in einem Text zu markieren. Darüber hinaus kann man mit dem Textmarker auch künstlerisch tätig werden. Sei es beim Lettering oder beim Malen von Mustern, die zwölf Farben des Job Textmarker bieten vielfältige Kombinationsmöglichkeiten. Außerdem sind sie leuchtstark und lichtbeständig. Sie wurden mit dem iF- und red dot Design-Award sowie dem Blauen Engel ausgezeichnet.

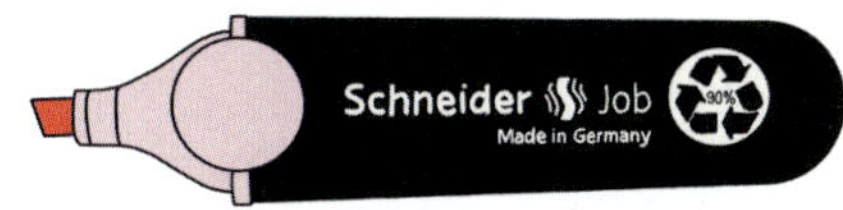


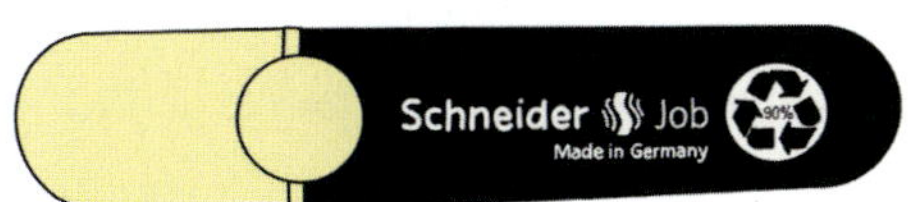


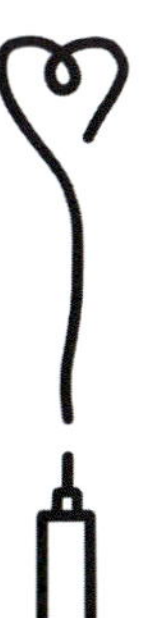

## Line-up Fineliner

Der Line-Up ist der erste Fineliner mit einem Gehäuse aus 88 % biobasiertem Kunststoff und wurde mit dem blauen Engel ausgezeichnet. Ihn gibt es in vielen verschiedenen Farben. Ich nutze ihn sehr gerne für das Zeichnen von Sketchnote-Rezepten, zum Gestalten von Sprüchen auf Papier und zum Verzieren meines Bullet Journals. Ein Pluspunkt ist auch, dass er nicht eintrocknet, auch wenn er mal 2–3 Tage lang offen liegen bleibt.

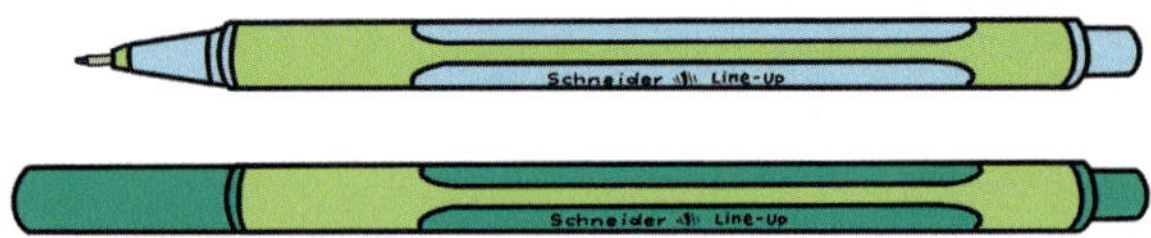

## Paint-It 070 Brushpen

Der Brushpen Paint-It 070 ist ein Stift mit einer flexiblen Pinselspitze, die man zum Beispiel beim Lettering benötigt. Mit dieser Spitze lassen sich in einem Zug dünne und dicke Linien erzeugen, sodass ein toller Effekt entsteht. Er wurde mit dem Umweltzeichen „Blauer Engel" für besonders ressourcenschonende und umweltfreundliche Herstellung ausgezeichnet. Dieser schmale Brushpen in zehn verschiedenen Farben eignet sich hervorragend zum Gestalten kleinerer Projekte wie Gruß- oder Tischkarten Dank wasserbasierter Tinte sind schöne Aquarelleffekte möglich.

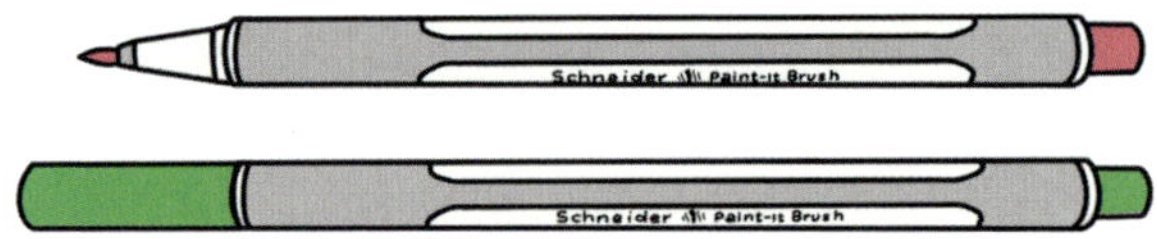

## Twinmarker Paint-It 040 Brushpen

Das raffinierte System des Twinmarkers hat mich von Anfang an überzeugt. Ein praktischer Kunststoffschaft in Kombination mit Nachfüllpatronen mit einer feinen Rundspitze auf der einen und einer flexiblen Pinselspitze auf der anderen Seite sorgt für viel Spaß auf dem Papier. 30 verschiedene Farben lassen keine Wünsche offen. Außerdem ist hier Nachhaltigkeit besonders großgeschrieben, denn so wird Kunststoff eingespart. Aber das ist noch nicht alles: Der Twinmarker besteht zu 92 % aus recyceltem Kunststoff.

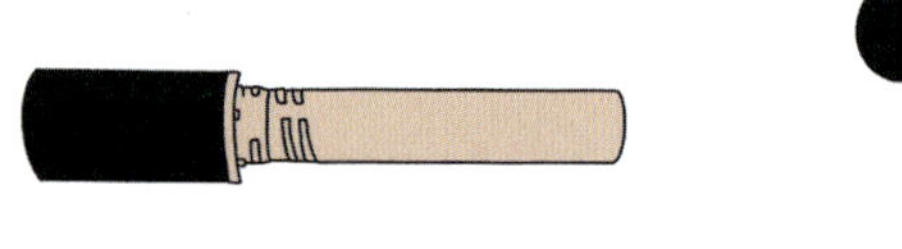

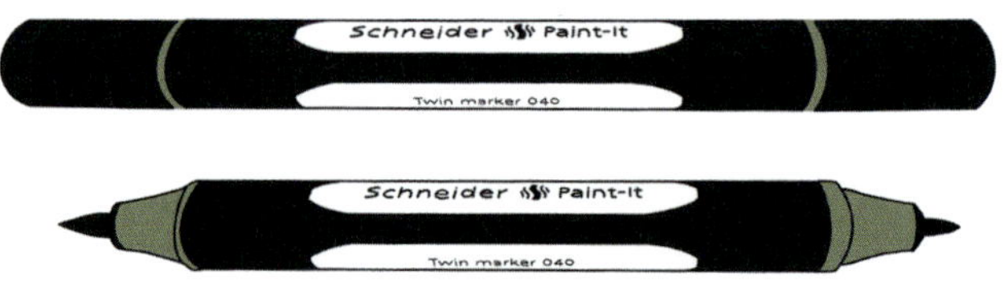

## Metallic Rollerball Paint-It 050

Der Metallic Rollerball schafft neue Möglichkeiten zum Gestalten und Schreiben mit besonders weichem Schreibgefühl, auch auf dunklem Papier. Die Ultra-Smooth-Spitze transportiert die hochmetallische Tinte präzise und lässt so einen schönen Effekt entstehen. Sehr praktisch ist auch, dass hier kein Pumpen oder Schütteln notwendig ist. Dieser Stift ist in acht Farben und einer Strichstärke von 0,4 mm erhältlich.

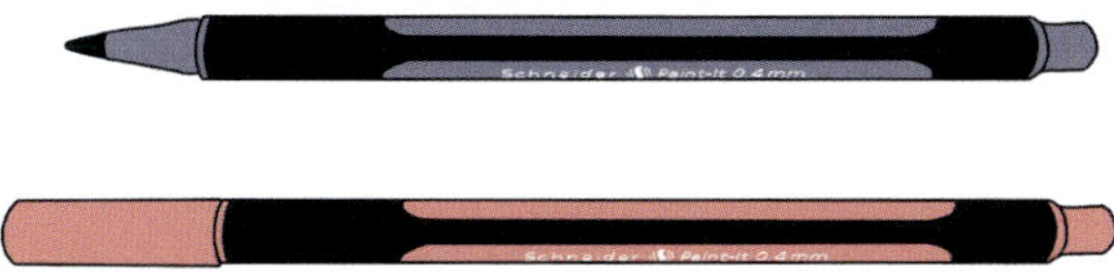

## Metallicliner Paint-It 020

Wie der Rollerball schafft auch der Metallicliner tolle Akzente, unter anderem auf dunklem Papier. Aber durch die größere Spitze in einer Strickstärke von 1–2 mm lassen sich hier größere Flächen gestalten, zum Beispiel beim Bullet Journaling. Auch dieser Stift trocknet schnell und ist geruchsarm.

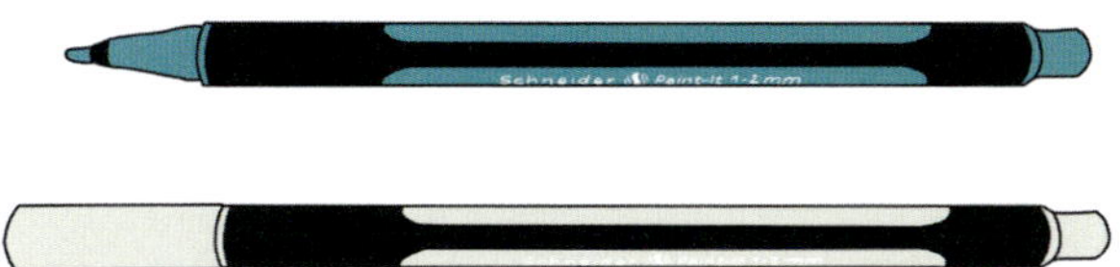

## Metallicmarker Paint-It 010

Die Metallicmarker kommen in der Strickstärke 0,8 mm in 8 Farben daher. Mit diesen Markern kannst du auf Papier arbeiten, aber auch Steine, Holz oder Porzellan lassen sich wunderbar individualisieren. Bevor du loslegst, ist es wichtig, den Marker gut zu schütteln und anschließend die Farbe in einer Pumpbewegung in die Spitze laufen zu lassen. Lagere die Stifte am besten liegend, so hast du lange Freude daran.

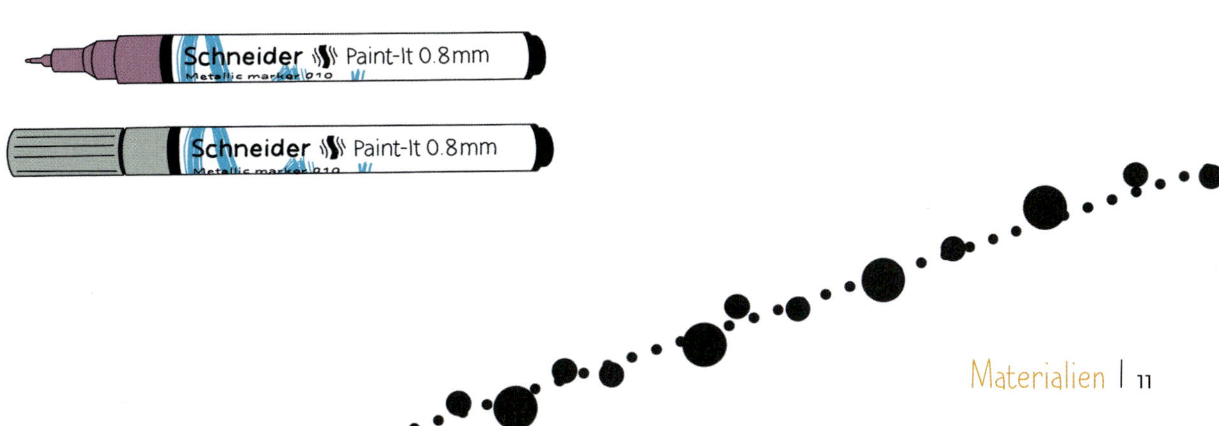

# Metallicmarker Paint-It 011

Diese Metallicmarker haben dieselben Eigenschaften wie die Marker 010. Lediglich die Strichstärke beläuft sich hier auf 2 mm. Die Metallicfarbe wird auch hier mit Effektpigmenten angereichert. Diese reflektieren einfallendes Licht und so entsteht der Metallic Effekt. Wichtig ist auch hier, dass du die Marker geschlossen hältst, damit sie nicht austrocknen.

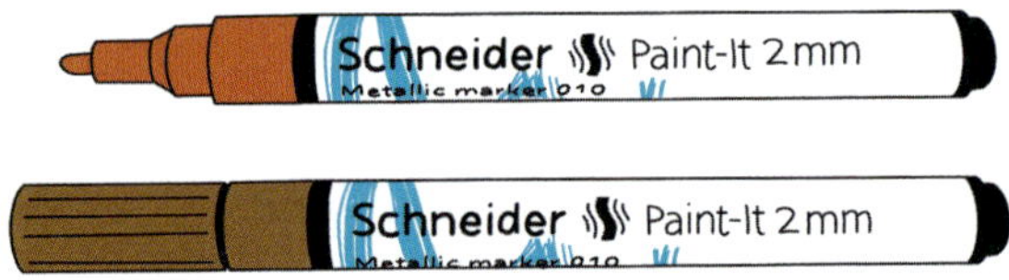


# Chromemarker Paint-It 060/061

Den Chrommarker liebe ich besonders für seinen Spiegeleffekt, den er beim Auftragen erzeugt. Vor allem auf Glas und Metall kommt der Wow-Effekt besonders schön heraus. Diesen Marker gibt es in zwei Strichstärken (0,8 und 2 mm). Du solltest nur darauf achten, dass du die gemalte Fläche nicht mit den Fingern berührst, bevor es wirklich gut getrocknet ist, denn sonst sieht man deine Fingerabdrücke darauf.

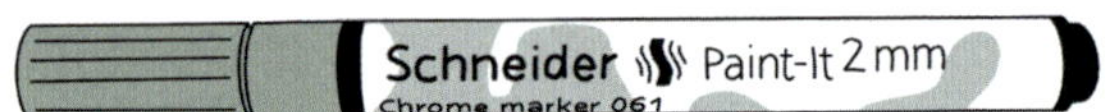


# Acrylmarker Paint-It 310/320/330

Der Acrylmarker ist dein wichtigstes Tool, wenn du auf ungewöhnlichen Oberflächen arbeiten möchtest. Dieser Marker in drei Strichstärken (2 mm, 4 mm und 15 mm) schreckt vor keinen Materialien zurück. So kannst du beispielsweise Leder, Stoff, Metall und noch vieles mehr verzieren. Die hochbrillanten Farben sind schnelltrocknend und hochdeckend. Wichtig ist dabei, dass du dein Projekt für mehr Haltbarkeit hinterher mit einem Schutzlack überziehst. Wie auch bei den Metallicmarkern ist hier das Schütteln und Pumpen der Spitze vor dem Start obligatorisch.

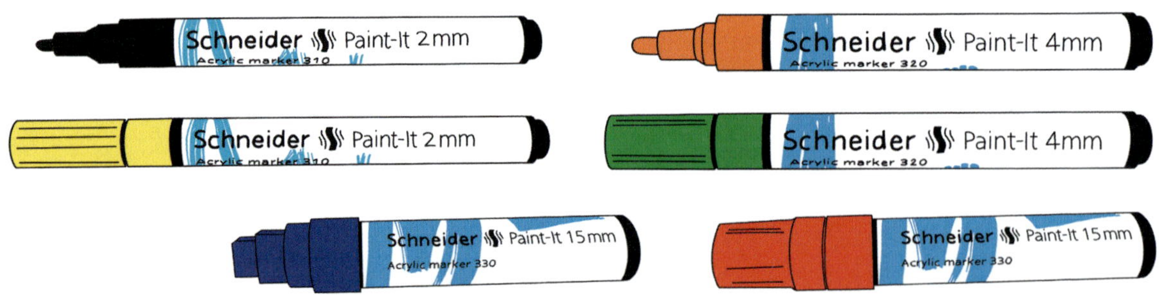

# Kreidemarker Maxx 260/265

Die Maxx sind Kreidemarker, mit denen du wunderbare Projekte auf Glas wie zum Beispiel einem Fenster oder auf Kreidetafeln umsetzen kannst. Sie lassen sich mit einem feuchten Tuch wieder entfernen und bieten so noch mehr Spielraum für dein Kreativleben. Die Marker sollten auch liegend gelagert werden und vor der Nutzung immer geschüttelt und zwischendurch immer wieder gepumpt werden. So sind sie auch deckend. Die Marker gibt es in zwei Größen (2–3 mm und 5–15 mm). Da der Trocknungsprozess auf glatten Oberflächen etwas länger dauert, solltest du vorsichtig arbeiten und mit der Hand nicht versehentlich etwas verwischen. Ich ziehe meist Handschuhe an, wenn ich auf Glas arbeite, damit das natürliche Hautfett nicht die Glasfläche verschmiert.

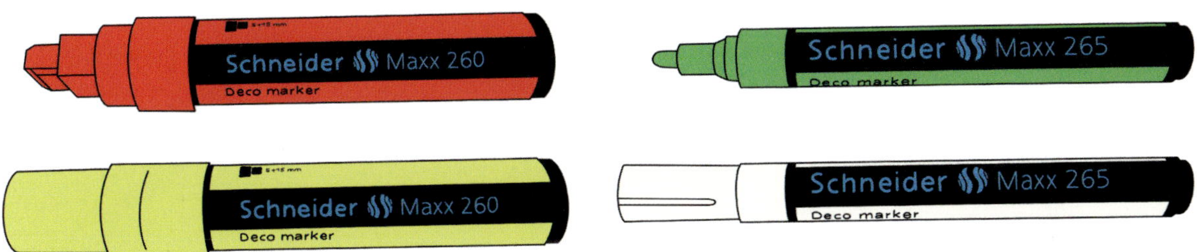


# SUPRIME DIY-SPRAY PAINT-IT 030

Diese Spraydosen auf Acrylbasis gibt es in 33 wunderschönen Farben. Die Premium-Acrylfarbe ist hochdeckend, UV-beständig und somit perfekt für nahezu alle DIY Projekte. Damit lassen sich zum Beispiel Möbel, Fahrräder oder Glasflaschen verschönern. Vor dem Sprühen müssen die Dosen mindestens eine Minute lang in allen Richtungen gut geschüttelt werden. Wenn du eine Sprühdose das erste Mal benutzt, ist es besonders wichtig, die Düse erst „freizusprühen". Das heißt, dass du nach dem Schütteln erstmal mit ausgestrecktem Arm den Sprühkopf betätigst, bis der feine Nebel mit den bunten Pigmenten zum Vorschein kommt.

Zum Sprühen von großen Objekten gehe ich gerne in für Sprayer eingerichtete Sprayzonen der Stadt. Dort stört man meist niemanden und man hat ausreichend Platz. Wichtig dabei ist nur, dass keine vorhandenen Kunstwerke übersprüht werden. Im Zweifel frage lieber bei der Stadt nach einem Ansprechpartner.

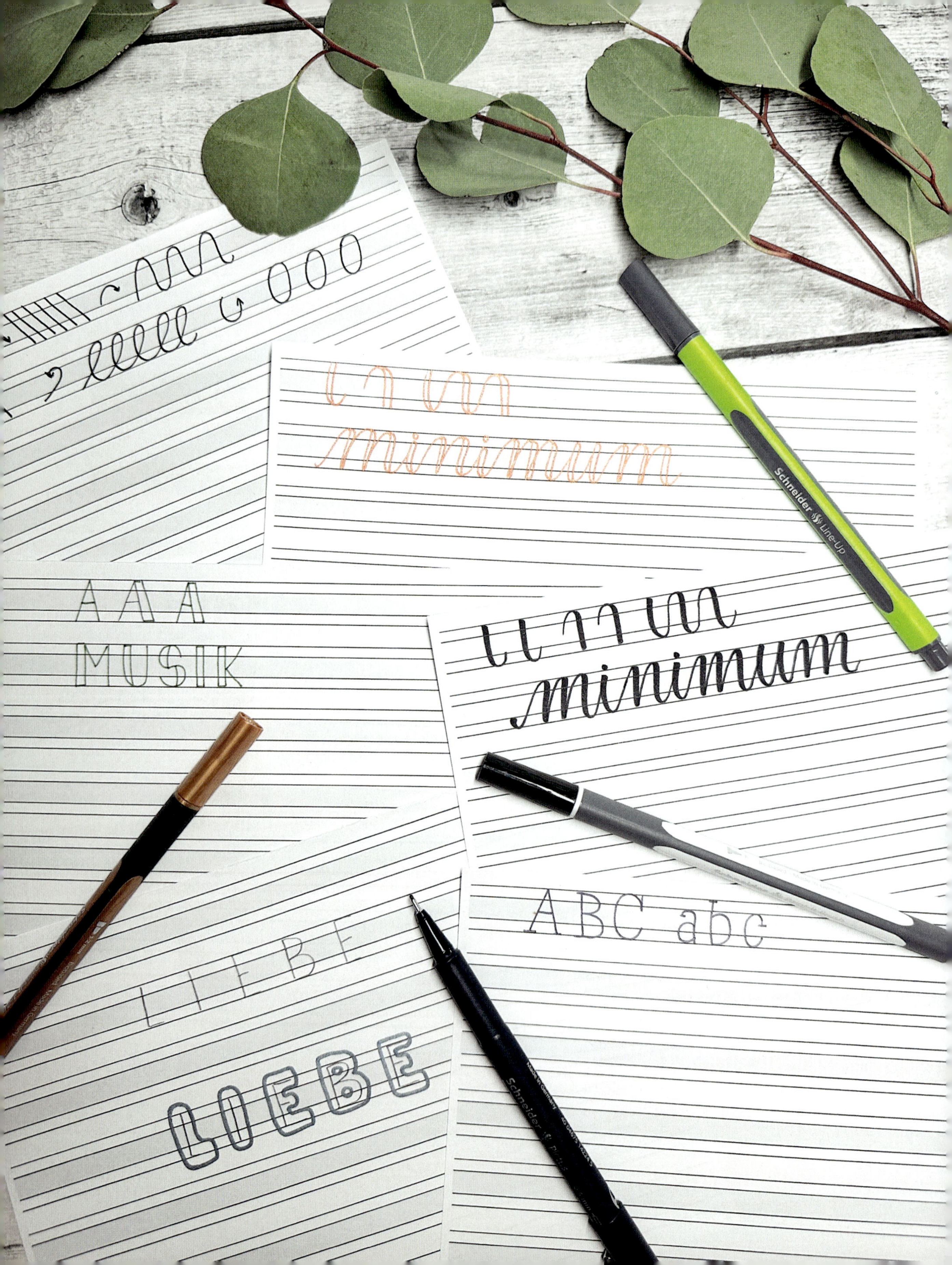
minimum
Schneider Line-Up
A A A
MUSIK
minimum
ABC abc
LIEBE
LIEBE

# Grundlagen Handlettering

**Handlettering meint die Kunst des schönen Schreibens von Buchstaben und Wörtern. Dabei werden die einzelnen Elemente der Buchstaben eher gemalt als geschrieben. Wenn du dabei denkst, deine Handschrift ist nicht schön, also kannst du das nicht, dann möchte ich dem widersprechen. In meinem Buch „Mein Lettering Training“ gehe ich ganz ausführlich in einem Trainingsplan darauf ein, wie du dich dem Thema nähern kannst. Dabei spielt viel Übung eine große Rolle.**

**Hier möchte ich dir ein paar Grundlagen näherbringen, sodass du auch direkt mit einem Projekt aus diesem Buch starten kannst.**

## Aufwärmen

Vor allem ist das „Aufwärmen“ der Handmuskulatur sehr wichtig. Bevor du dein Projekt gestaltest, nimm den Stift, den du verwenden möchtest und male auf einem Übungsblatt ein paar Linien und Formen. Erstens bringt es dir Übung und zweitens wirst du merken, dass deine Striche weniger zittrig sind, wenn deine Muskulatur gut aufgewärmt ist.

Grundlage des Handletterings bilden verschiedene Schriftarten und Stile. Ich zeige dir ein paar Beispiele. Die kompletten Alphabete findest du auf den folgenden Seiten.

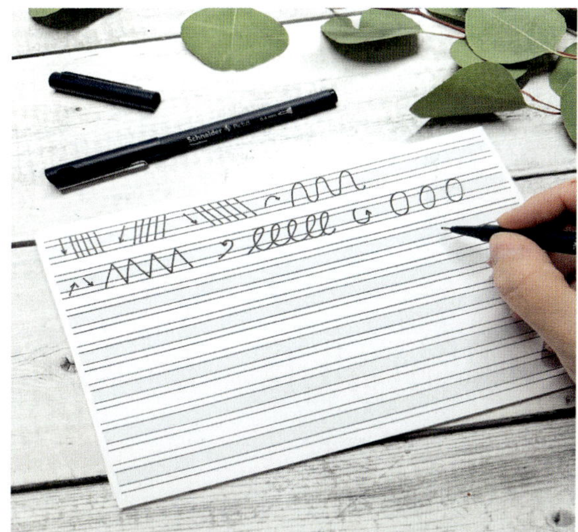

## DRUCKBUCHSTABEN MIT SERIFEN

Druckbuchstaben zu schreiben ist nicht schwer. Wichtig dabei ist immer auf saubere Linien und die Punzen (die kleinen „Löcher“ in einzelnen Buchstaben) zu achten. Wenn du nun noch an jedes Strichende eines Buchstabens eine so genannte Serife (kleine, abschließende Striche) setzt, wirkt diese Schriftart interessanter.

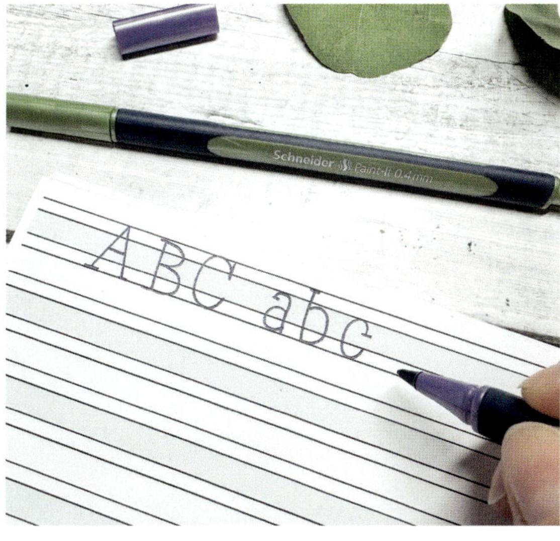

# DOPPELTE SENKRECHTE

Die Grundlage dieser Schriftart ist ebenfalls die Druckschrift. Dabei ist es wichtig, dass eine Senkrechte des jeweiligen Buchstabens mit einer Parallele verdoppelt wird. So entsteht ein Hohlraum, den du kreativ füllen kannst.

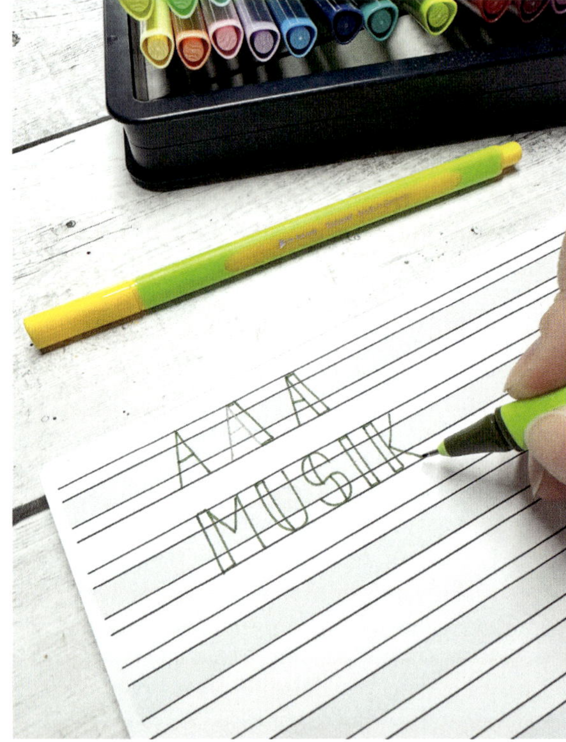


# BUBBLE *Alphabet*

Bei diesem Alphabet bildet der Druckbuchstabe das Skelett für die Bubble. Male dafür den Druckbuchstaben mit Bleistift vor und umrande diesen mit einem Fineliner oder Filzstift in einem einigermaßen gleichen Abstand. Diese Buchstaben bieten schöne Möglichkeiten als Luftballon oder mit Augen versehen als kleine Figuren. Außerdem lassen sie sich wunderbar kreativ füllen.

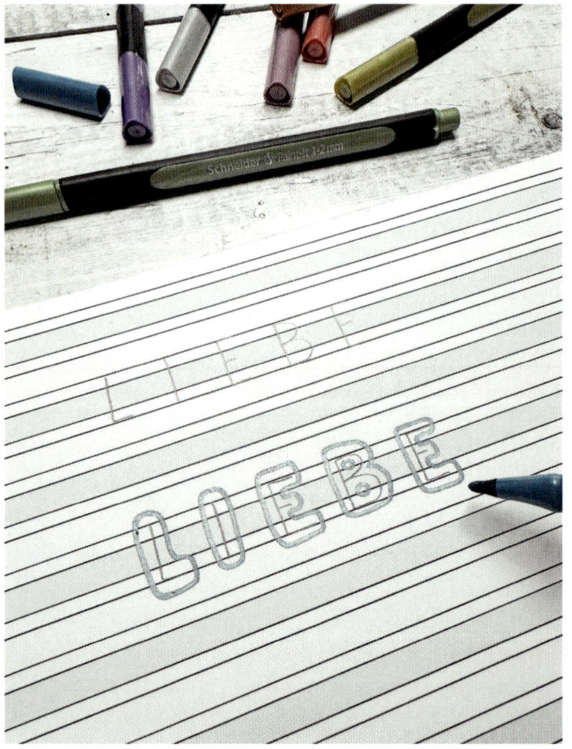

# Brush Lettering

Es gibt viele verschiedene Brush Lettering-Alphabete. Was sie alle gemeinsam haben, ist die Regel, dass alle Aufstriche mit dünner Linie und alle Abstriche mit dicker Linie gemalt werden. Dabei helfen Brushpens. Das sind Stifte mit flexibler Pinselspitze. Diese Kunst erfordert etwas Geduld beim Lernen. Die Stärke der Linien kannst du über den Druck regulieren.

Eine schöne Alternative bietet dafür die …

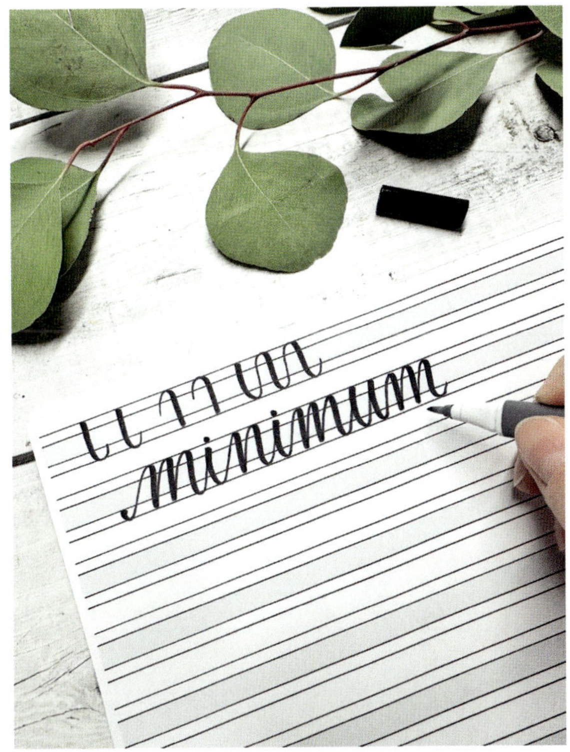


# Faux Calligraphy

Hierbei wird der Effekt des Brush Letterings imitiert. Dafür ziehst du mit dem Fineliner wie beim Alphabet mit der doppelten Senkrechten bei allen Abwärtslinien eine parallele Linie, die du hinterher ausmalst. Das ist eine gute Alternative, wenn das Brush Lettering noch nicht so recht klappen will oder du keinen Brushpen zur Verfügung hast.

**Regelmäßiges Üben ist entscheidend für die Verbesserung der Fähigkeiten im Handlettering, einschließlich der Entwicklung eines persönlichen Stils. Aber genau dafür gibt es ja viele schöne Vorlagen, die einem beim Start helfen.**

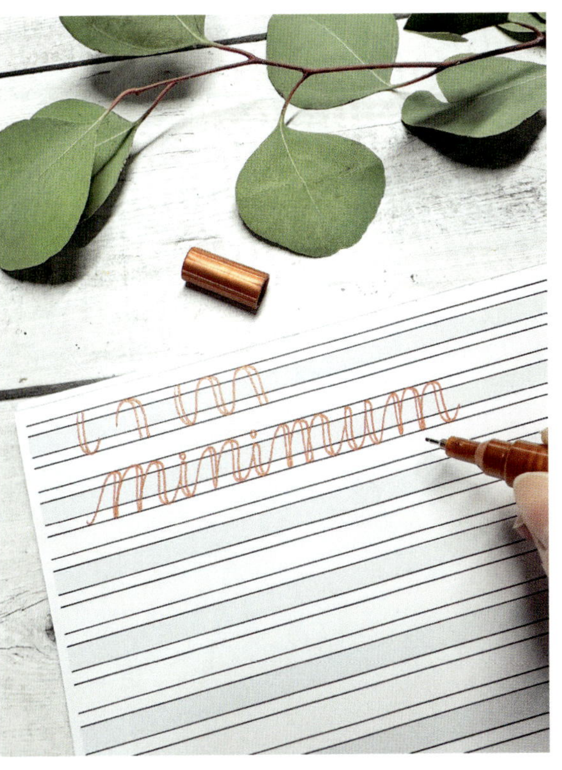

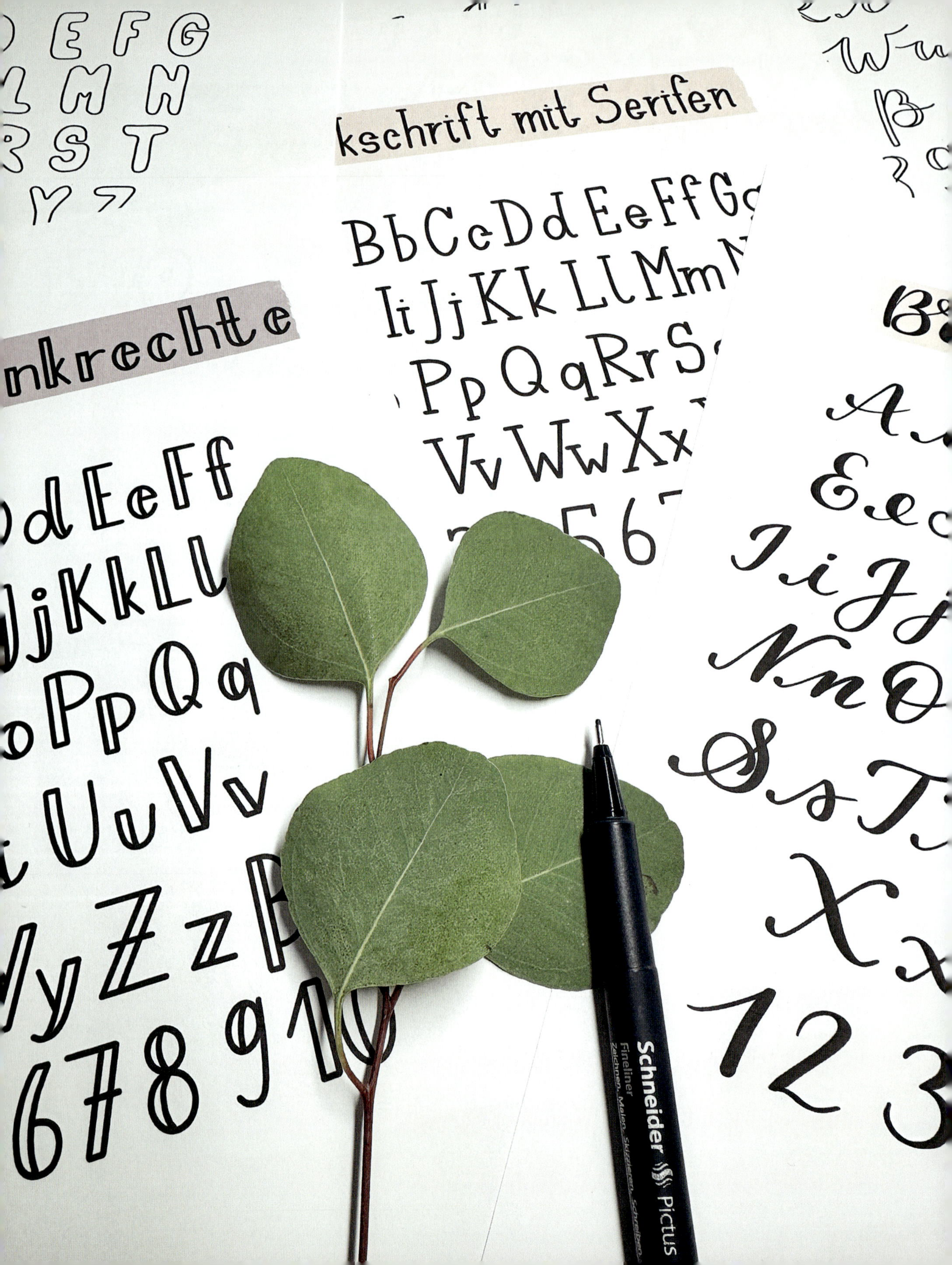

kschrift mit Serifen

BbCcDdEeFfGg
IiJjKkLlMm
PpQqRrS
VvWwXx
567

nkrechte

dEeFf
JjKkLl
oPpQq
UuVv
yZzB
678910

AaEeIiJjNnOSsTXx
123

Schneider
Fineliner
Zeichnen, Malen, Skizzieren, Schreiben
Pictus

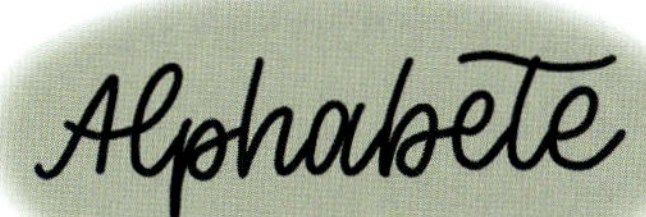


Hier und auf den folgenden Seiten findest du einige Alphabete als Beispiele. Aber es gibt natürlich noch viele mehr!

## Druckschrift mit Serifen

Aa Bb Cc Dd Ee Ff Gg

Hh Ii Jj Kk Ll Mm Nn

Oo Pp Qq Rr Ss Tt

Uu Vv Ww Xx Yy Zz

1 2 3 4 5 6 7 8 9 10

# Doppelte Senkrechte

Aa Bb Cc Dd Ee Ff
Gg Hh Ii Jj Kk Ll
Mm Nn Oo Pp Qq
Rr Ss Tt Uu Vv
Ww Xx Yy Zz ß
1 2 3 4 5 6 7 8 9 10

# BUBBLE *Alphabet*

A B C D E F G
H I J K L M N
O P Q R S T
U V W X Y Z
1 2 3 4 5 6 7 8 9 10

# Brush Lettering

Aa Bb Cc Dd
Ee Ff Gg Hh
Ii Jj Kk Ll Mm
Nn Oo Pp Qq Rr
Ss Tt Uu Vv Ww
Xx Yy Zz ß
1 2 3 4 5 6 7 8 9 10

# Faux Calligraphy

Aa Bb Cc Dd
Ee Ff Gg Hh
Ii Jj Kk Ll Mm
Nn Oo Pp Qq Rr
Ss Tt Uu Vv Ww
Xx Yy Zz ß
1 2 3 4 5 6 7 8 9 10

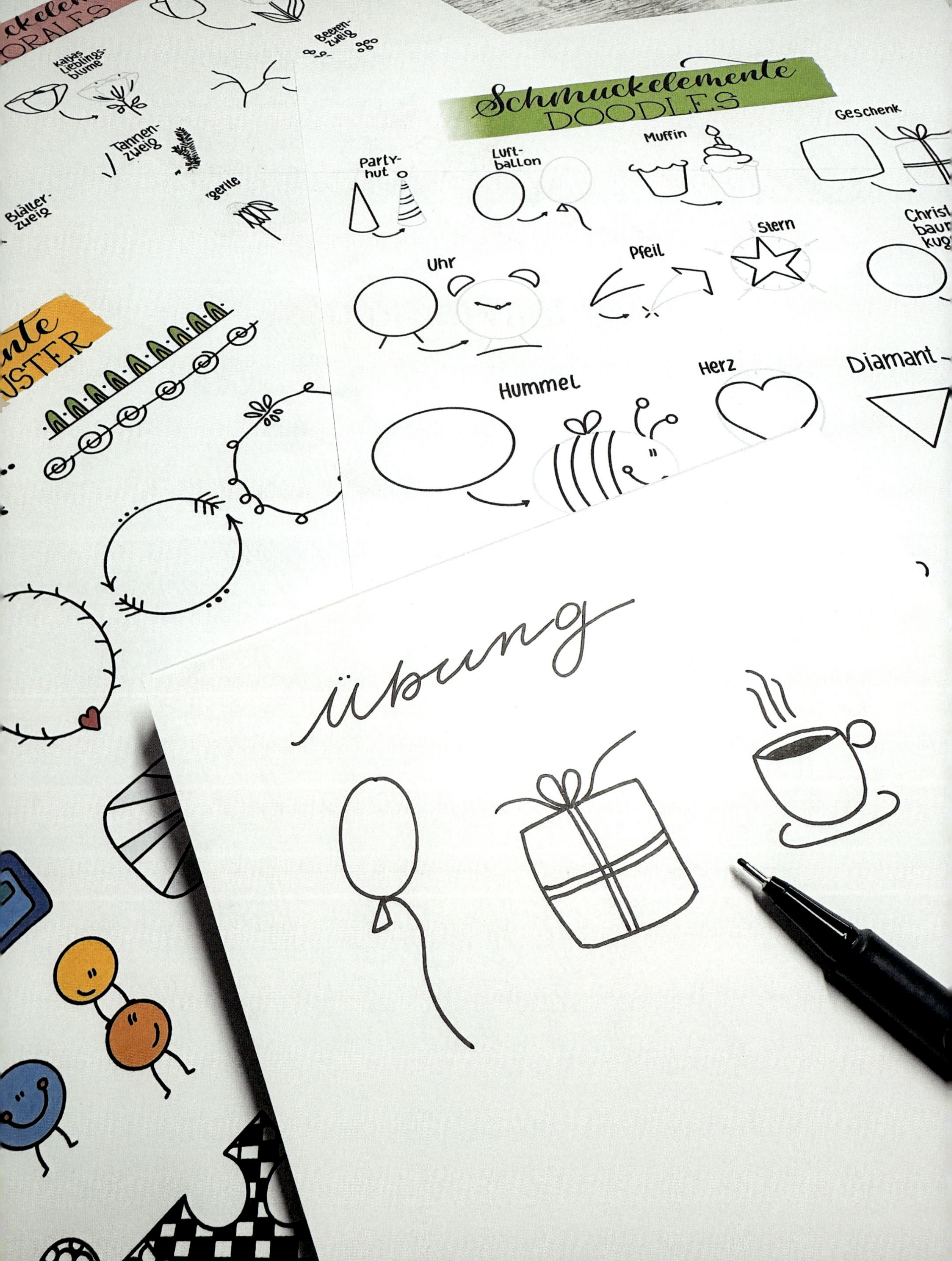
Katjas Lieblings-blume
Beeren-zweig
Tannen-zweig
Blätter-zweig
Schmuckelemente
DOODLES
Party-hut
Luft-ballon
Muffin
Geschenk
Uhr
Pfeil
Stern
Hummel
Herz
Diamant
übung

# Schmuckelemente und Verzierungen

Natürlich kann man Objekte nicht nur mit Texten verzieren, auch Schmuckelemente wie Doodles, florale Motive und Rahmen, Linien oder Muster bieten unzählige Möglichkeiten. Auf den nächsten Seiten findest du eine Reihe von Beispielen, die du als Vorlagen benutzen kannst.

## Schmuckelemente DOODLES

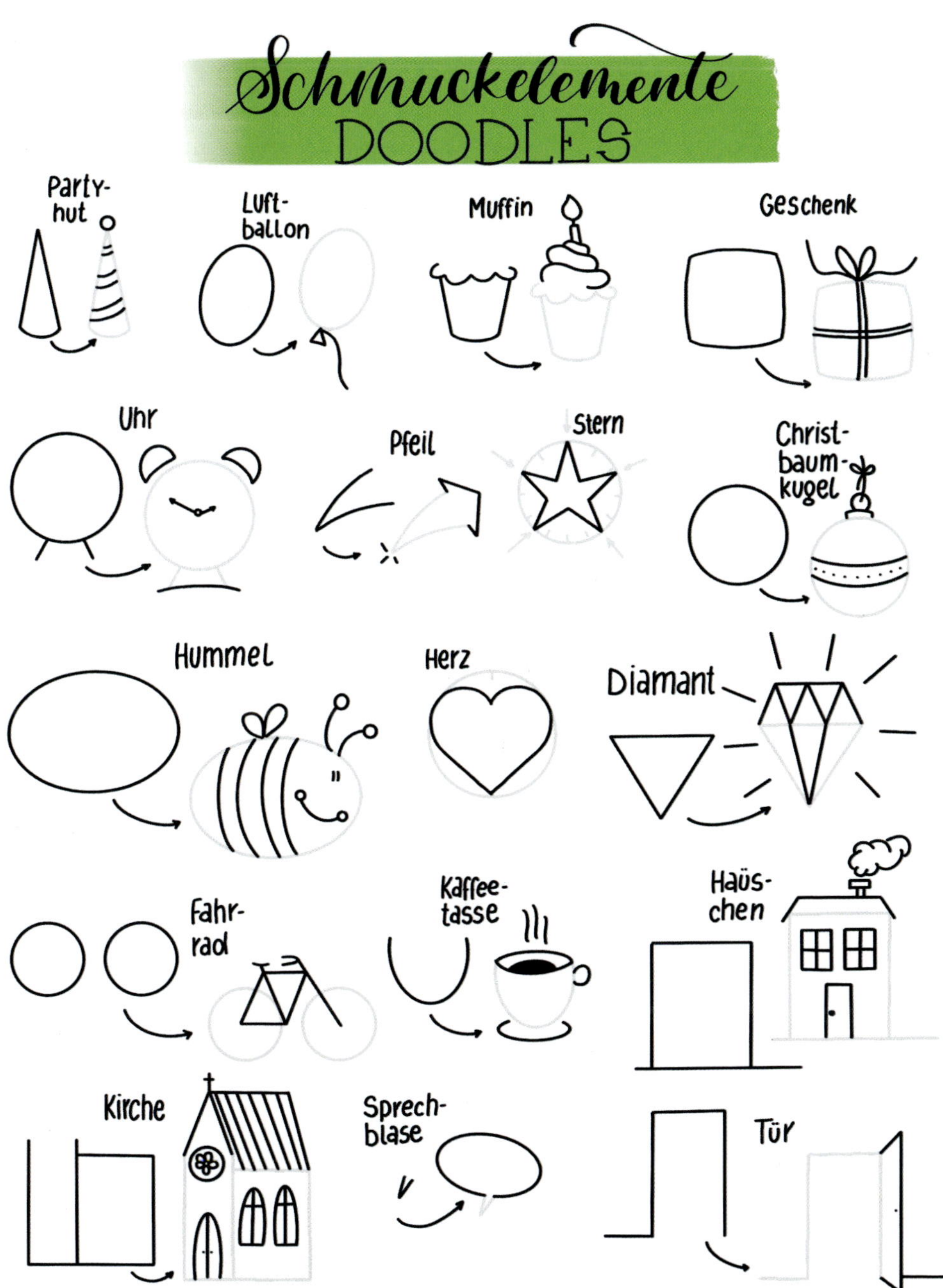

# Schmuckelemente
## FLORALES

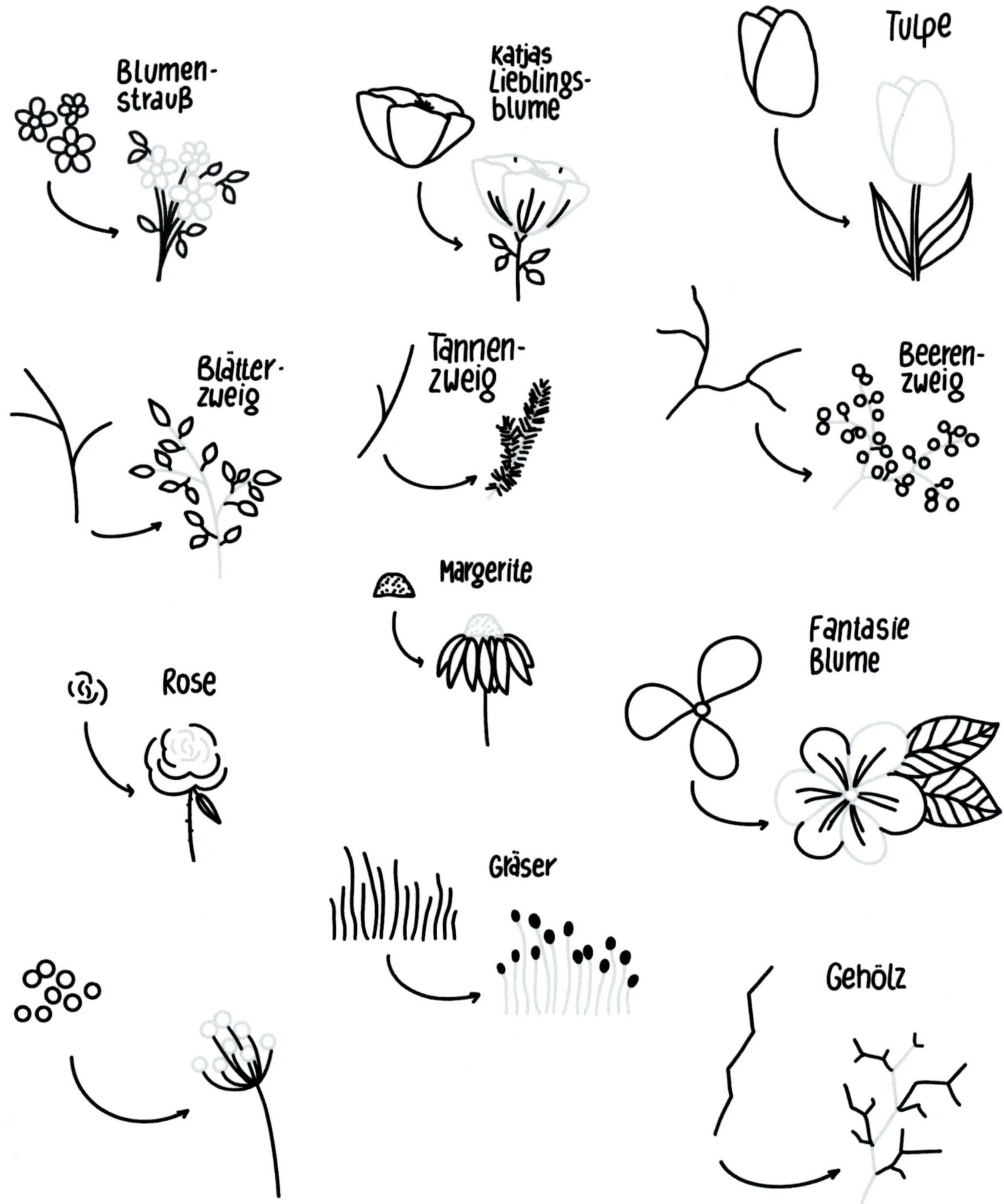

# Schmuckelemente
## RAHMEN/LINIEN/MUSTER

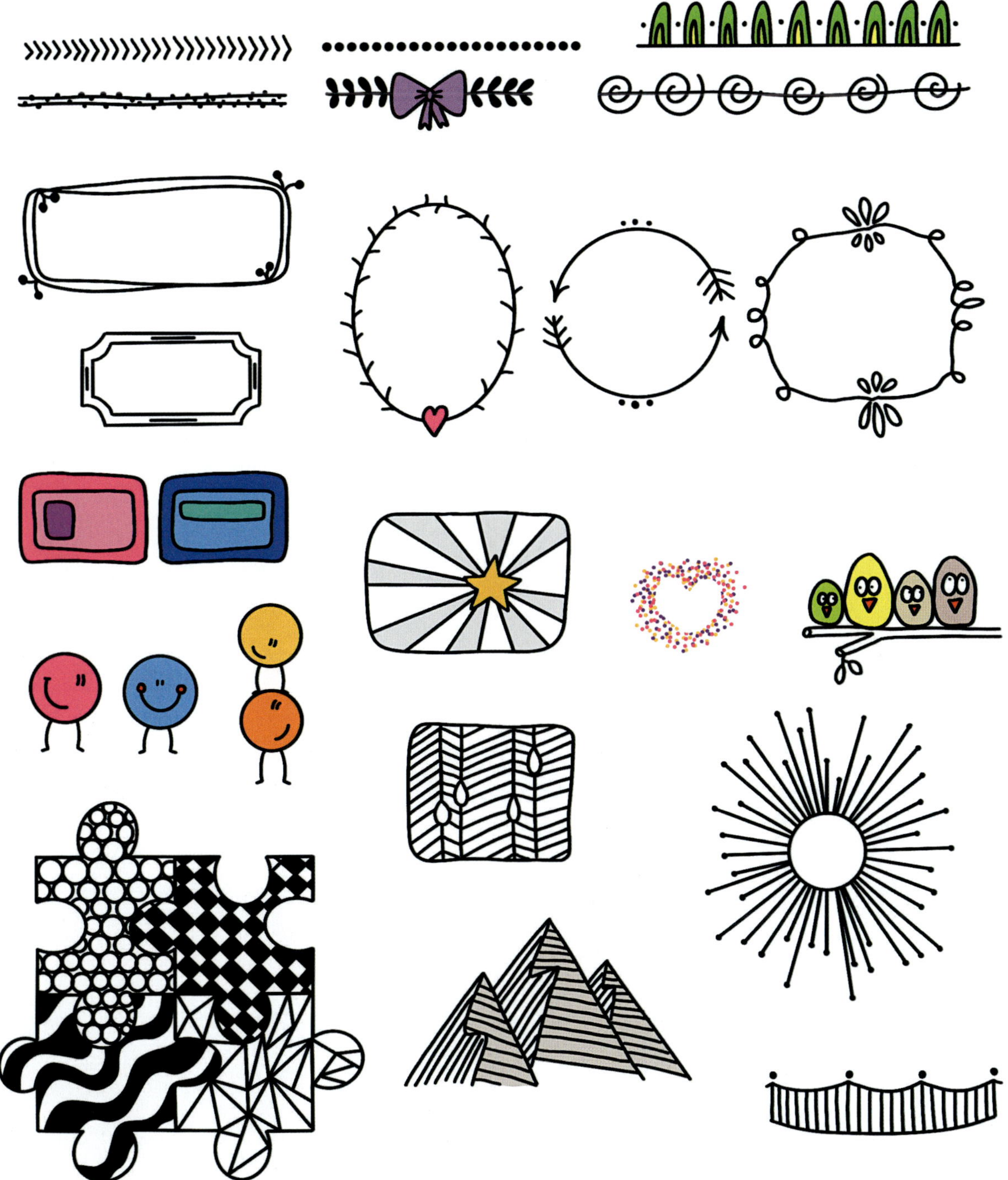

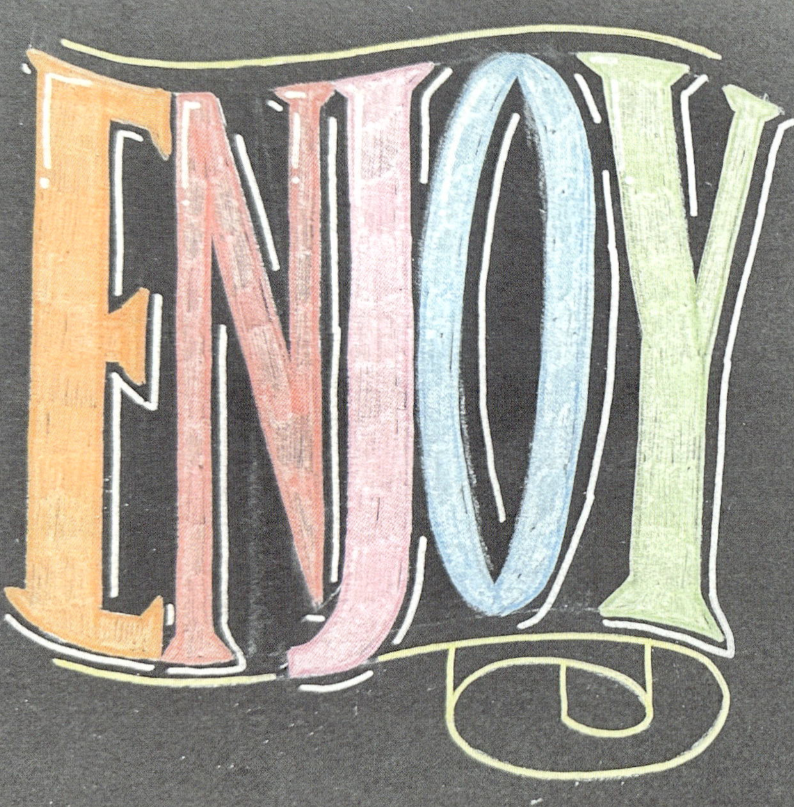
ENJOY

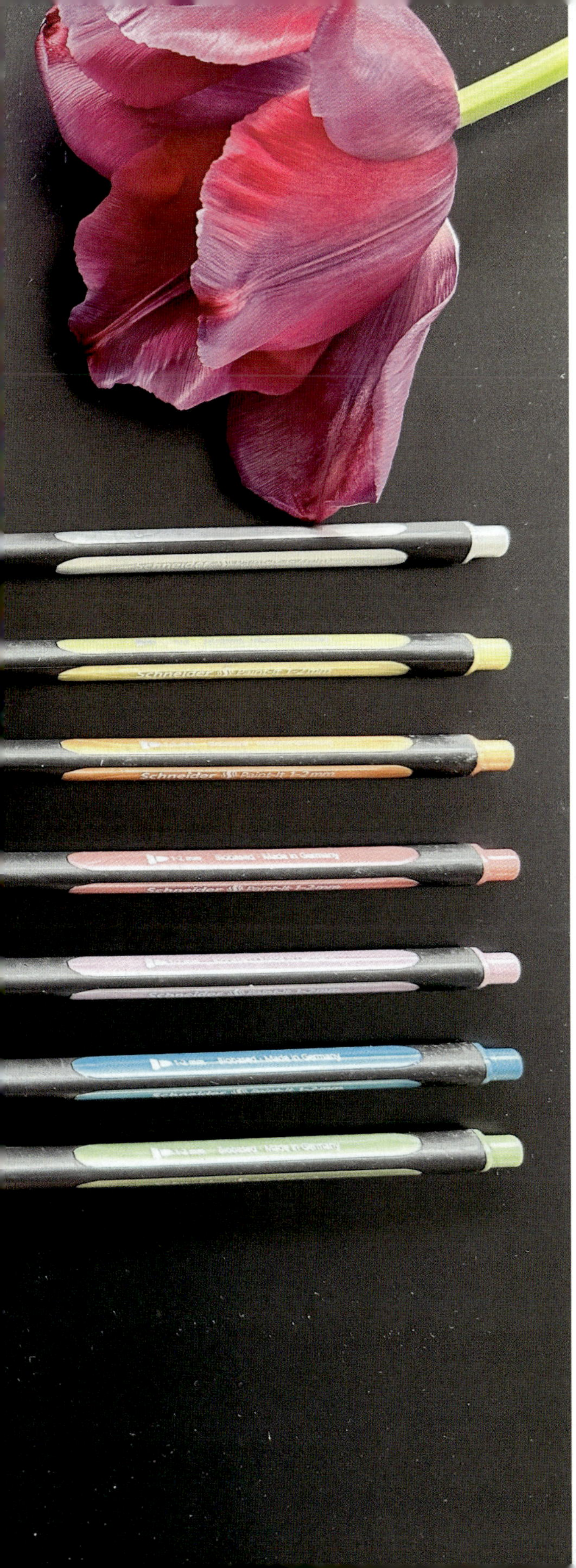

# Kapitel 1:
# PAPIER + GLATTE OBERFLÄCHEN

In diesem Kapitel möchte ich mich mit dir langsam an das Gestalten von unterschiedlichsten Projekten herantasten. Für den Anfang ist das gewohnte Medium Papier ein guter Start, denn diese Oberfläche ist uns vertraut. Zum Ende dieses Kapitels widmen wir uns aber auch schon einer besonders glatten Oberfläche – dem Glas.

Außerdem findest du in dieser Einheit auch ein besonders kreatives Projekt auf einem Tafelboard, welches mir in meiner Familie gute Dienste leistet.

Alle in diesem Kapitel verwendeten Stifte von Schneider findest du in einer Übersicht am Ende dieser Einheit.

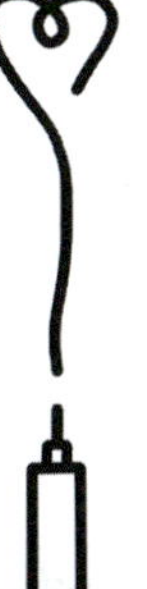

# Wimpelkette für Geburtstagsfeiern

Eine Wimpelkette zum Geburtstag von Kindern ist ein besonders schöner Hingucker. Außerdem hat man über Jahre seine Freude daran.

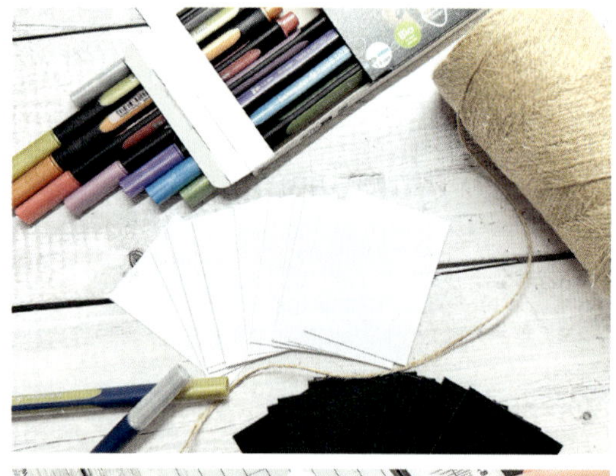

**MATERIAL**

Schneider Paint-It 020 Metallicliner (1–2 mm)
Schneider Paint-It 050 Metallic Rollerball (0,4 mm)
Schwarzes und weißes Tonpapier
Schere oder Schneidebrett
Lochzange
Schnur

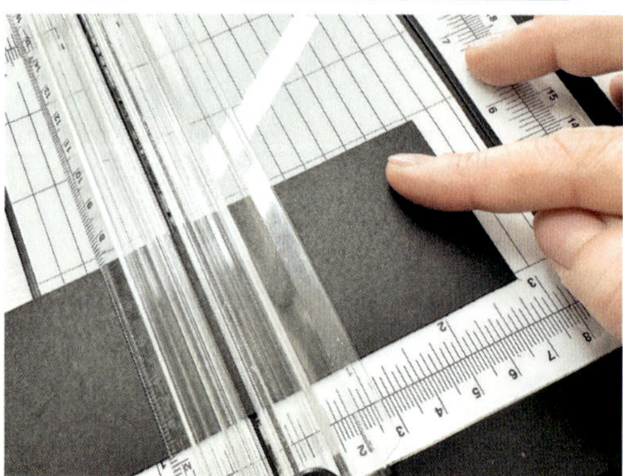

**SCHRITT 1**

Für die kleinen Fähnchen, auf die du die einzelnen Buchstaben des Glückwunsches schreibst, schneidest du schwarzes und weißes Tonpapier in 5 x 8 cm große Rechteckte in der Anzahl, in der du Buchstaben und Zwischenräume zwischen den Wörtern hast. In meinem Fall für „Alles Liebe zum Geburtstag" sind es 14 weiße und 14 schwarze Rechtecke.

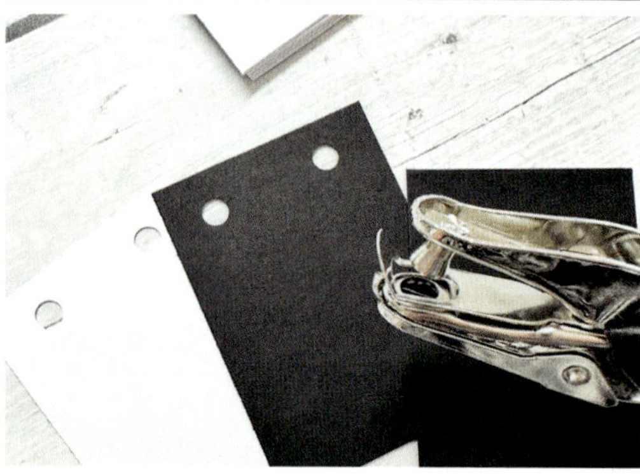

**SCHRITT 2**

Nun kannst du sie an der kurzen Seite mit einer Lochzange zweimal lochen. Hierdurch wird später die Schnur gefädelt.

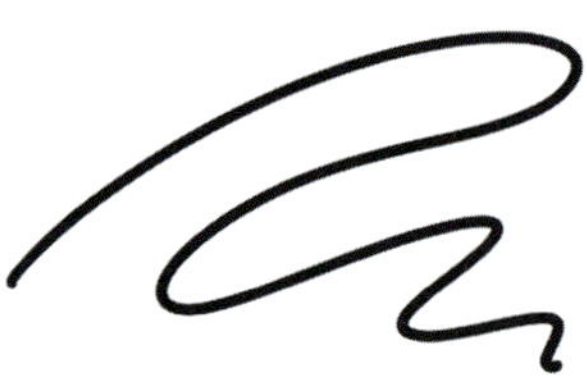

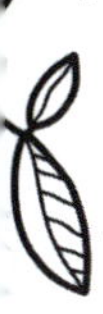

**SCHRITT 3**

Für den festlichen Metallic-Look gestalte nun im Wechsel schwarze und weiße Karten mit dem Schneider Paint-It 1–2 mm Metallic-liner 020. Du kannst dafür zum Beispiel die Schrift verwenden, bei der du die erste Senkrechte der Großbuchstaben mit einem zweiten Abstrich versiehst und so die Zwischenräume noch kreativ füllen kannst. (Schaue dazu in das Kapitel „Grundlagen Handlettering & Schriften".)

**SCHRITT 4**

Die Karten für die Zwischenräume habe ich mit passenden Doodles verziert. Dafür habe ich den Metallic Rollerball genutzt.

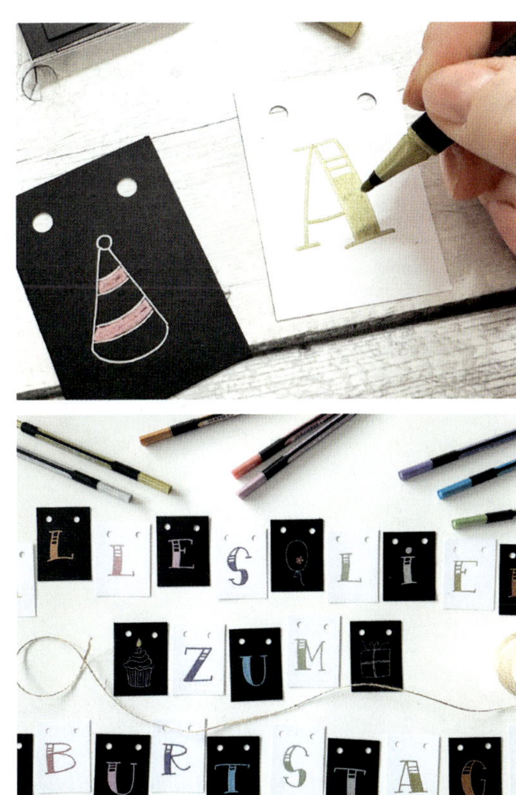

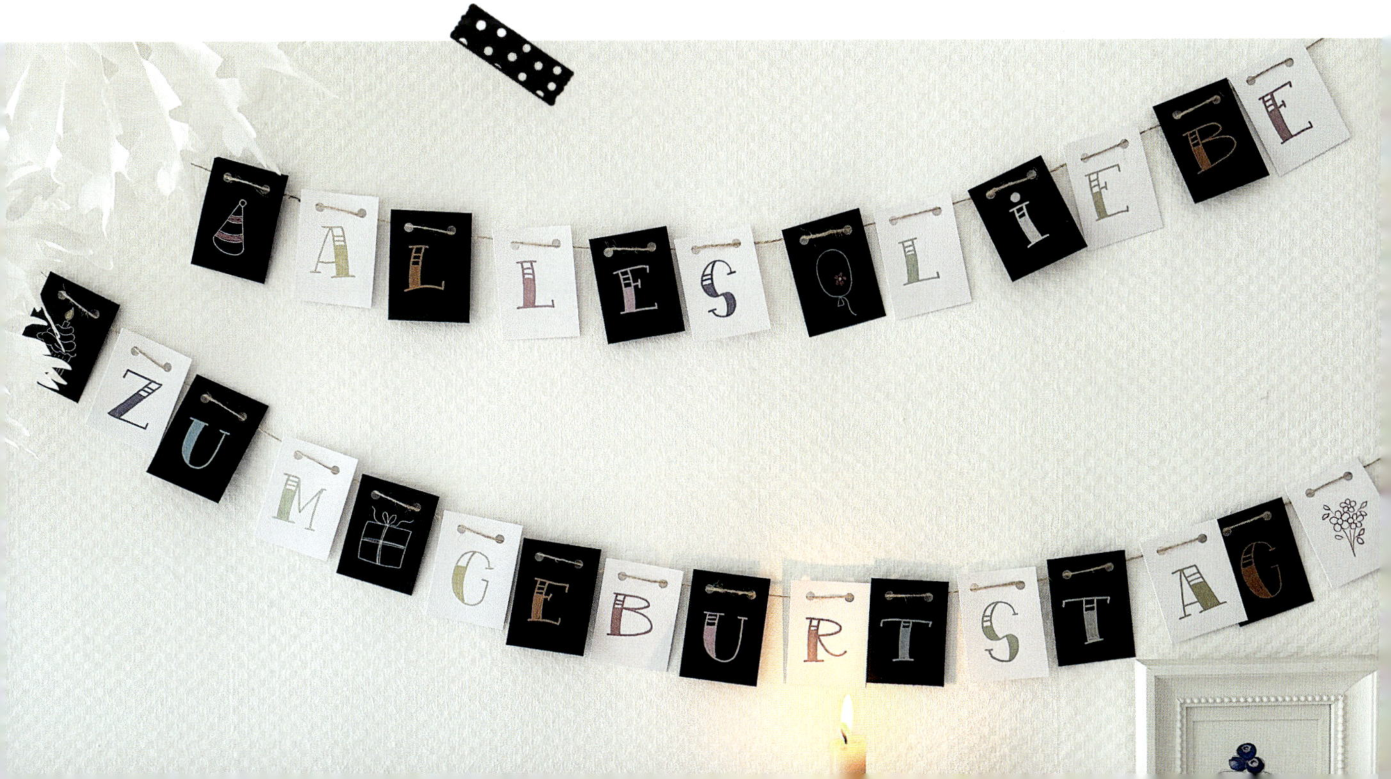

# Tortenstecker für den Geburtstagskuchen

Diese Art von Kuchendekoration hat in unserer Familie schon lange Tradition. Jedes Jahr freut sich das Geburtstagskind aufs Neue über diesen lieben und individuellen Geburtstagsgruß. Dieser ist sehr einfach zu gestalten, denn die verwendeten Materialien hat man meist zuhause.

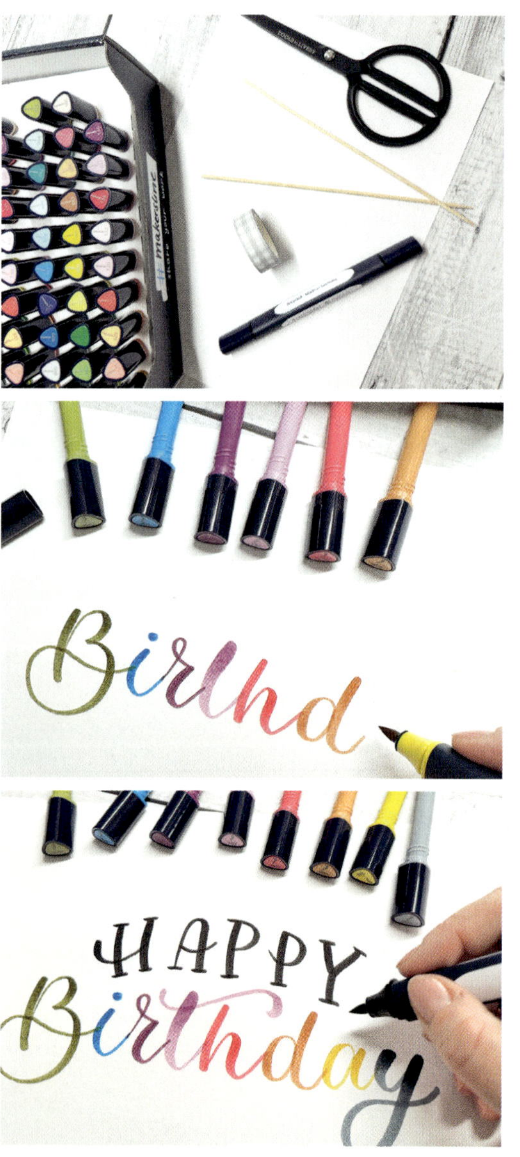


**MATERIAL**

Schneider Paint-It 040 Twinmarker
120 g dickes Papier in A4
2 Holzspieße
Schere
Klebestreifen bzw. Washitape

**SCHRITT 1**

Für den Tortenstecker habe ich mich für den schlichten Spruch „Happy Birthday" entschieden. Also habe ich mir schöne Farben der Twin Marker von Schneider Pen herausgesucht und das Wort „Birthday" mittig groß auf das Papier geletttert. Dafür habe ich die Pinselspitze der Marker genutzt und jeden Buchstaben in einer anderen Farbe gestaltet. (Ein Lettering-Alphabet findest du im Kapitel „Grundlagen Handlettering und Schriften".)

**SCHRITT 2**

Nun habe ich mit dem schwarzen Brushpen aus der Twinmarker Serie das Wort „Happy" in Druckbuchstaben mittig über dem Wort „Birthday" platziert.

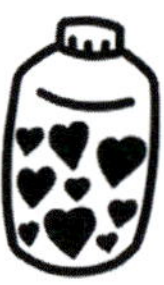

**SCHRITT 3**

Eine schwarze Wolke um die Worte zu ziehen, hilft einerseits beim Ausschneiden und bietet andererseits dem Auge einen räumlichen Abschluss.

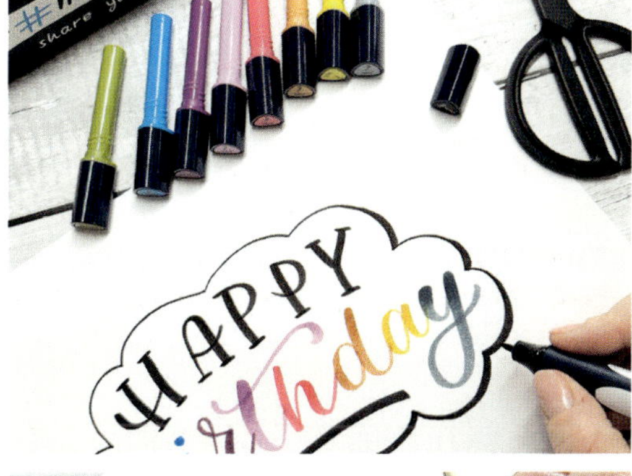


**SCHRITT 4**

Nun schneide ich mit etwas Abstand zur schwarzen Linie die Wolke aus und befestige die beiden Holzspieße auf der Rückseite mit einem Stück Klebestreifen oder Washitape.

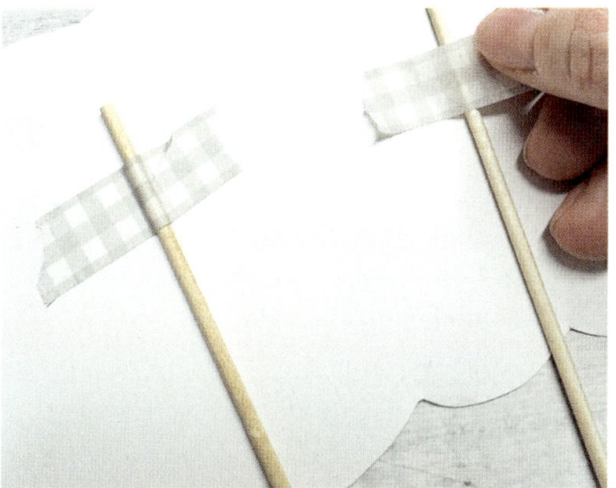

**SCHRITT 5**

Nun kann der Stecker deinen Geburtstagkuchen verzieren. Wenn du noch Kerzen mit dazu steckst, achte unbedingt auf ausreichenden Abstand zum Papier.

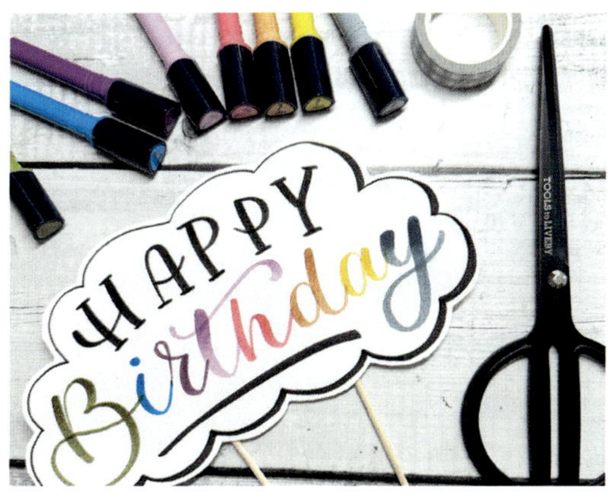


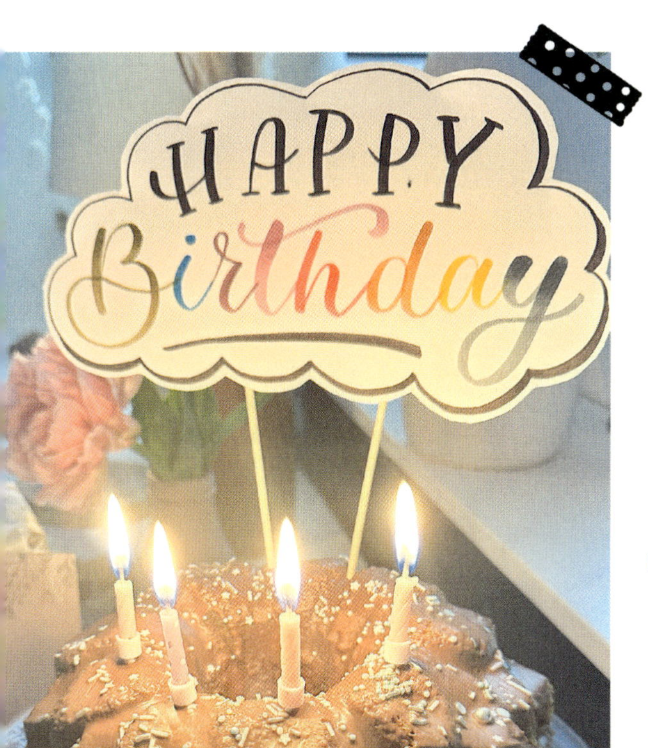


**Ich wünsche dir eine wunderbare Geburtstagsfeier!**

# Rezept gestalten - Idee 1: African Chicken

Kennst du das auch? Du hast jede Menge ausgedruckte Rezepte, die in der Küche herumliegen und ein großes Chaos verursachen, wenn du etwas bestimmtes suchst?

Damit ist jetzt Schluss, denn ich möchte dir zeigen, wie du deine Lieblingsrezepte optisch hervorhebst, sodass selbst Kinder diese super easy nachkochen bzw. -backen können.

Wir Menschen sind visuelle Wesen. In einer Welt voller Fließtexte will unser Gehirn mit Bildern entlastet werden. Da hilft es, wenn wir unsere Rezepte zum Beispiel in einer Wort-Bild-Kombination sketchnoten.

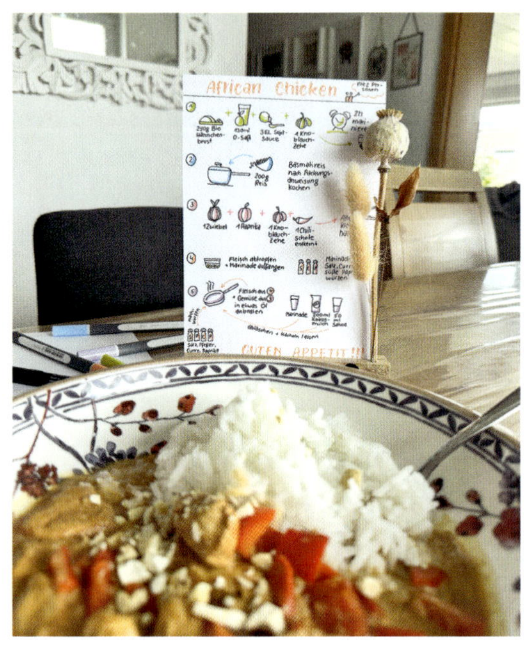


## MATERIAL

Schneider Pictus Fineliner Stärke (0,3 mm)
Schneider Paint-It 070 Brush Brushpen
120 g dickes Papier in A5

## SCHRITT 1

Zuerst überlege ich mir für jede Zutat meines Rezeptes ein Symbol. Hier bei einem unserer absoluten Lieblingsessen, dem „African Chicken", ist das zum Beispiel ein Symbol für Bio-Hähnchen, O-Saft oder Knoblauch. Die Anweisung, was ich mit den Zutaten machen soll (marinieren), zeichne ich ebenfalls mit dem Schneider Pictus Fineliner mit dem Uhrsymbol und der Zeitangabe daneben. So verfahre ich mit allen einzelnen Zubereitungsschritten. Aber bitte nicht vergessen, es ist kein Wimmelbild. Die Kombination von Text und Symbol ist das Entscheidende, damit wir uns später zurechtfinden.

## SCHRITT 2

Im nächsten Schritt bringe ich Farbe ins Spiel. Dafür verwende ich die schönen pastelligen Farbtöne des Schneider Paint-It 070 Brushpens. Ein paar Farbtupfer pro Symbol reichen aus und schon sieht es frischer aus. Der ein oder andere Pfeil oder ein + Zeichen helfen bei der Orientierung.

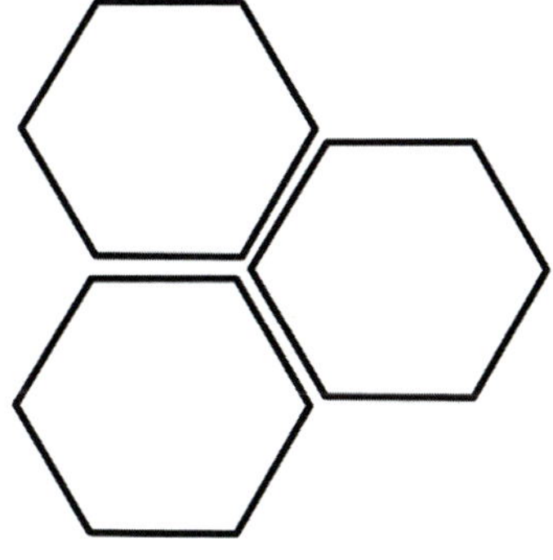

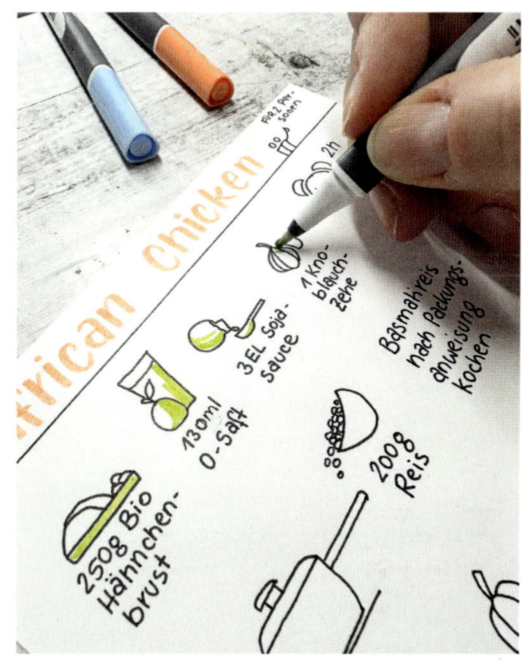


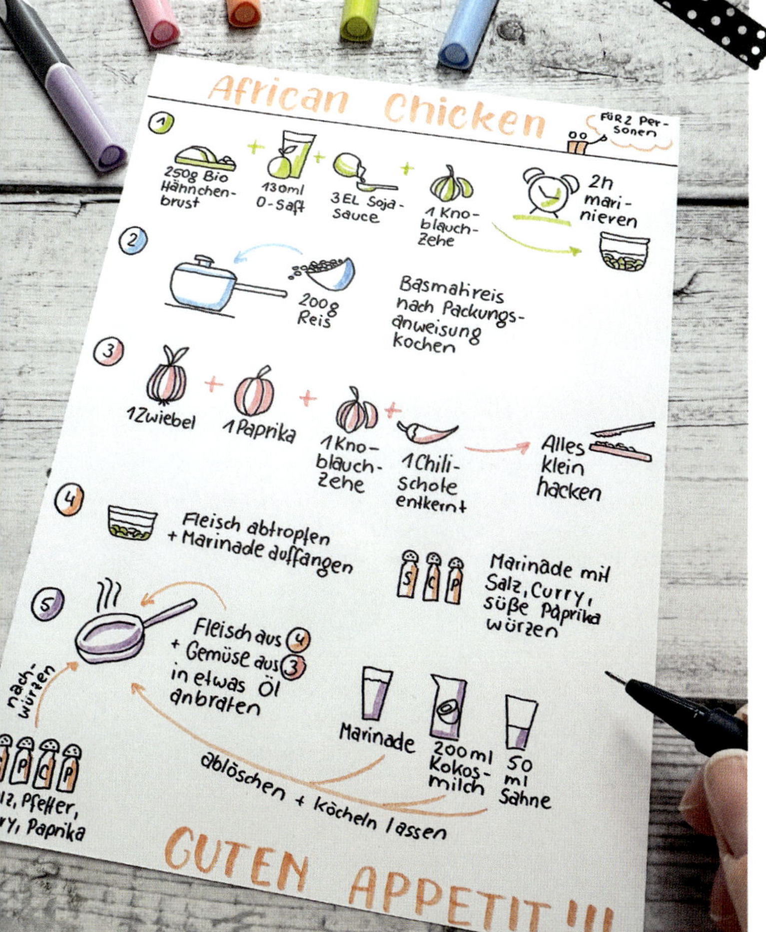


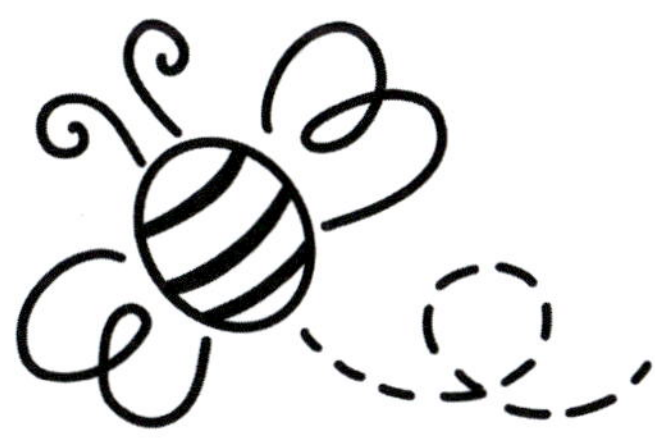

**Nun wünsche ich dir guten Appetit, wenn du das Rezept nachkochst!**

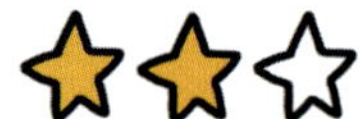

# Rezept gestalten – Idee 2: Apfelstreusselkuchen

Für alle Naschkatzen unter uns habe ich noch ein weiteres Rezept gestaltet. Der Apfelstreuselkuchen gehört seit meiner Kindheit zu meinen Lieblingskuchen. In diesem Sketchnote-Rezept möchte ich dir zeigen, wie du durch den Einsatz von farbigen Finelinern wie den Schneider Line-Up Struktur auf das Papier bringst.

**MATERIAL**

Schneider Line-Up Fineliner
120 g dickes Papier in A5

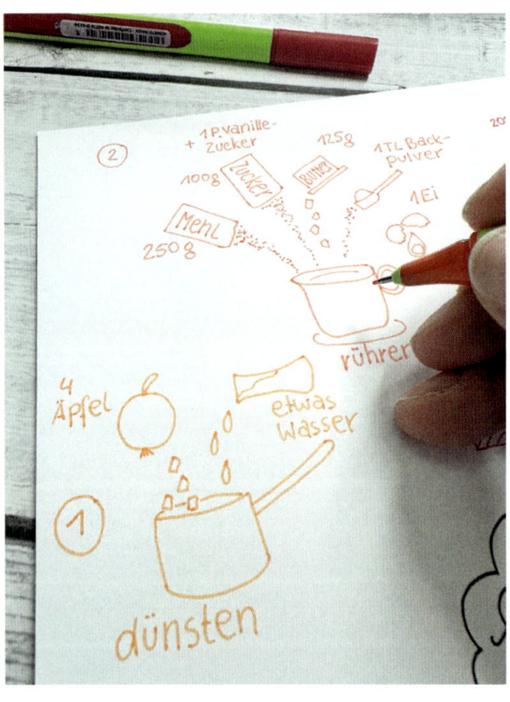


**SCHRITT 1**

Diesmal habe ich für jeden Zubereitungsschritt eine andere Farbe verwendet. Damit die Farben schön harmonieren, habe ich mich am Farbkreis orientiert und nur solche ausgewählt, die zu einer Farbfamilie gehören. In meinem Fall sind das die Orange- bis Rottöne.

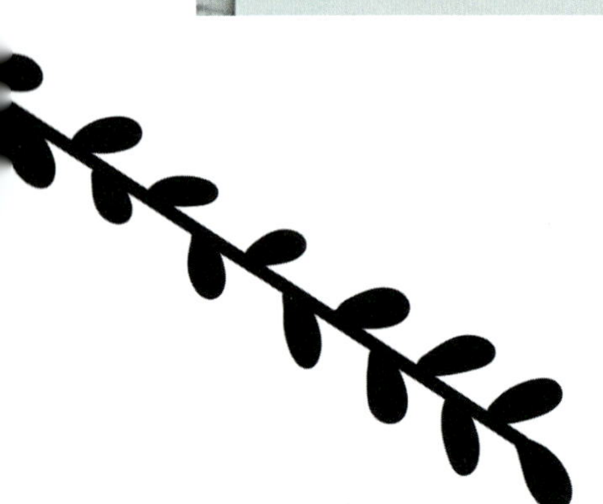

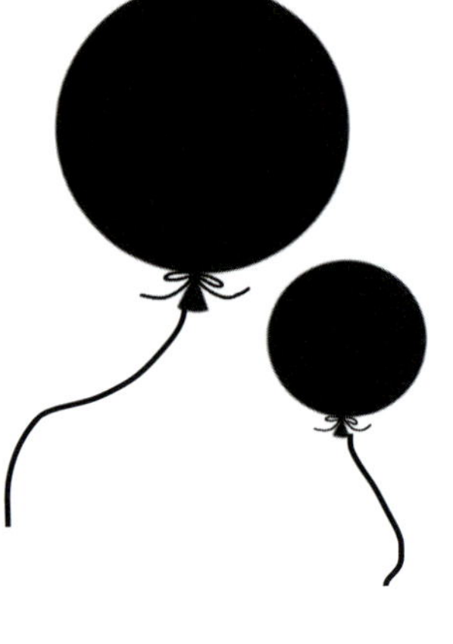

**SCHRITT 2**

Wie bei der ersten Rezeptidee suche ich mir im Vorfeld wieder Symbole für die einzelnen Zutaten heraus. (Das scheint für den Anfang sehr aufwendig zu sein, aber es lohnt sich, denn mit der Zeit wirst du feststellen, dass sich viele Symbole wiederholen und du bald nicht mehr nach passenden Symbolen suchen musst.)

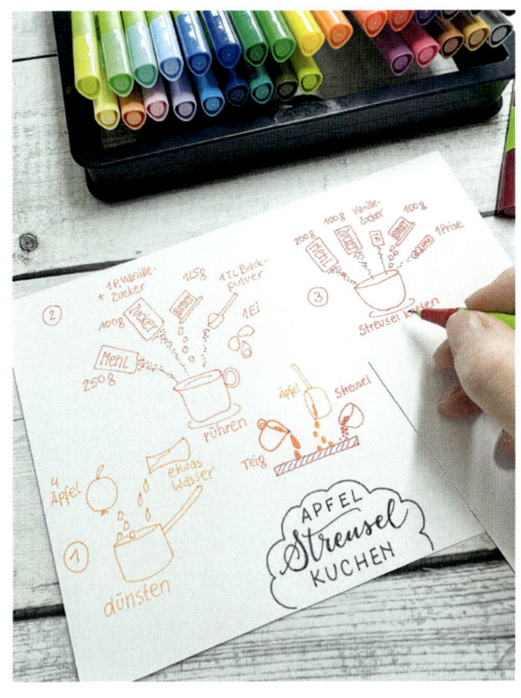


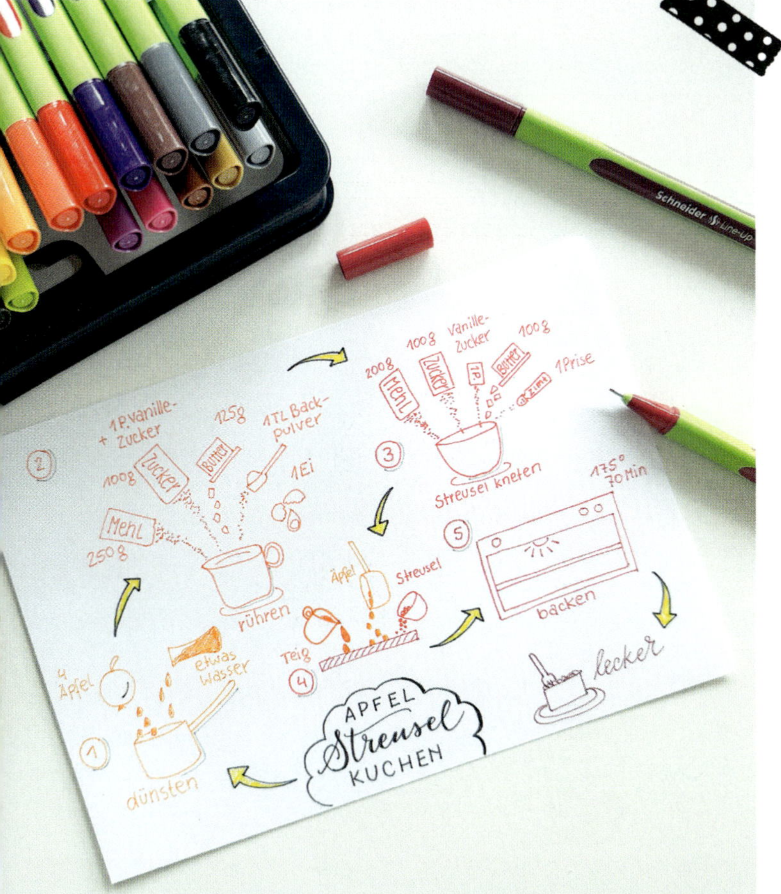


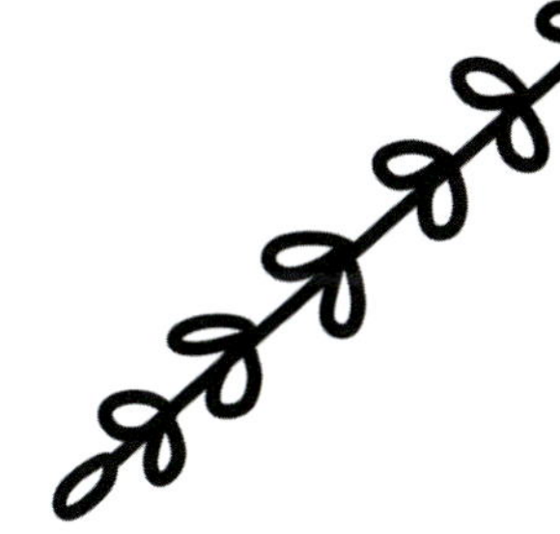

**SCHRITT 3**

Zum Schluss zeichne ich wieder die Pfeile zur Orientierung. Mit der Zeit hast du eine schöne Sammlung an gezeichneten Rezepten, die du in einem Rezeptordner aufbewahren und später weitergeben kannst.

# Poster Idee 1: weißes Papier

Ich liebe es, schöne Poster für unser Zuhause zu gestalten. Sprüche geben Impulse zum Nachdenken und unterstreichen so manch schön gemaltes Bild.

**MATERIAL**

Schneider Paint-It 040 Twinmarker
Schneider Pictus Fineliner (0,5 mm) Schwarz
Schneider Acrylmarker Paint-It 310 (2 mm) Weiß
120 g dickes Papier in A4 (passend für einen Rahmen 20 x 30 cm)
Bleistift
Lineal oder eine Lettering-Schablone
Radiergummi

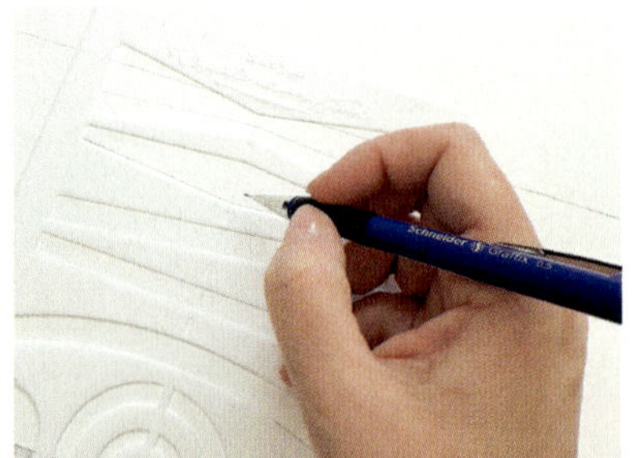

**SCHRITT 1 UND 2**

Ich möchte mit dir gemeinsam ein Poster mit dem Spruch „Geschwister sind das Stück Kindheit, das immer bleibt“ gestalten. Um diesen Spruch aufs Papier zu bringen, nehme ich mir meine Lettering-Schablone oder ein Lineal zu Hilfe, um so mit einem Bleistift eine Vorlage aus Linien und anschließenden Worten auf das Papier zu bringen. Nun radiere ich besonders starke Linien wieder etwas weg, sodass sie aber trotzdem noch zu sehen sind, damit sie später nicht das Gesamtbild stören.

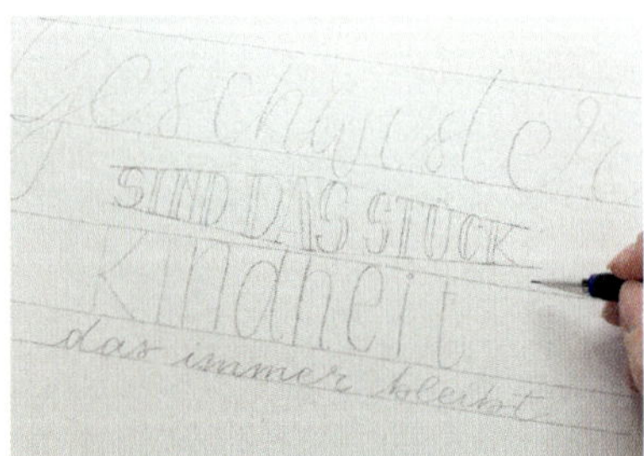

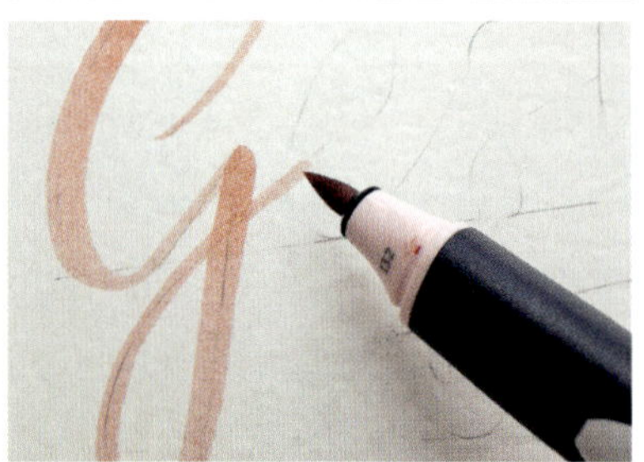

**SCHRITT 3 UND 4**

Im nächsten Schritt lettere ich mit der Brushpen-Spitze des Schneider Twinmarkers das Wort „Geschwister“. Den oberen Teil des Wortes gestalte ich etwas dunkler, in dem ich mit dem Brushpen ein zweites Mal darüberfahre.

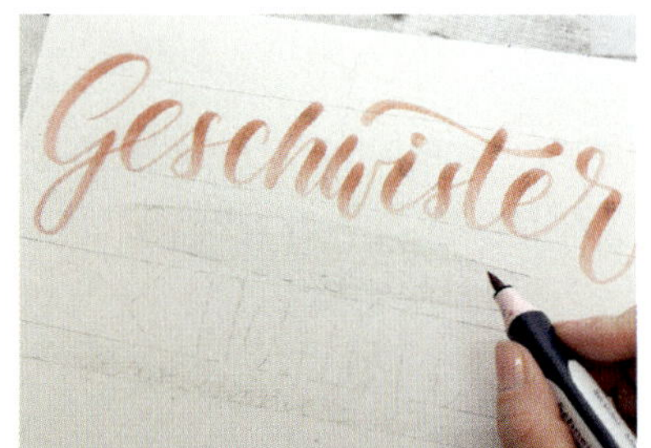


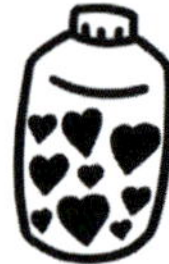

**SCHRITT 5**

Mit der Rundspitze des Twinmarkers der gleichen Farbe ziehe ich in der unteren Hälfte des Wortes kleine Linien als Muster.

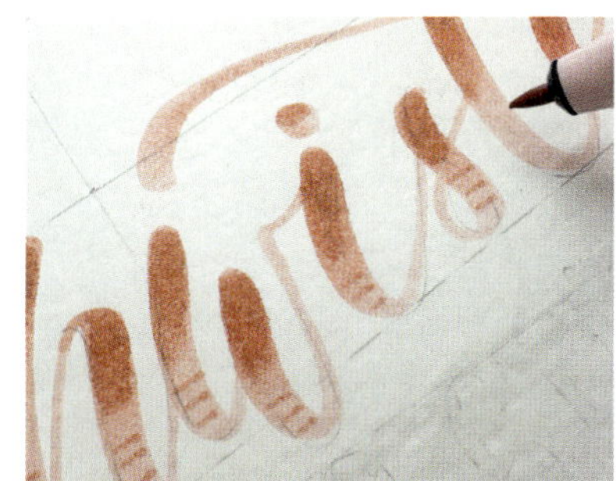

**SCHRITT 6. 7 UND 8**

Anschließend ziehe ich mit Schneider Pictus das Wort nach und ziehe eine zweite Schattenlinie angelehnt an die rechte und untere schwarze Finelinerlinie des Wortes. Den nun entstandenen Zwischenraum fülle ich mit einem gestrichelten Muster.

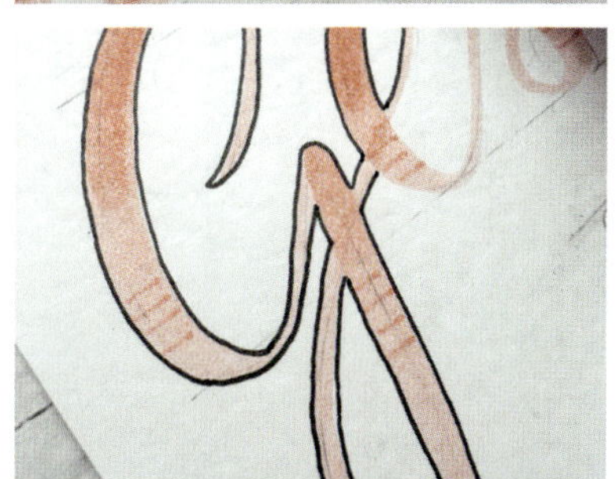

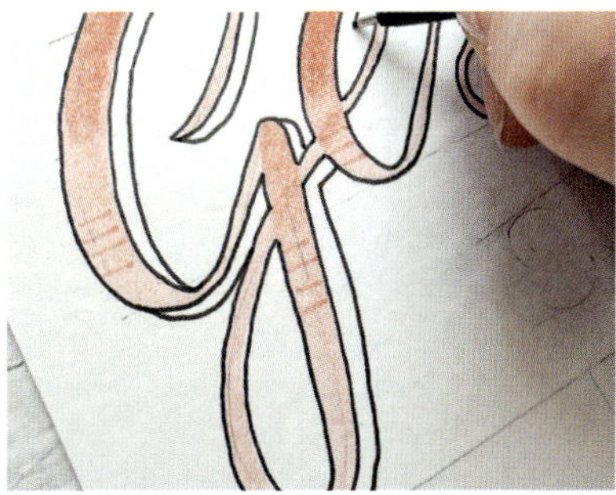

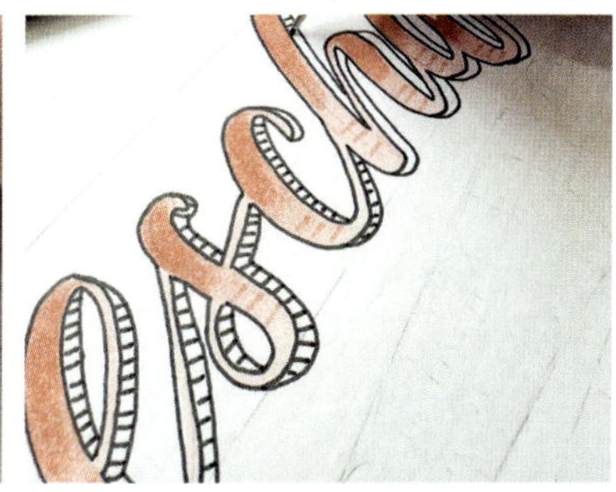

**SCHRITT 9 UND 10**

Mit dem Fineliner geht es nun auch direkt an die nächste Zeile des Spruches „sind das Stück“. Hier verwende ich die Schrift, bei der ich die ersten Senkrechten der Großbuchstaben verdoppele. Das entsprechende Alphabet findest du im Kapitel „Grundlagen Handlettering und Schriftarten“. Die so entstandene Lücke fülle ich mit einer weiteren Farbe mit dem Schneider Twinmarker.

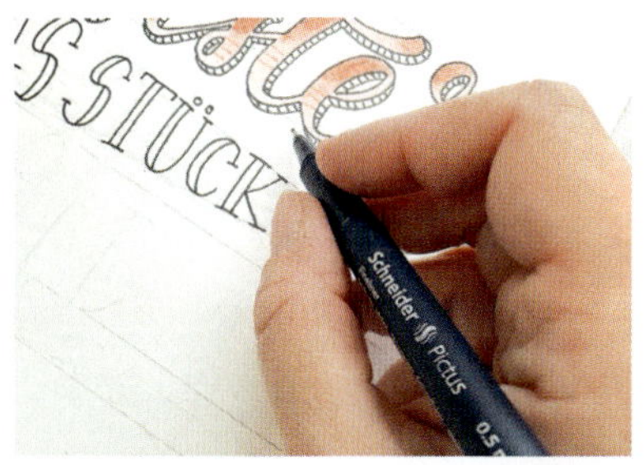


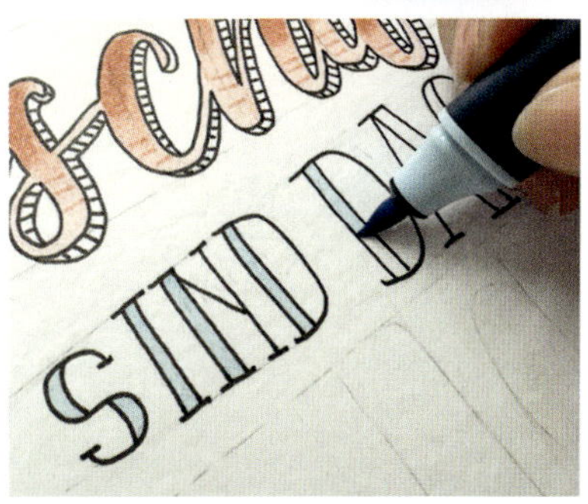

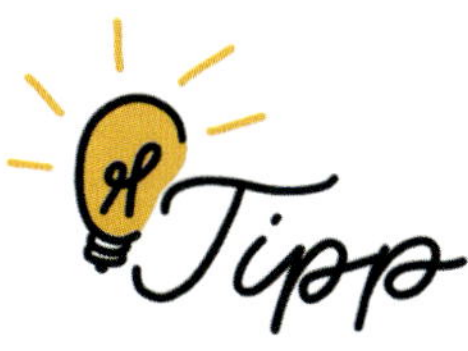


Beim Twinmarker gibt es auch eine farblose Blender-Spitze. Dann können die Buchstaben zweifarbig gestaltet werden, mit sanftem Farbverlauf.

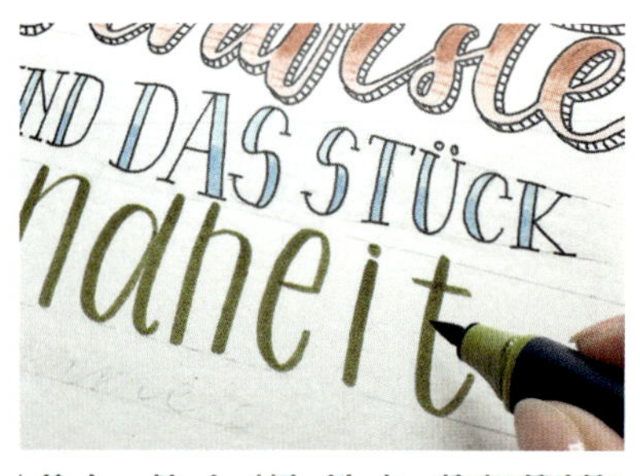

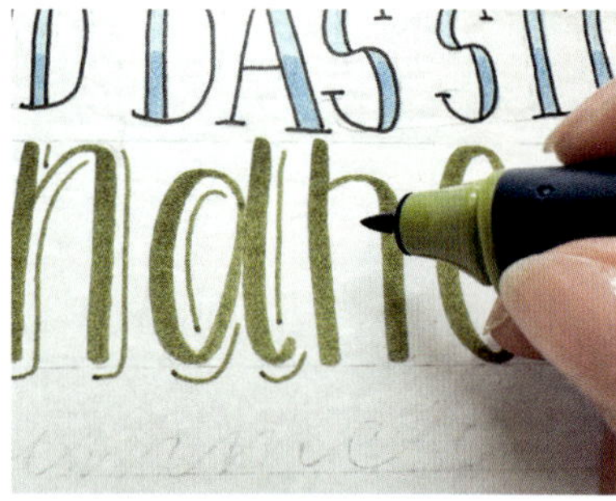

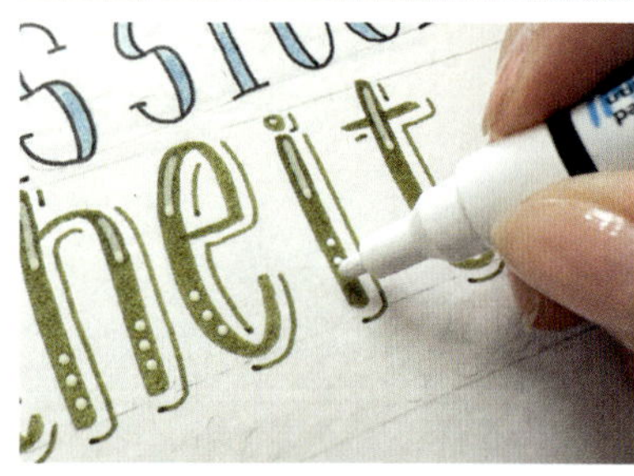

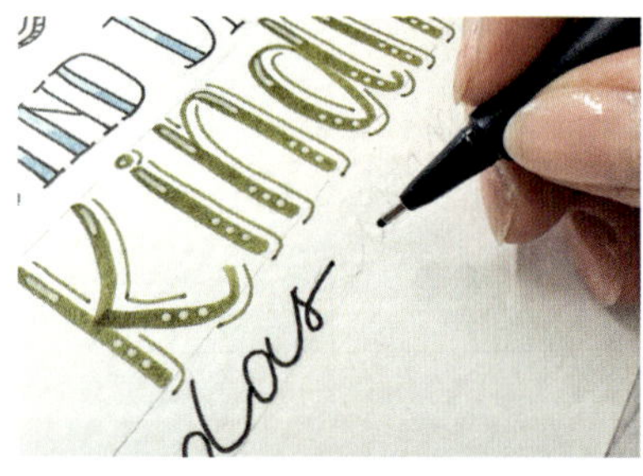

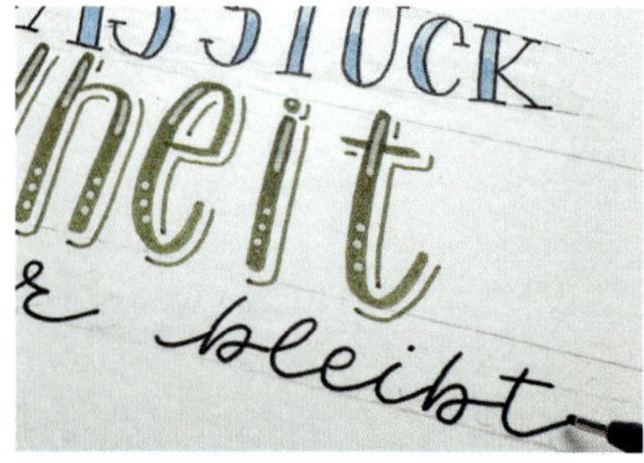

**SCHRITT 11, 12 UND 13**

Für das nächste Wort „Kindheit" nutze ich wieder die Brushpen-Spitze des Twinmarkers. Mit der feinen Rundspitze ziehe ich nun auch hier wieder Schattenlinien mit etwas Abstand zum jeweiligen Buchstaben. Außerdem verwende ich den Acrylmarker in Weiß, um Verzierungen auf den Buchstaben anzubringen.

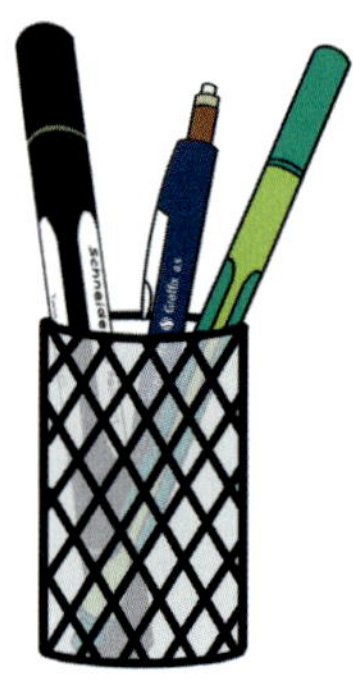

**SCHRITT 14 UND 15**

Nun schreibe ich mit dem schwarzen Fineliner den Rest des Spruches „das immer bleibt" in die unterste Zeile.

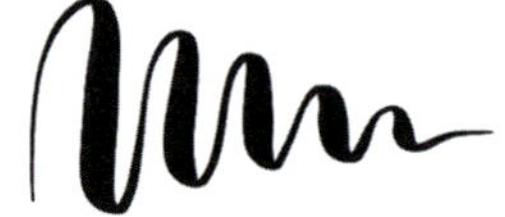

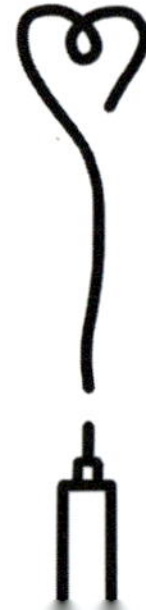

**SCHRITT 16 UND 17**

Zum Schluss bringe ich noch ein paar Sterne in die „weißen Lücken" an und male diese mit den zuvor verwendeten Farben aus.

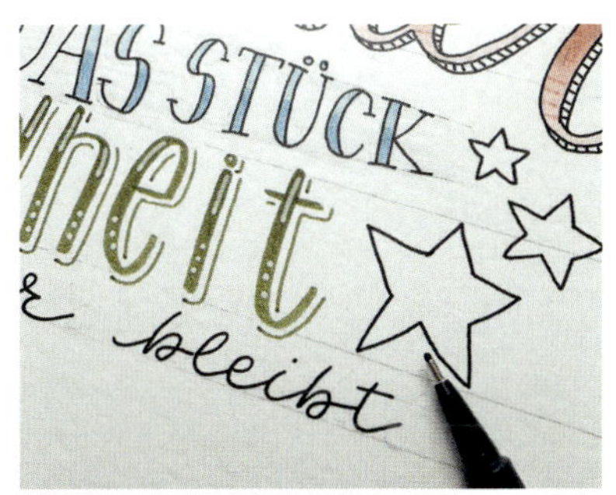

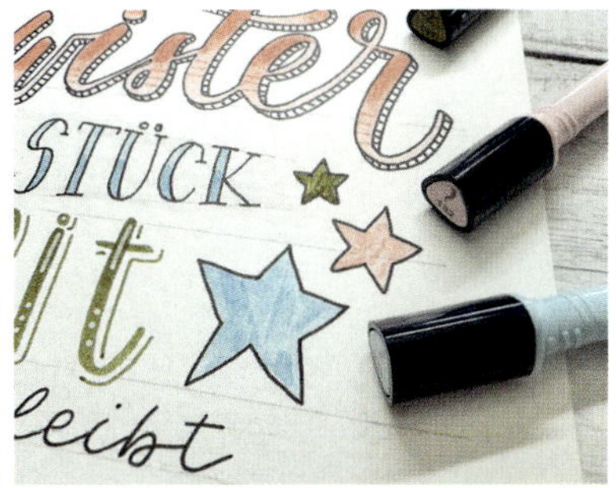

**SCHRITT 18**

Der letzte Schritt ist nun, die störenden Bleistiftlinien wegzuradieren. Aber Vorsicht: Alles sollte komplett trocken sein. Ich empfehle dir das Bild bis zum nächsten Tag liegen zu lassen und diesen Schritt erst am nächsten Tag zu machen. So ärgerst du dich nicht hinterher, wenn etwas verschmiert.

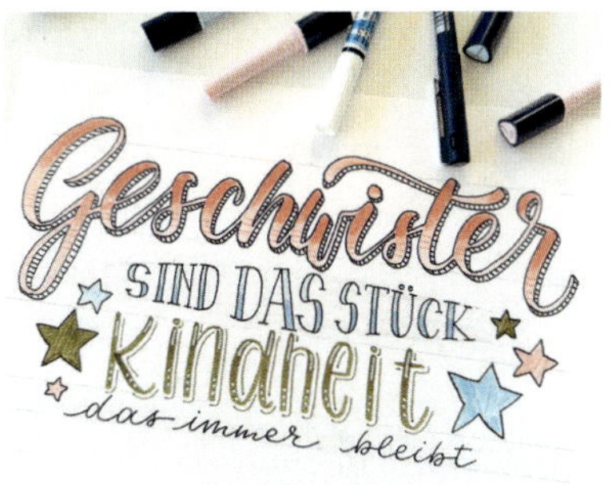


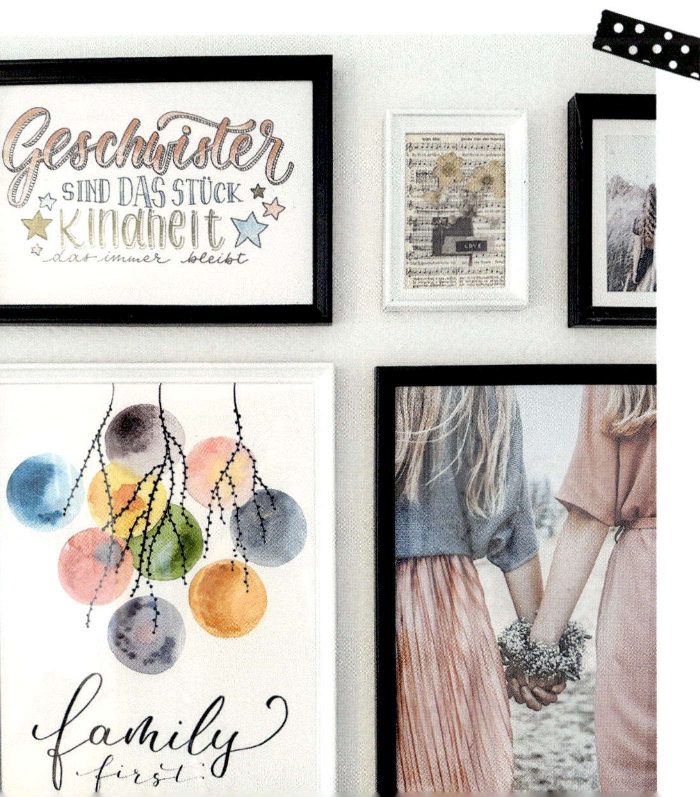


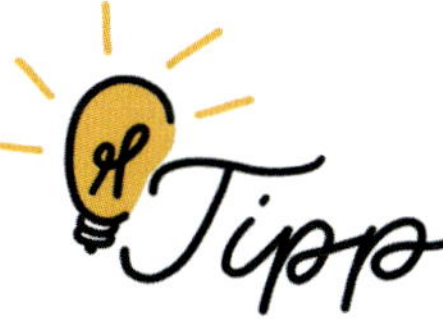


Auf meinem Instagram Kanal @Katja.Visualisiert findest du weitere Hilfestellungen zum Gestalten von langen Sprüchen.

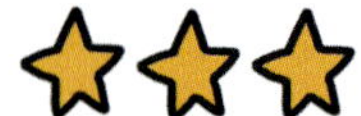

# Poster Idee 2: schwarzer Karton

**MATERIAL**

Schneider Paint-It 020 Metallicliner
Schwarzer, dicker Karton
Weißer Aquarellbuntstift
Lineal
Radiergummi

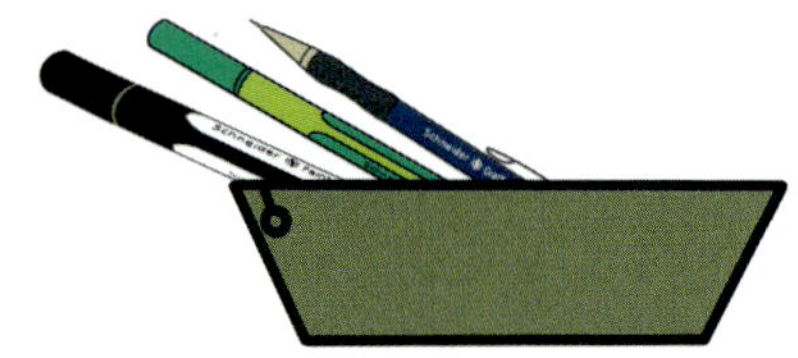

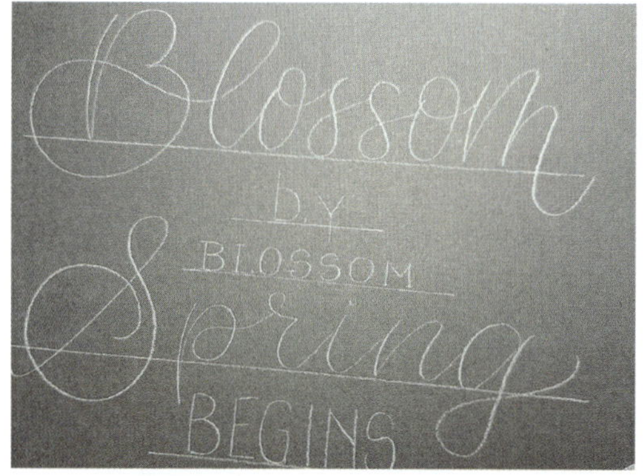


**SCHRITT 1**

Hier sollte die Vorzeichnung mit einem weißen Aquarellbuntstift gemacht werden, denn ein normaler Bleistift auf schwarzem Karton ist sehr schwer zu erkennen. Bei diesem Projekt habe ich mich für den Spruch „Blossom by blossom spring begins" entschieden. Die Spruchkomposition habe ich auch hier von der Mitte her ausgerichtet, sodass das Ergebnis sehr harmonisch wirkt.

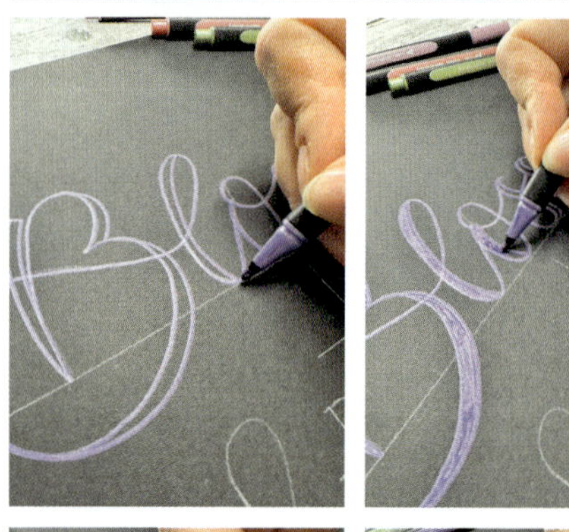

**SCHRITT 2**

Für das erste Wort „Blossom" male ich jeden einzelnen Buchstaben in der Technik der Faux-calligraphy. Dabei werden erst die Außenlinien gezeichnet und dann der Raum dazwischen gestaltet. Das Alphabet dazu findest du im Kapitel „Grundlagen Handlettering & Schriften".

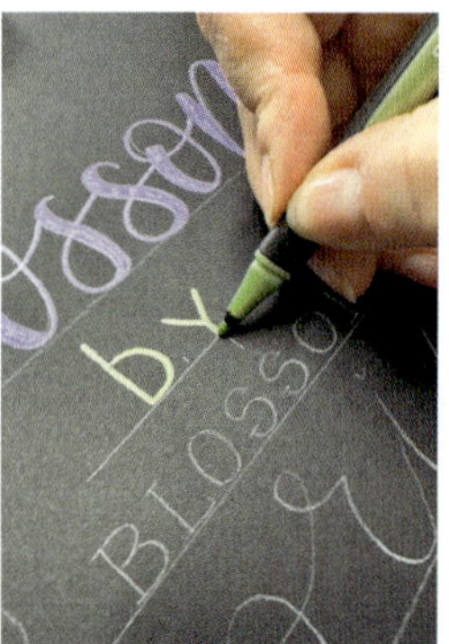

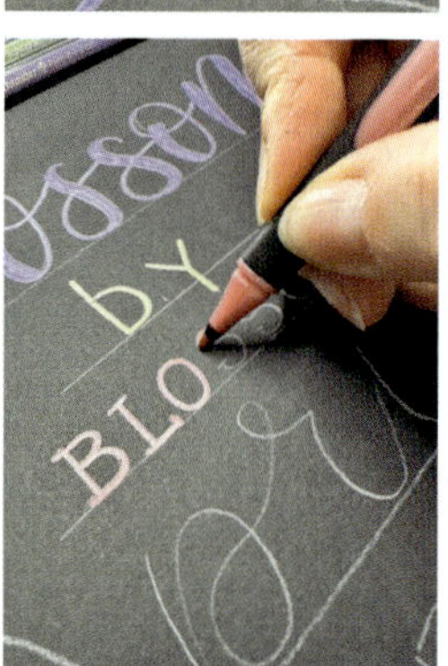

**SCHRITT 3 UND 4**

Als nächstes gestalte ich das Wort „by" in einer normalen Druckschrift und das Wort „Blossom" in Großbuchstaben mit Serifen.

**SCHRITT 5**

Das Wort „Spring" lettere ich wieder, aber dieses Mal ohne den Effekt der Fauxcalligraphy. Den i-Punkt ersetze ich durch ein kleines Blümchen. Das passt super zum Thema, oder?

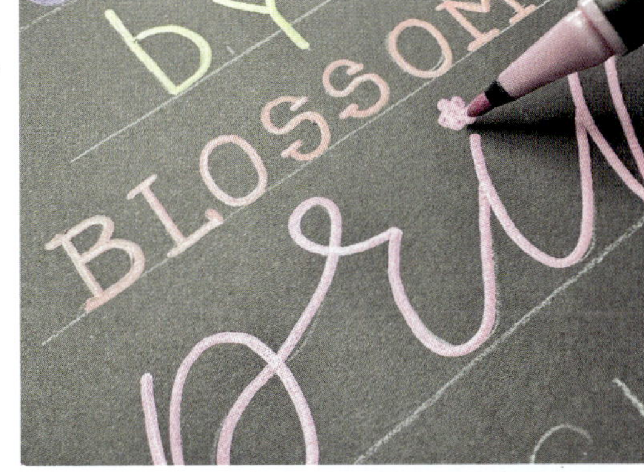


**SCHRITT 6**

Nun fehlt noch das letzte Wort „begins", welches ich in einer Druckschrift mit Großbuchstaben schreibe.

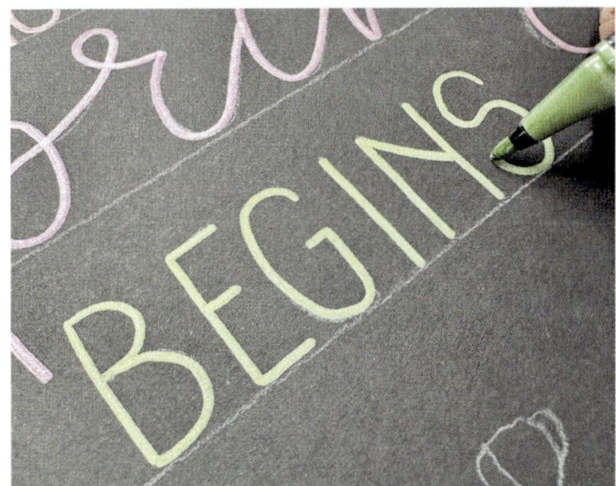


**Durch den schwarzen Hintergrund leuchten die Farben besonders schön.**

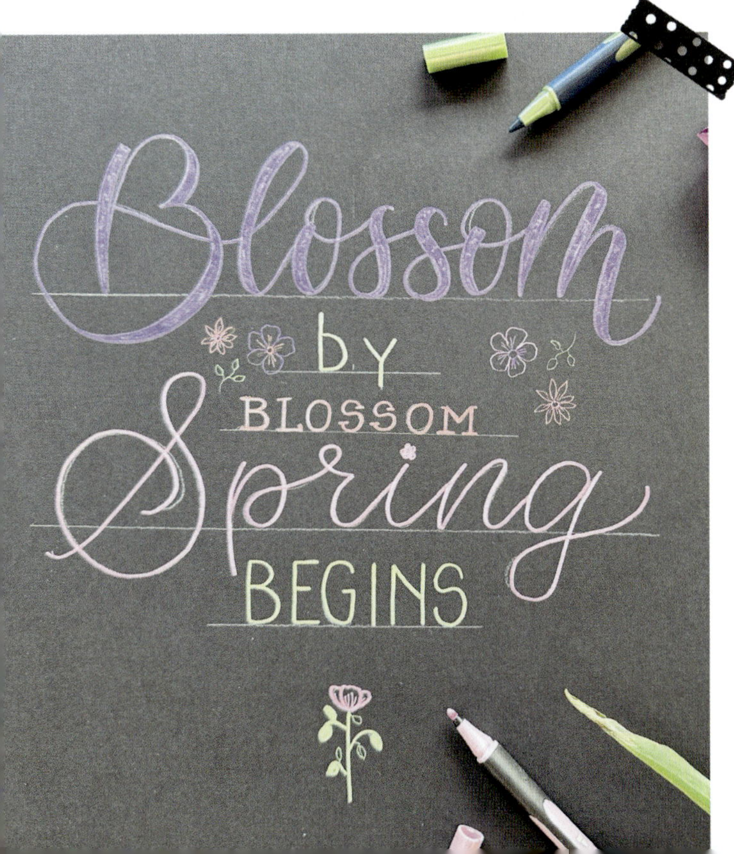


**SCHRITT 7 UND 8**

Kleine, hübsche Illustrationen wie zum Thema passende Blümchen runden das Gesamtwerk am Ende ab.

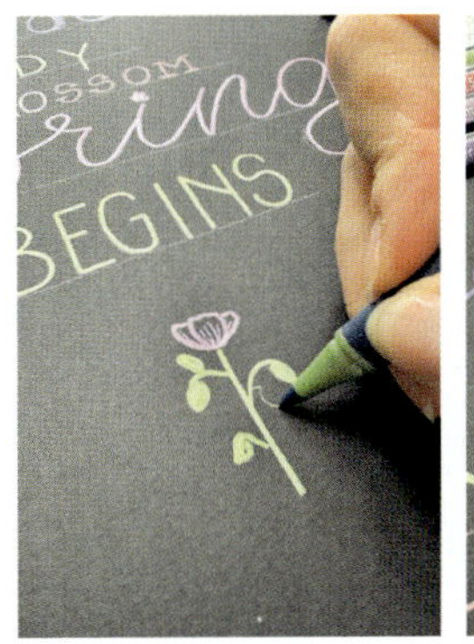


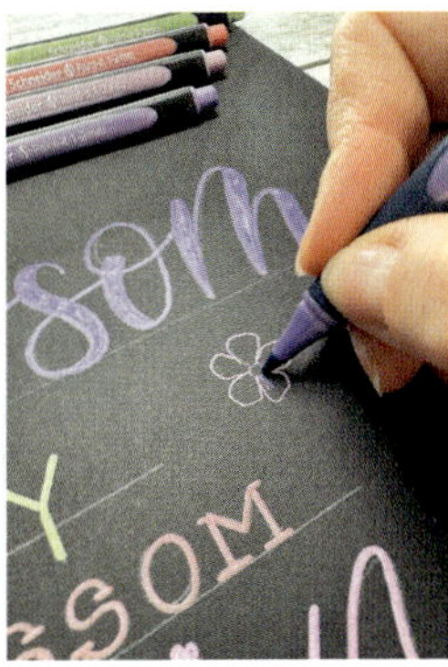

# Menueplan

Dieser Menüplan ist ein riesengroßer Zugewinn für unsere Essenplanung innerhalb der Familie gewesen. Wie ich diesen aufgebaut und gestaltet habe, zeige ich dir hier.

**MATERIAL**

Schneider Pictus (0,5 mm und 0,7 mm)
Schneider Paint-It 070 Brush Brushpen
Schneider Paint-It 310 Acrylmarker (2 mm)
Kreidetafel 20 x 30 cm
Farbiges Tonpapier und Tonkarton nach Wahl
Sekundenkleber und normaler Kleber
Schere oder Schneidelineal
7 Holzklammern mit jeweils 4,5 mm
Leere Streichholzschachtel
Weißer Aquarellbuntstift zum Vorzeichnen
Kleines Stück Klebestreifen

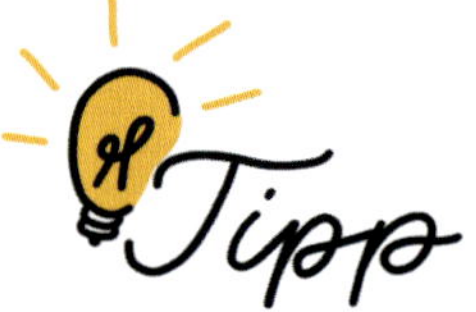


Das Rezept zu unserem Freitagsessen dieser Woche „African Chicken" findest du weiter vorne in diesem Kapitel.

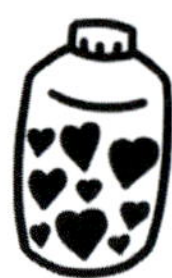

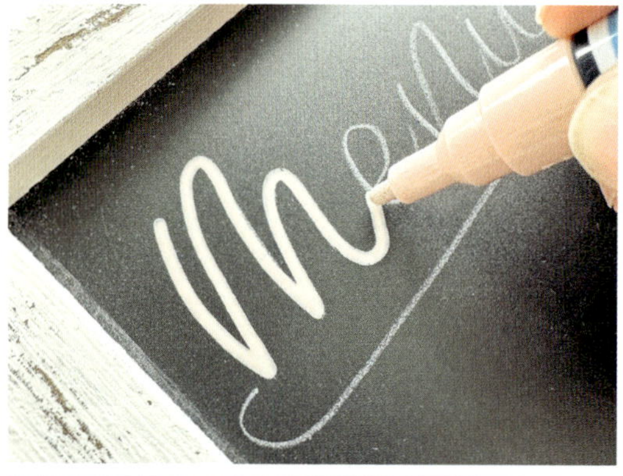

**SCHRITT 1**

Nachdem ich mit einem Aquarellbuntstift das Wort „Menueplan" auf der Kreidetafel vorgeschrieben habe, fahre ich dieses mit einem Acrylmarker von Schneider nach. Ich habe mich für die Schreibweise mit „ue" entschieden, da das in dieser Schrift besser aussieht – ein „ü" geht aber natürlich auch.

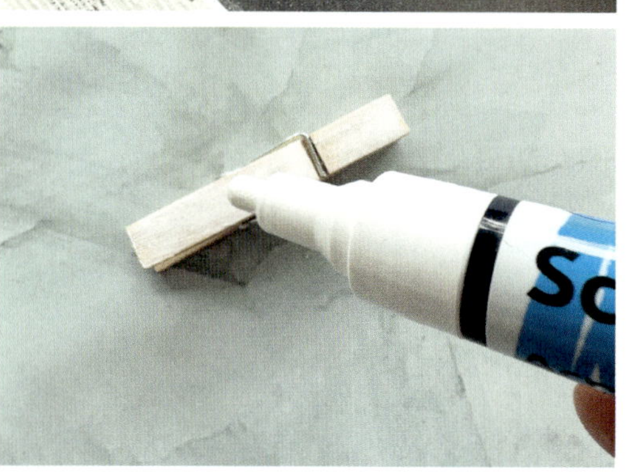

**SCHRITT 2 UND 3**

Im zweiten Schritt färbe ich eine Seite der Holzklammern mit dem weißen Acrylmarker ein und lasse sie gut trocknen, bevor ich mit dem Pictus Fineliner in der Stärke 0,7 mm die Wochentage darauf schreibe. Achte hier darauf, dass vier Klammern sich nach rechts und drei Klammern sich nach links öffnen lassen.

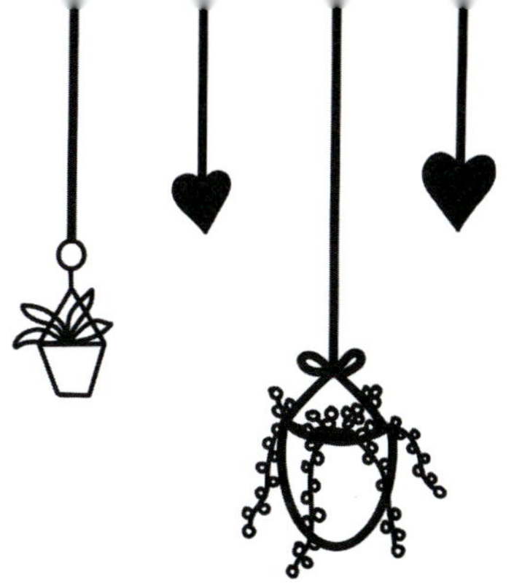

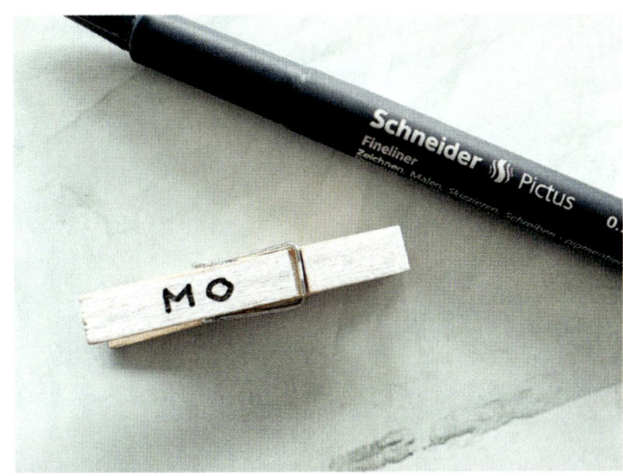


## SCHRITT 4, 5 UND 6

Bei der Streichholzschachtel trenne ich beim Einschieber eine Wand der kurzen Seite heraus und verklebe die andere, noch verschlossene Seite mit einem Stück Klebestreifen mit der Verpackung der Schachtel. Nun ummantele ich die leere Streichholzschachtel mit dem Tonpapier, welches ich mir zuvor entsprechend der Größe zugeschnitten habe. Dann beschrifte ich die Vorderseite der kleinen Box (achte bitte darauf, dass die Öffnung nach oben zeigt) mit dem Wort „Ideen" und einer kleinen Glühbirne. Dafür nutze ich den schwarzen Brushpen und den Fineliner der Stärke 0,5 mm.

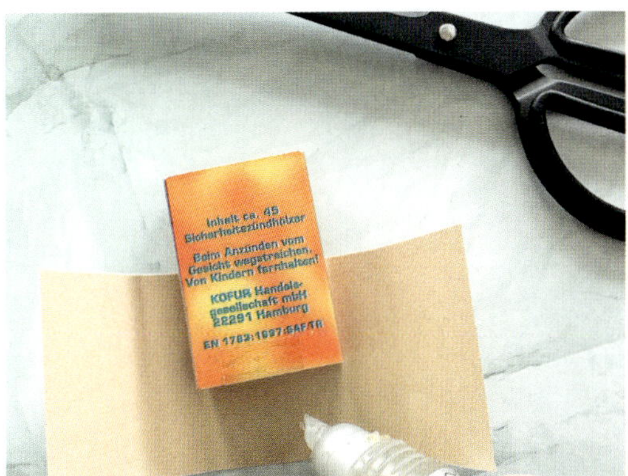

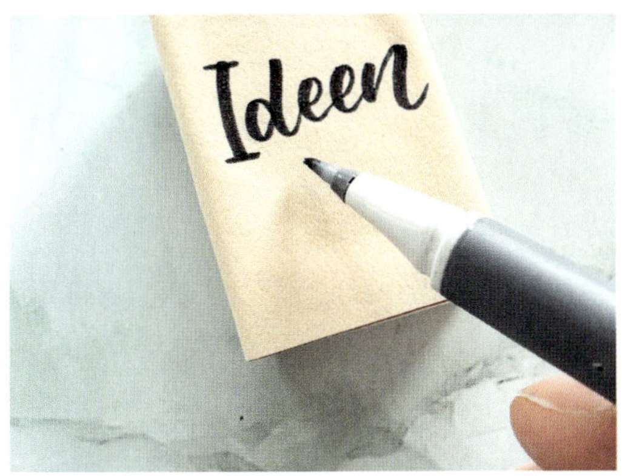


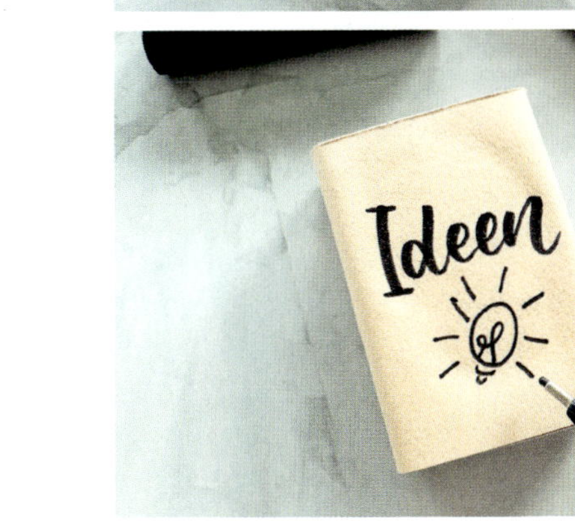


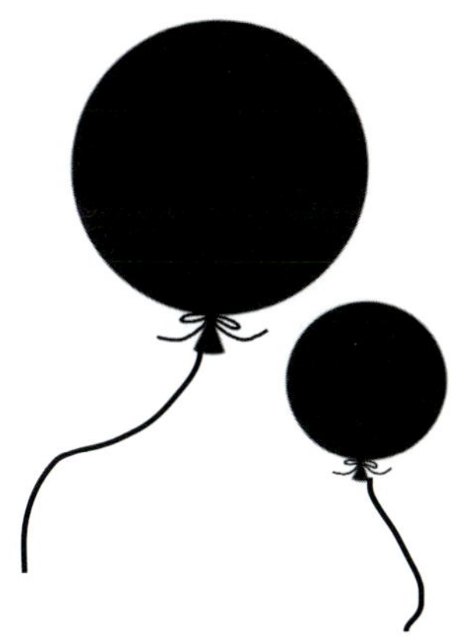

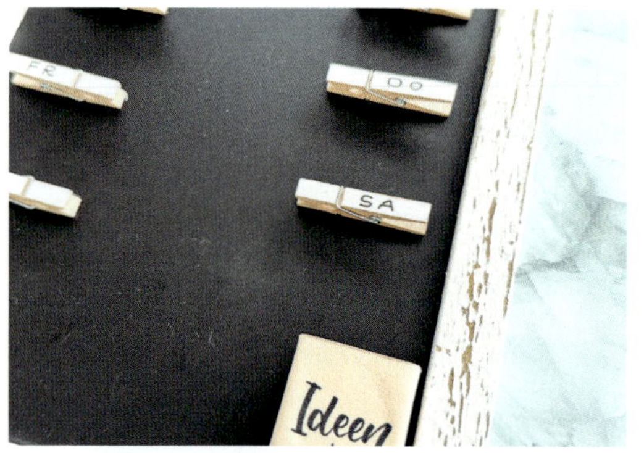


**SCHRITT 7 UND 8**

Nun positioniere ich die kleine Box entsprechend an der rechten unteren Ecke der Kreidetafel, sodass ich genau sehen kann, wie ich die Holzklammer aufkleben kann. Vier Klammern auf die linke und drei Klammern auf die rechte Seite, immer im Wechsel der Wochenetage. Dafür verwende ich Sekundenkleber oder Heißkleber. Außerdem wird die Box nun final festgeklebt.

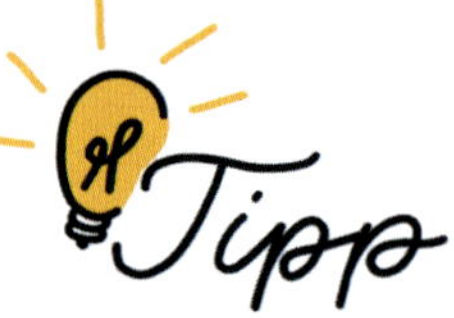


Damit die Klammern genau untereinander kleben, habe ich den Brushpen als Platzhalter verwendet.

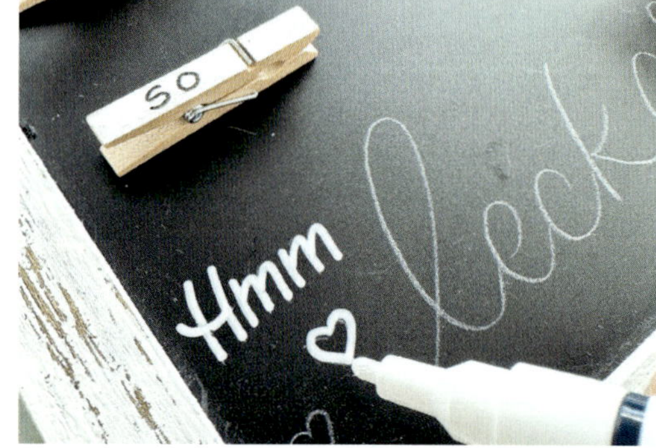


**SCHRITT 9 UND 10**

Den leeren Platz in der linken unteren Ecke habe ich mit einem „Hmm lecker" – Schriftzug und ein paar kleinen Herzchen versehen.

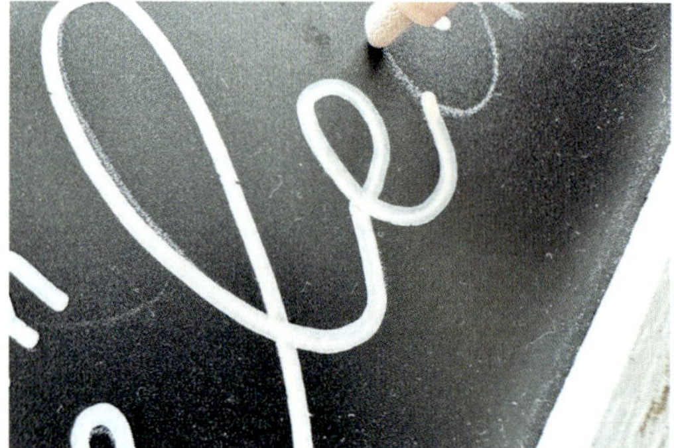

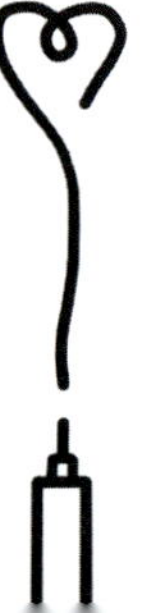

**SCHRITT 11**

Aus dem Tonpapier schneide ich schmale Streifen im Format 2 x 10 cm, auf welche ich dann die Namen der Gerichte schreibe, die wir kochen möchten. Sieben Gerichte können nun in die Klammer eingeklemmt werden, die restlichen Karten verstaue ich in der Box. So kann der Essensplan in der nächsten Woche wieder neu organisiert werden.

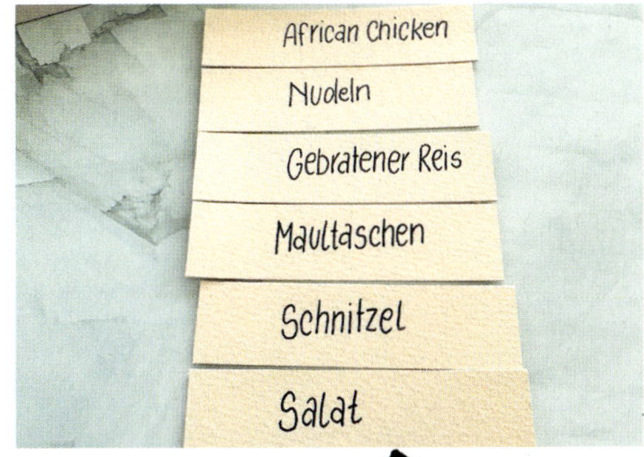

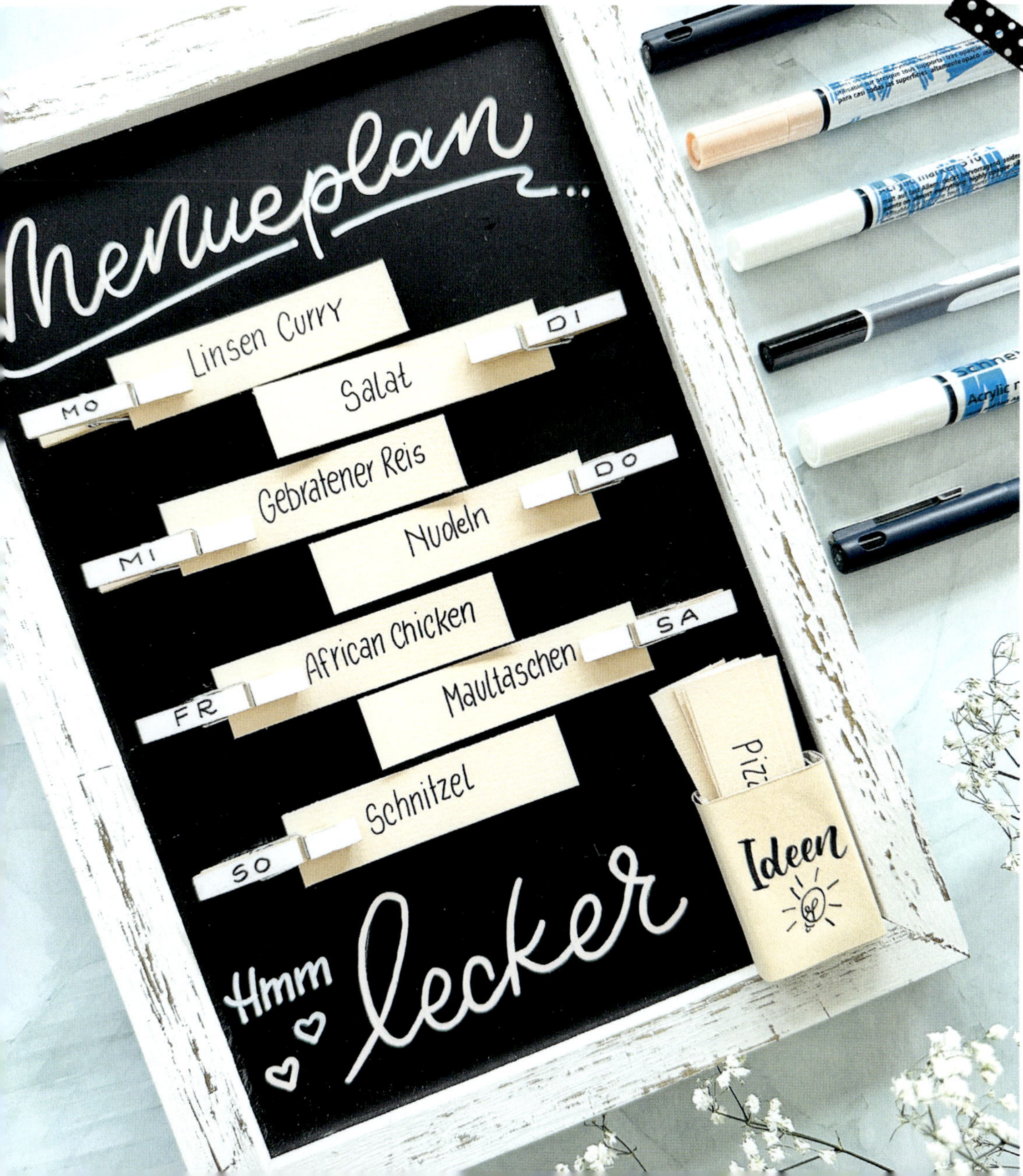

# Familienplaner

Ein Familienplaner kann eine große Hilfe sein, wenn man die täglichen Herausforderungen meistern muss. Schön gestaltet und für alle sichtbar bietet er einen tollen Überblick über das Terminchaos in der Familie.

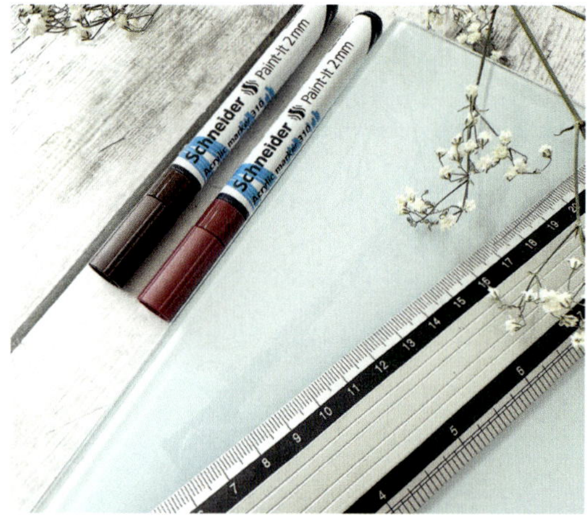


**MATERIAL**

Schneider Paint-It Acrylmarker (2 mm)
Schneider Kreidemarker Maxx 265
Glas Memoboard 80 x 30 cm
Lineal (mind. 40 cm lang)
Ein Stück Küchenpapier
Ein Blatt Papier als Unterlage für die Hand

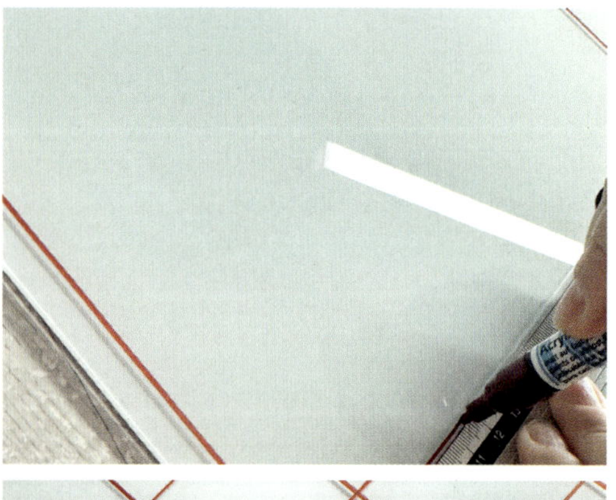

**SCHRITT 1 UND 2**

Auf das Glasboard ziehe ich mit Hilfe eines Lineals mit dem Acrylmarker einen 25 x 35 cm großen Kasten auf der linken Seite. Dabei lasse ich am linken Rand etwas (6–8 cm) Platz für den Schriftzug „Unsere Woche“. Auch oberhalb des Kastens sollte noch ein wenig Platz (ca. 3–4 cm) für die Wochentage bleiben. Anschließend ziehe ich in diesem Kasten im 5-cm-Abstand senkrechte und waagerechte Linien, sodass am Ende 5 x 7 Quadrate in der Größe 5 cm entstehen.

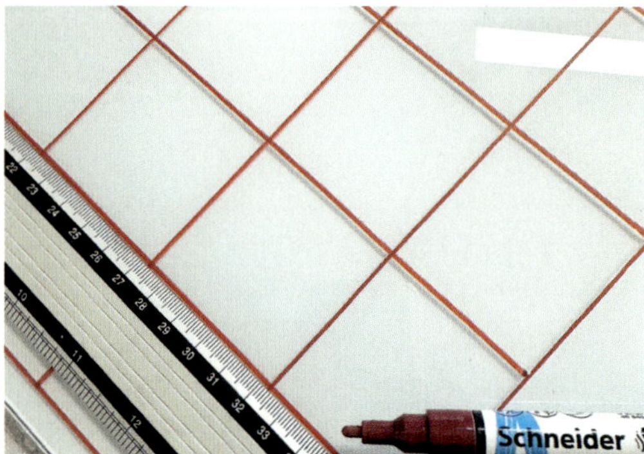


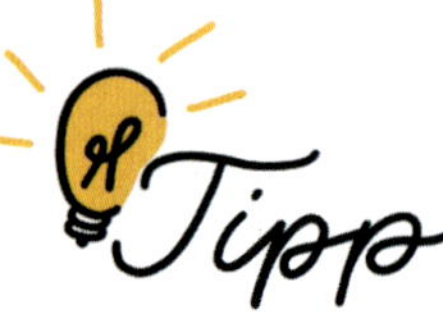


Nimm Acrylmarker für alles, was bleiben soll und Kreidemarker für die Eintragungen, die wieder weggewischt werden.

**SCHRITT 3, 4 UND 5**

Wenn alles gut getrocknet ist, kann ich nun den Schriftzug „Unsere Woche“ links neben und die Wochentage oberhalb des Kastens eintragen. Ich nutze auch hierfür ein Blatt Papier, dass ich als Schutz zwischen meine Hand und das Board lege.

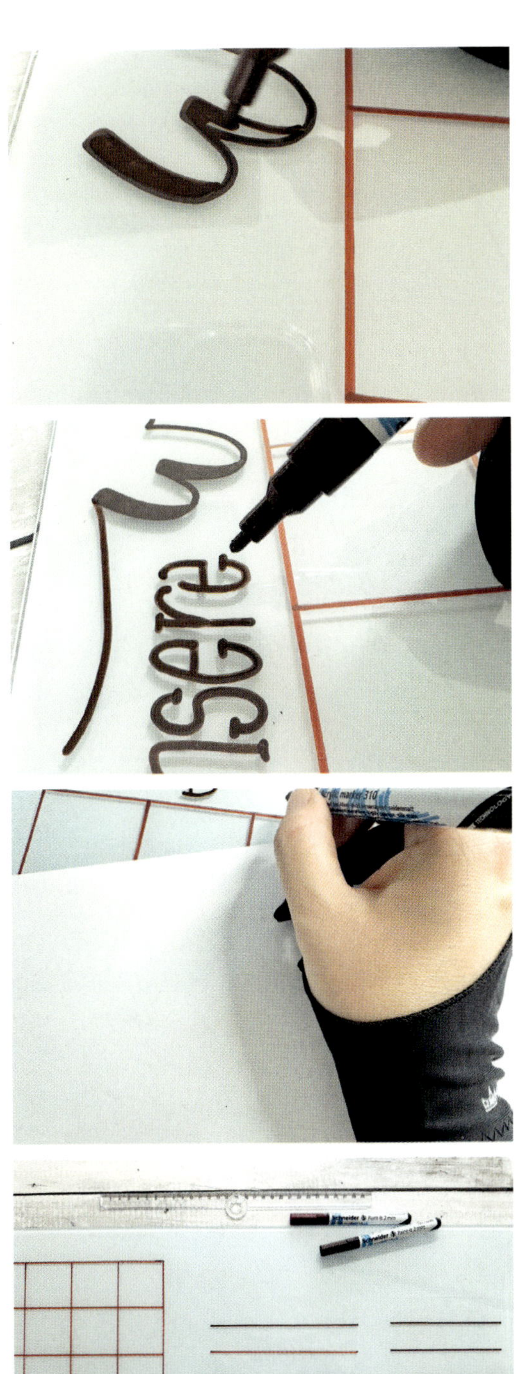

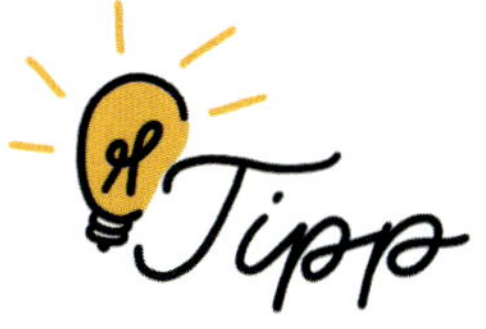


Achte darauf, dass du das Lineal langsam vom Board nimmst und es zwischendurch am Küchenpapier abwischst, damit nichts verschmiert. Sollte doch einmal etwas schief gehen, nutze einen Cerankochfeldschaber. Dieser „kratzt“ die Acryllinie wieder problemlos herunter.

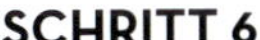

**SCHRITT 6**

Im nächsten Schritt möchte ich einen Menüplan und eine Ecke für Notizen gestalten. Dafür ziehe ich mit dem Acrylmarker sieben 15 cm lange Linien mit einem Abstand von 5 cm vom vorher gezeichneten Kasten. Ich orientiere mich dabei an der untersten Linie des nebenstehenden Kastens. Der Abstand zwischen den Linien beträgt jeweils 3 cm. So entsteht im oberen Bereich ein Schreibrand, den ich später noch fülle.

Mit einem Abstand von 3 cm ziehe ich auf der rechten Seite noch einmal 4 Linien im Abstand von ebenfalls 3 cm. Diese sind so lang, wie es der Rand deines Boards zulässt. Ich lasse aber 1–2 cm Platz bis zum Rand, weil das harmonischer aussieht.

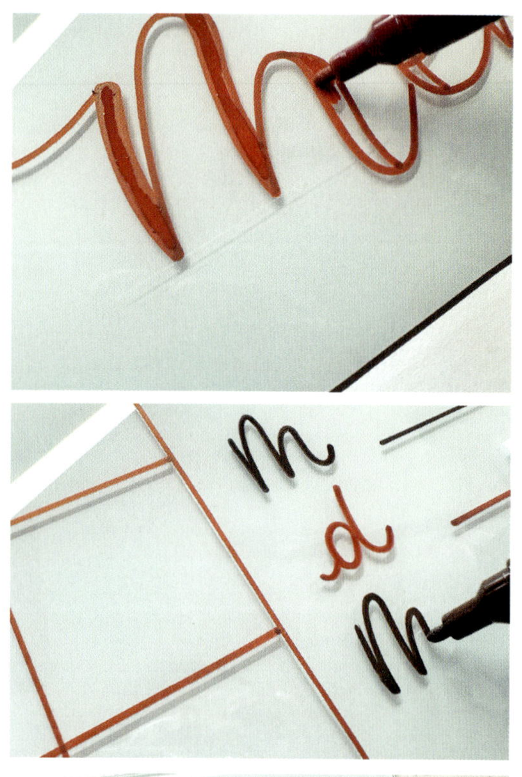

**SCHRITT 7 UND 8**

Nun lettere ich das Wort „Menü" über die Zeilen in der Mitte mit der Schriftart Fauxcalligraphy. Das passende Alphabet findest du im Kapitel Grundlagen Handlettering & Schriften. Ich achte darauf, Platz zwischen der ersten Linie und dem Wort zu lassen, sodass ich später auf der ersten Zeile schreiben kann. Anschließend schreibe ich vor jede Zeile des Anfangsbuchstabens des Wochentages in einer Letteringschrift.

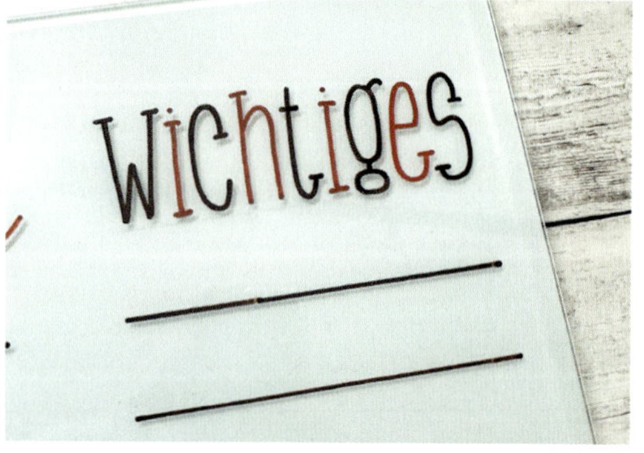


**SCHRITT 9 UND 10**

Über die vier Zeilen auf der rechten Seite schreibe ich nun das Wort „Wichtiges". Das Alphabet für diese Schriftart findest du ebenfalls im Grundlagenkapitel. Unterhalb der vier Zeilen gestalte ich noch einen schönen und passenden Spruch. Ich habe mich für: „Familie: Wo das Leben beginnt und Liebe nie endet." entschieden. Wenn du diesen Platz lieber für Notizen nutzen möchtest, kannst du den Bereich natürlich auch mit Linien versehen, wie im oberen Teil.

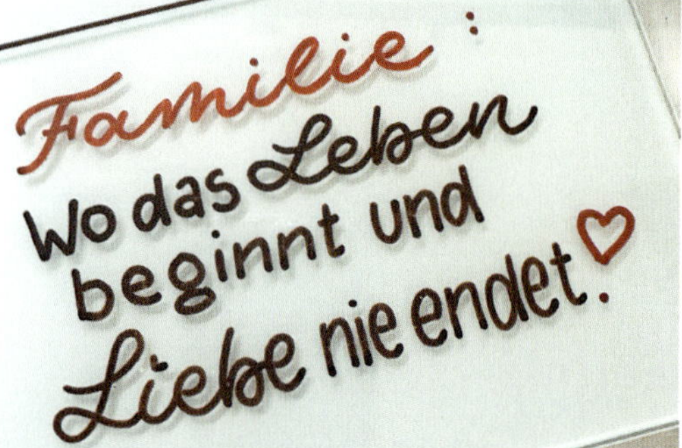


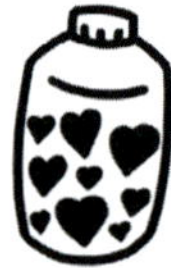

**SCHRITT 11 UND 12**

Nachdem das Board dann an der Wand montiert ist, kann ich mit dem Deco Marker von Schneider Pen, einem Kreidestift, meine monatlichen und wöchentlichen Eintragungen vornehmen. Mit einem feuchten Tuch lässt sich dieser Marker auch wieder entfernen, sodass ich bei vorsichtiger Handhabung lange etwas von diesem Board habe.

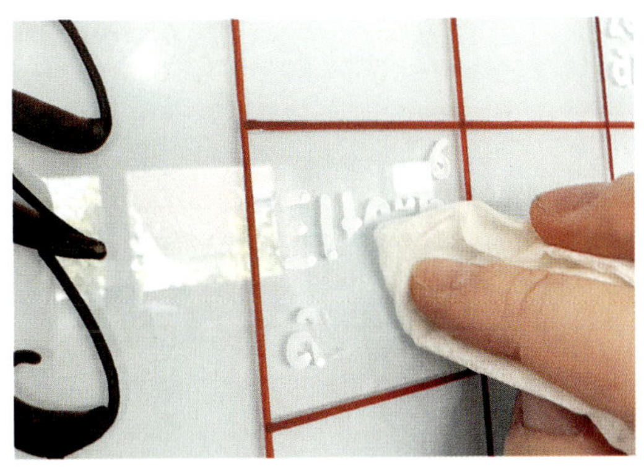

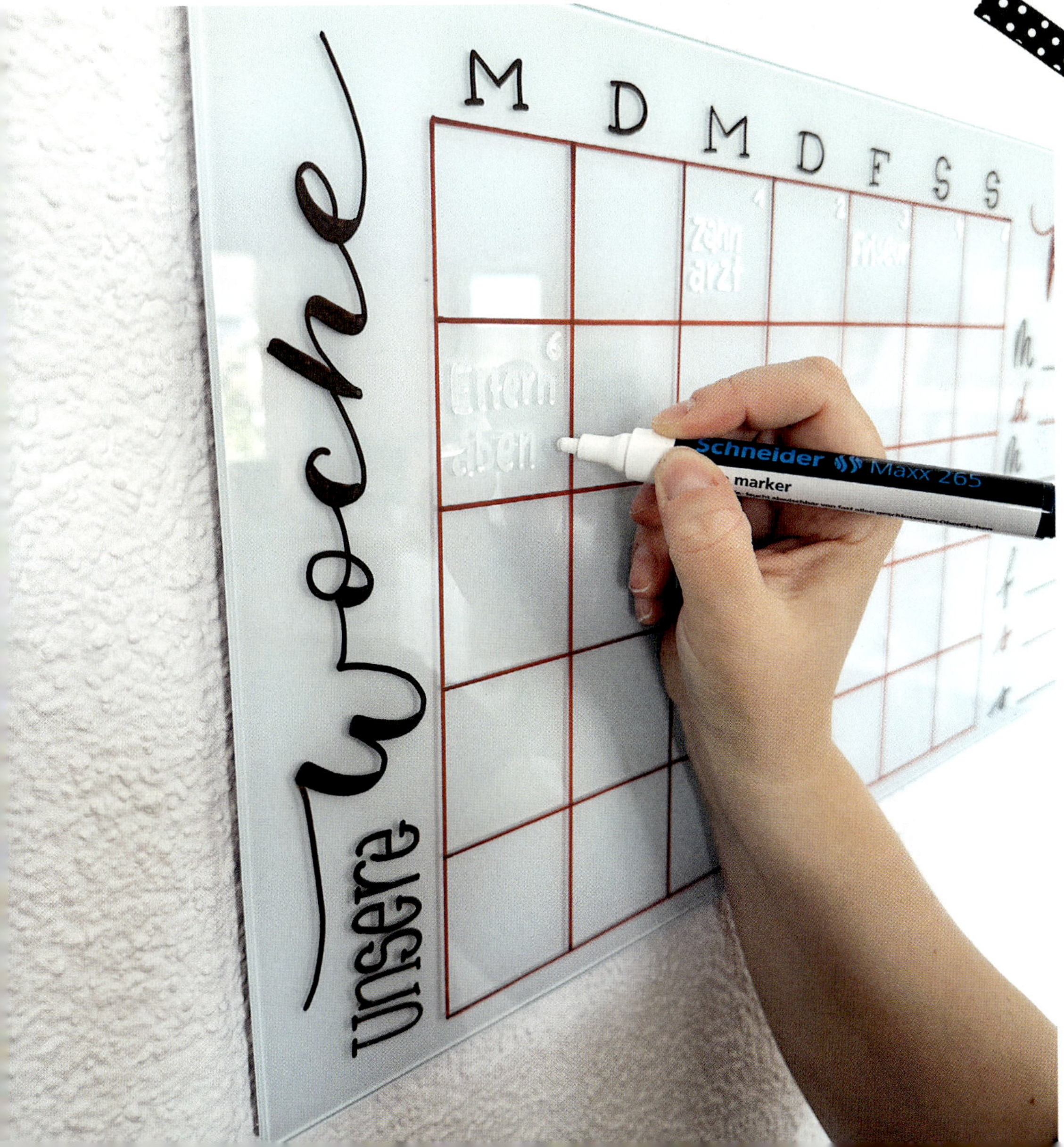

# Fensterbild Idee 1: Frühlingsfenster

Schaufenster in Geschäften haben das Thema kreativer Fenstergestaltung schon lange integriert. Zuhause trauen wir uns meist nicht so recht an diese Technik heran. Das Gestalten in aufrechter Haltung an überaus glatten Oberflächen bietet scheinbar Tücken. Aber es ist nicht so schwer, wie man meint und der Kreidestift lässt sich mit einem feuchten Tuch auch wieder gut entfernen. Also trau dich. Ich nehme dich mit in mein Zuhause und zeige dir, wie ich es mache.

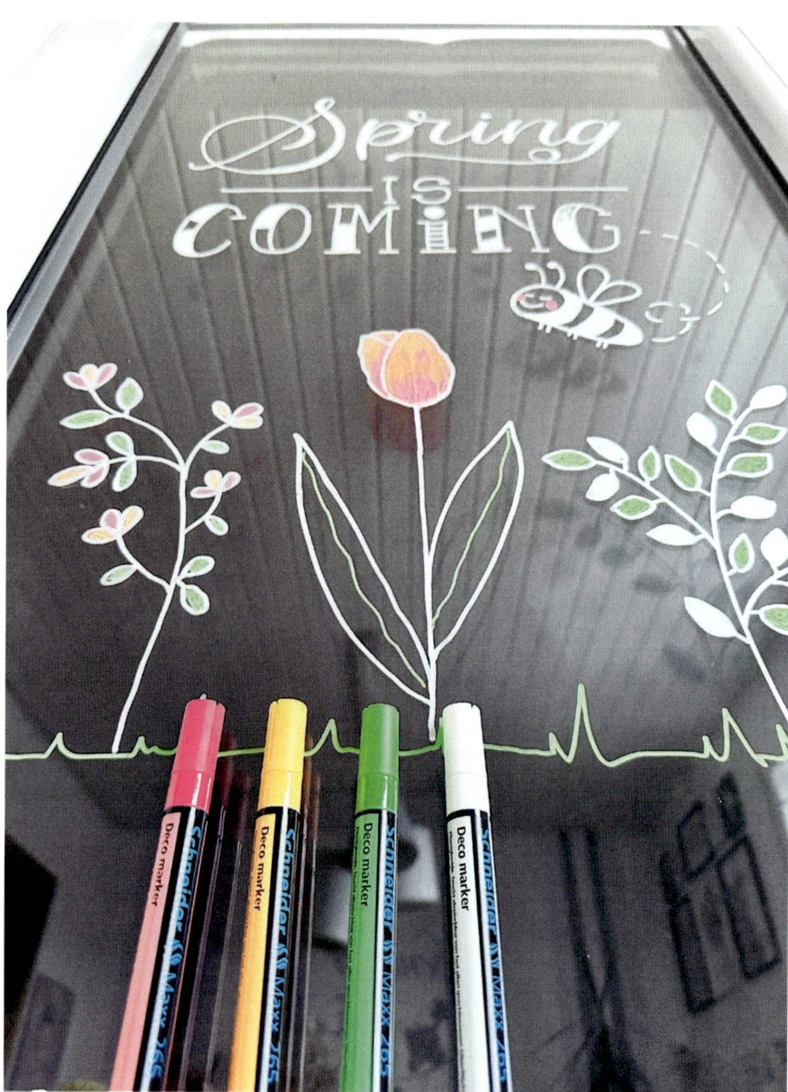


**MATERIAL**

Schneider Maxx 265 Kreidemarker
Handschuh für die Schreibhand

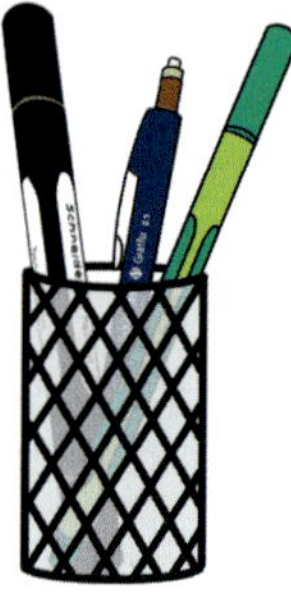

**SCHRITT 1**

Anders als beim Schreiben auf Papier, spiegelt das Glas. Das kann ich umgehen, indem ich entweder am Abend male, wenn es dunkel ist oder ich klebe mir kurzerhand ein großes Stück dunkles Papier außen an das Fenster. Das Papier hat den Vorteil, dass ich darauf schon eine Skizze machen kann. In diesem Projekt hier verzichte ich aber auf die Vorskizze.

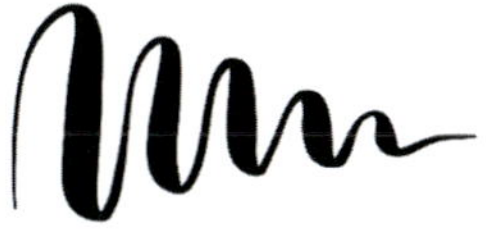

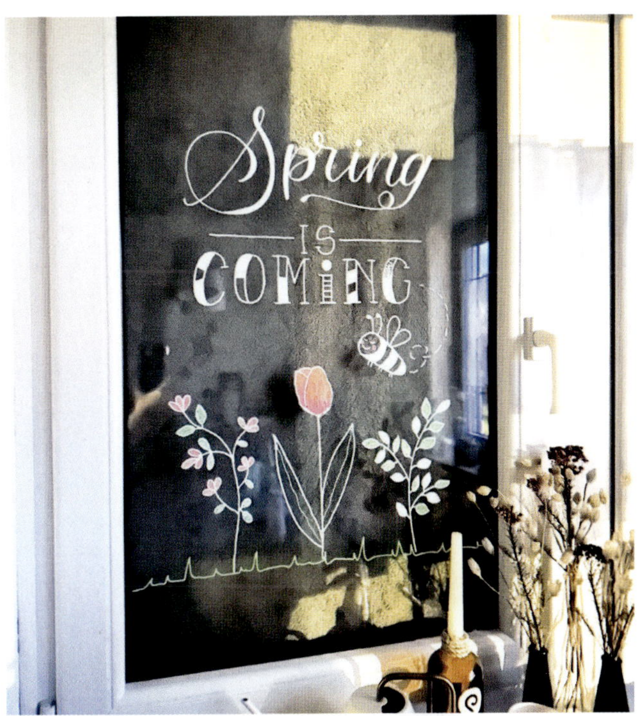


**SCHRITT 2**

Ich habe mich für unser Fenster im Esszimmer für den Spruch „Spring is coming“ entschieden. Bevor ich nun mit meinem Kreidemarker starte, ist es wichtig, dass dieser vorher gut geschüttelt und danach genug Flüssigkeit in die Spitze gepumpt ist. Dafür drücke ich die Stiftspitze vorsichtig und langsam ein- bis mehrmals auf ein Papier, bis genug Farbe daran ist. Außerdem ziehe ich einen Handschuh an, damit das Fett der Haut im Nachgang nicht auf dem Fenster zu sehen ist.

Ich gestalte nun zuerst das Wort „Spring“ in Faux Calligraphy. Dabei ist wichtig, dass ich jeden Buchstaben sofort mit dieser doppelten Abwärtslinie gestalte und die Füllung ausmale. Der Deco Marker verwischt schnell, wenn man versehentlich nochmal mit der Hand darüber geht.

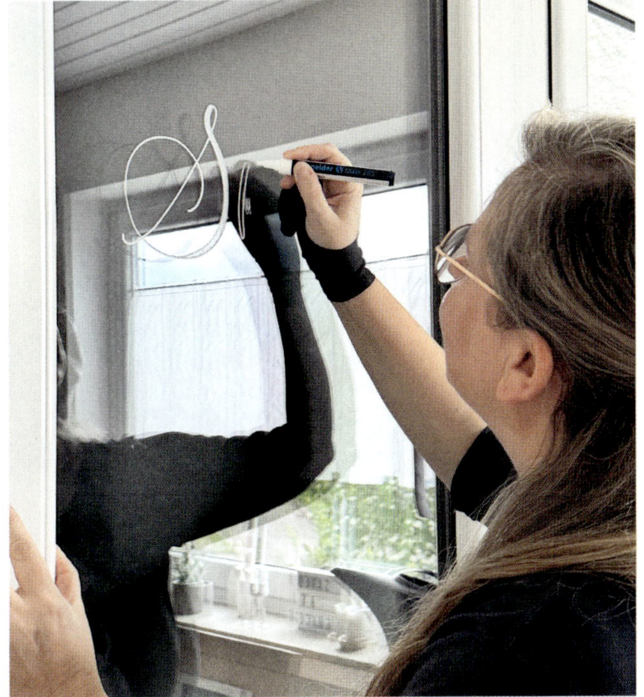

## SCHRITT 3

Das Wort „is“ gestalte ich mittig unter dem Wort „Spring“ in einer Druckschrift aus Großbuchstaben mit Serifen. Das entsprechende Alphabet findest du im Kapitel „Grundlagen Handlettering & Schriften“. Eine waagerechte Linie vor und nach dem Wort füllt den leeren Platz.

Das Wort „coming“ schreibe ich in der gleichen Druckschrift, nur verdoppele ich die erste Senkrechte, sodass ein Hohlraum entsteht, den ich kreativ füllen kann. Auch hier ist es wichtig, jeden Buchstaben sofort fertig zu machen, damit nichts verschmiert.

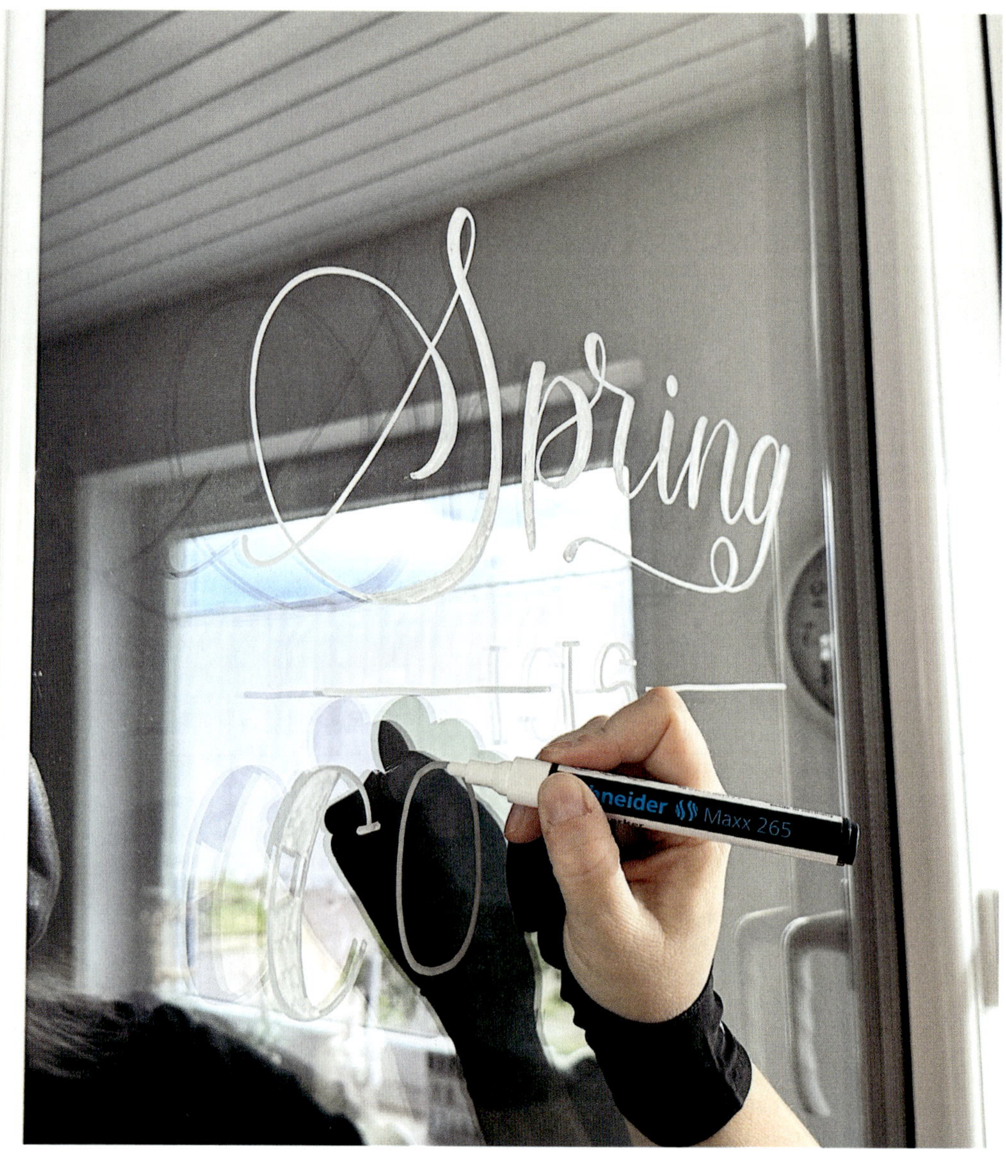

**SCHRITT 4**

Nachdem der Spruch fertig gestaltet ist, verziere ich den unteren Teil des Fensters mit Blumenillustrationen und einer kleinen Biene. Dafür zeichne ich alle Illustrationen von links nach rechts komplett fertig.

Ganz zum Schluss habe ich noch ein paar Farbtupfer angebracht. Dabei habe ich zum Beispiel das Orange und das Pink in der Tulpe gemischt, sodass ein schöner Farbübergang zustande gekommen ist. Um nichts zu verwischen, habe ich meinen Schreibarm mit meiner anderen Hand stabilisiert, sodass ich die Hand nicht auf das Fenster auflegen musste.

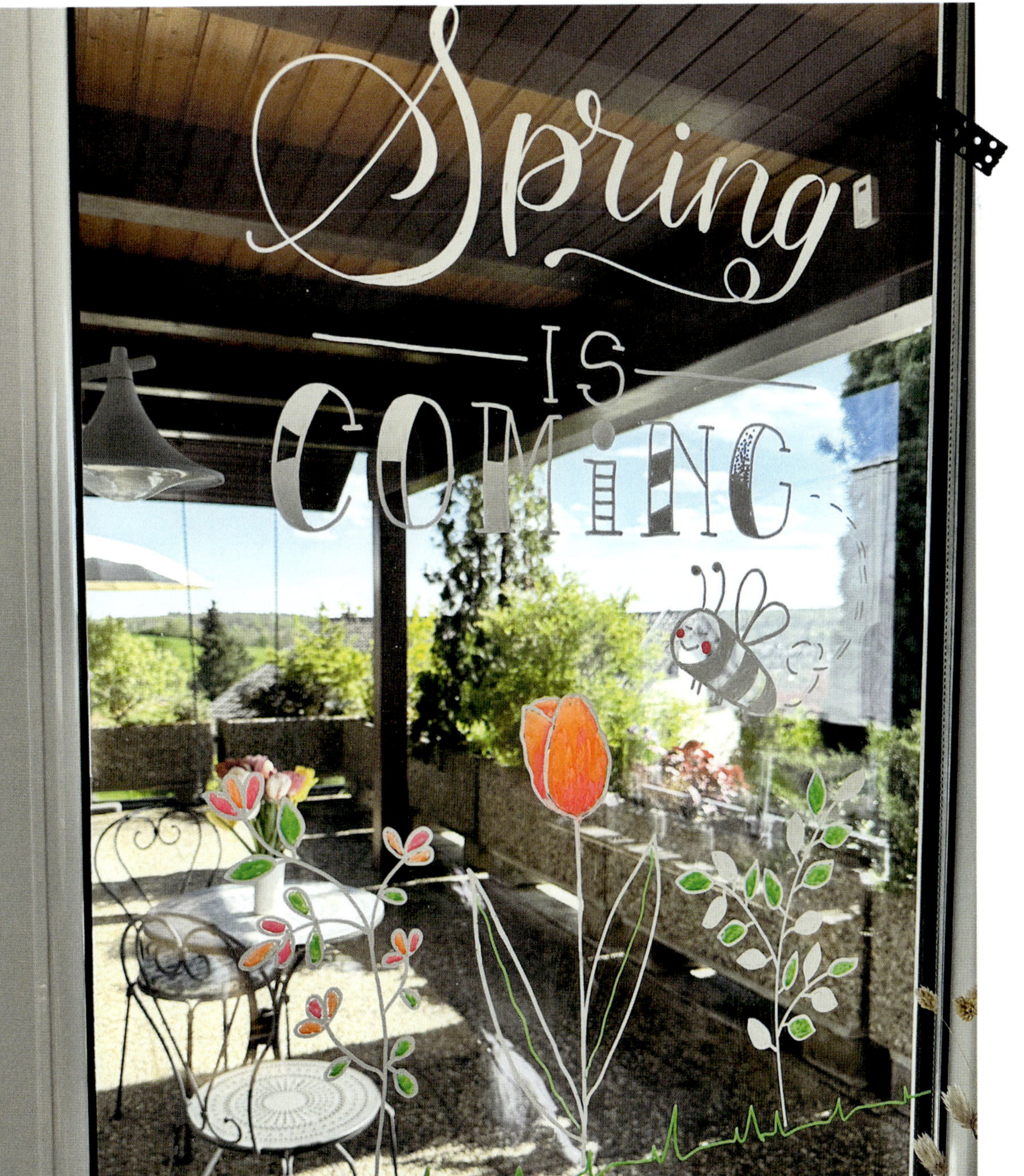

# Fensterbild Idee 2: Weihnachtsfenster

Besonders schön kommt der dekorative Charakter von Fenstergestaltung in der dunklen Jahreszeit zur Geltung. Denn die Dunkelheit draußen lässt unsere Motive geradezu erstrahlen. Gerade in der Weihnachtszeit, wo wir gemeinsam mit unseren Lieben bei einer gemütlichen Tasse heißer Schokolade und frisch duftenden Vanillekipfeln zusammensitzen, kann so ein schönes Weihnachtsfenster die festliche Stimmung abrunden.

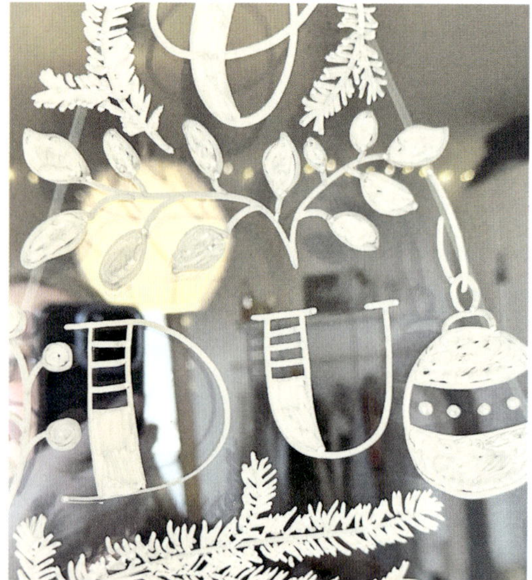


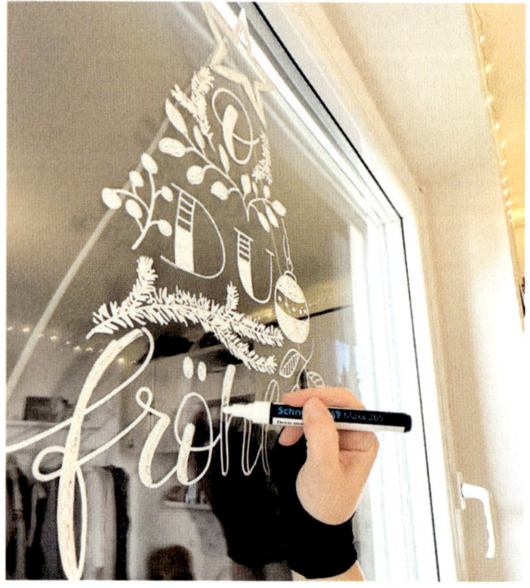

**MATERIAL**

Schneider Maxx 265 Kreidemarker
Handschuh für die Schreibhand

**SCHRITT 1**

Ich habe mir vorgenommen, das wunderschöne Lied „O, du fröhliche" in einen Weihnachtsbaum zu integrieren. Dafür habe ich mir auf mein großes Blatt Papier ein großes, spitzwinkliges Dreieck für meinen Tannenbaum vorgemalt, bevor ich das Papier von außen an mein Fenster geklebt habe.

Dann habe ich oben angefangen und den Stern gemalt. Anschließend gestalte ich das „O" in der Schrift Fauxcalligrapghy, welche du im Kapitel „Grundlagen Handlettering & Schriften" findest. Um in der Form des Tannenbaums zu bleiben, male ich vor und nach dem „O" Tannenzweige. Dabei achte ich sorgfältig darauf, mit meiner Schreibhand nichts zu verschmieren. Anschließend kommt eine Reihe verschiedener Zweige, Beeren und auch Christbaumkugeln.

**SCHRITT 2 UND 3**

Anschließend kommt das Wort „Du" in der Druckschrift mit doppelter Senkrechten. So gestalte ich immer abwechselnd eine Zeile mit Zweigen, Blättern und Kugeln und eine Zeile mit dem Text. Die Zwischenräume fülle ich mit weiteren Zweigen auf, bis ich die Form des Dreiecks auf dem Papier im Hintergrund gefüllt habe. So entsteht der Eindruck eines Christbaums.

**SCHRITT 4**

Das Wort „Weihnachtszeit" ist sehr lang. Um die Dreiecks- bzw. Baumform nicht zu verlassen, wird das Wort getrennt – „Zeit" kommt in die unterste Zeile und symbolisiert den Baumstamm. Wenn irgendwo störende Lücken sind, können diese mit weiteren Schmuckelementen aufgefüllt werden. Die verschiedenen Schriften und Inspiration für Schmuckelemente findest du weitere vorne in diesem Buch.

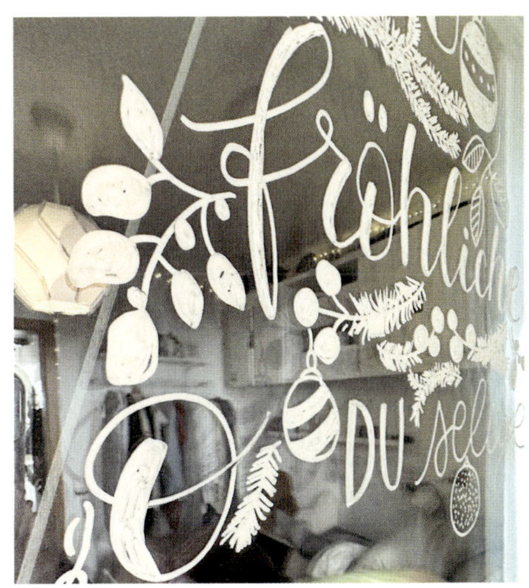

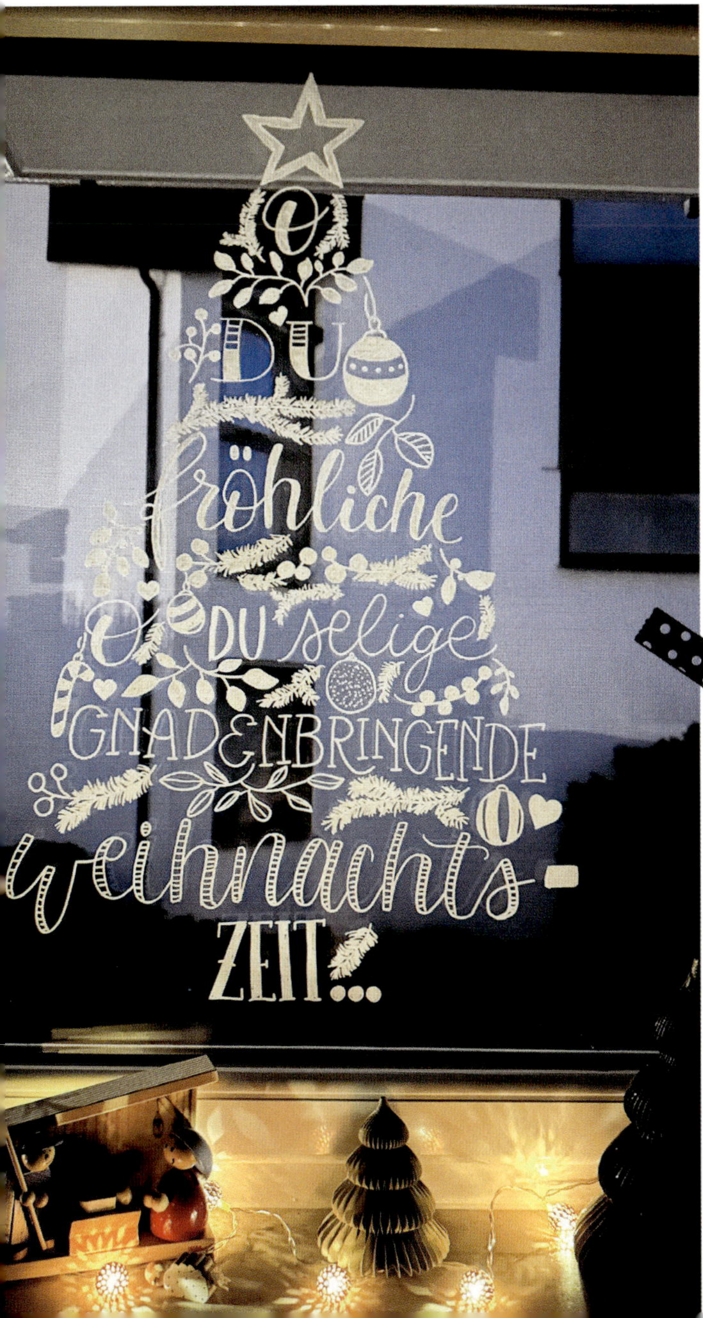

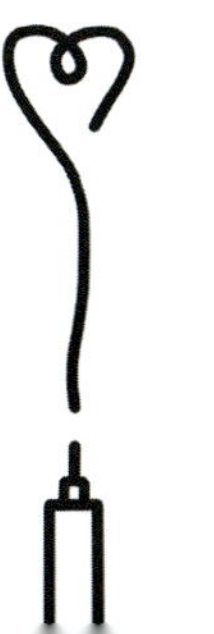

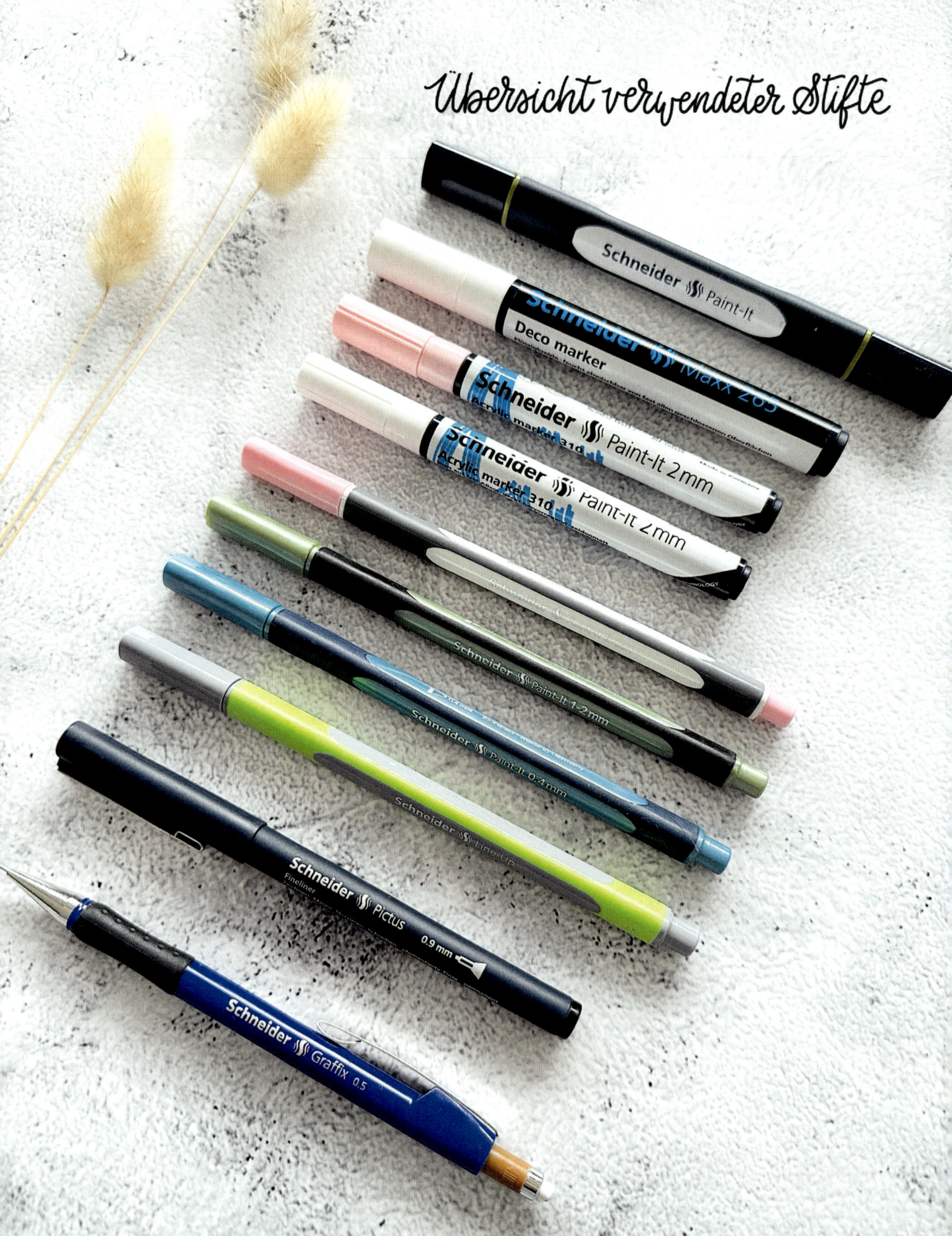
Übersicht verwendeter Stifte
Schneider Paint-It
Schneider Maxx 265
Deco marker
Schneider Paint-It 2mm
Acrylic marker 310
Schneider Paint-It 2mm
Acrylic marker 310
Schneider Paint-It 1-2mm
Schneider Paint-It 0.4mm
Schneider Line-Up
Schneider Pictus
Fineliner
0.9 mm
Schneider Graffix 0.5

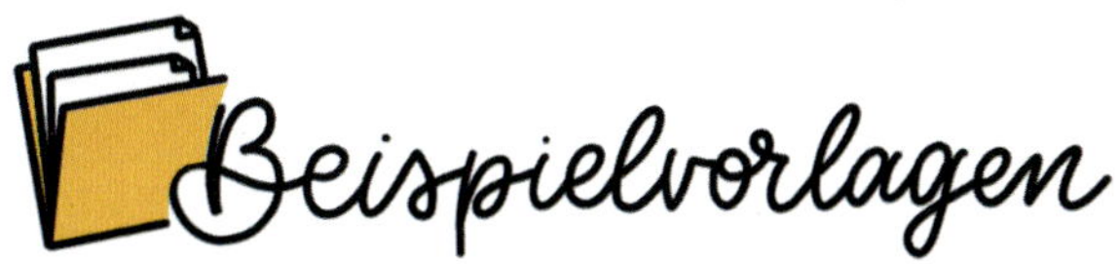


Weitere Vorlagen findest du in der Online-Bibliothek über den QR-Code am Ende des Buches.

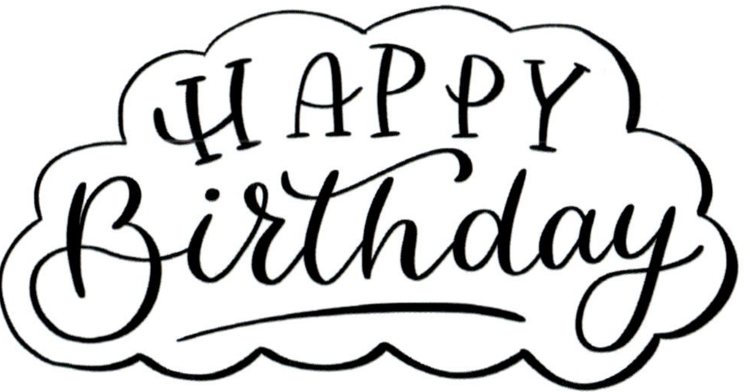


unsere Woche

| M | D | M | D | F | S | S |
|---|---|---|---|---|---|---|
| | | | | | | |
| | | | | | | |
| | | | | | | |
| | | | | | | |
| | | | | | | |

Menü

m ______
d ______
m ______
d ______
f ______
s ______
s ______

Wichtiges

______
______
______
______

Familie:
Wo das Leben beginnt und Liebe nie endet ♡

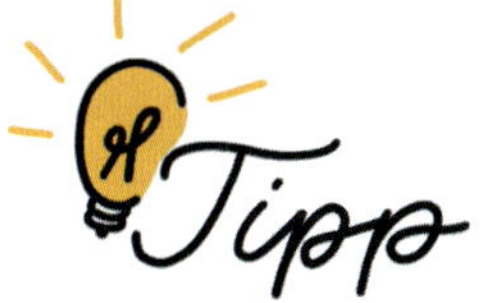


Einen Tipp habe ich noch zum Ende des Kapitels. Wenn du Handschuhe zum Schutz deiner Projekte verwendest, dann schneide doch mal die Finger des Handschuhs vom Mittelfinger bis Daumen ab. So erhältst du mehr Gefühl für den Stift und die Fläche, an der du arbeitest, ist geschützt.

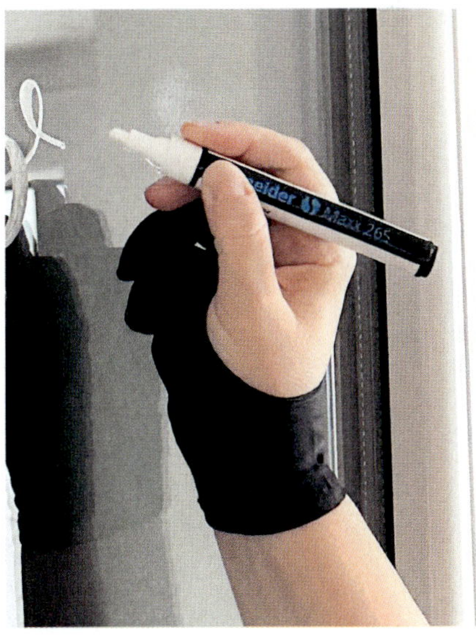

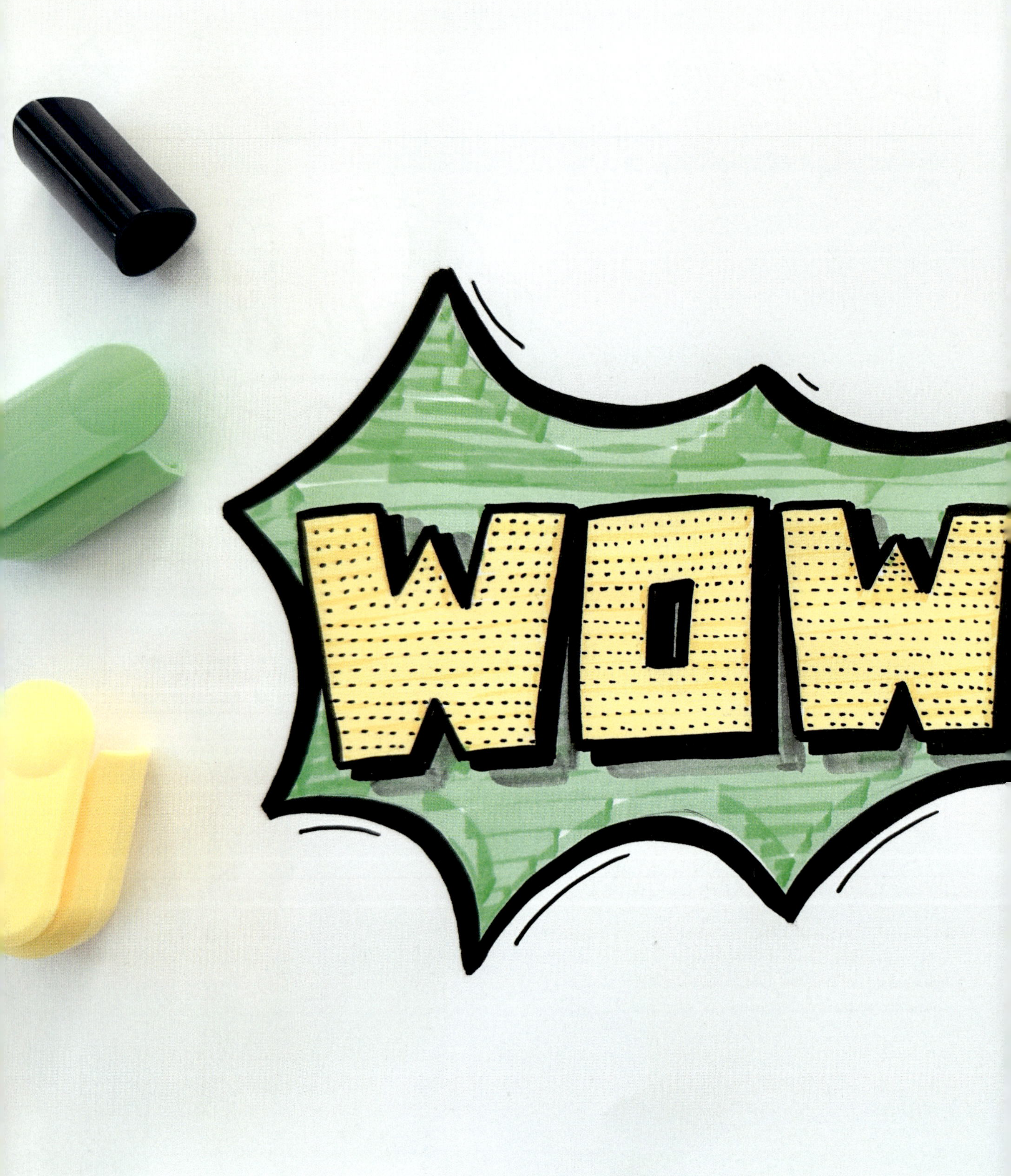
WOW

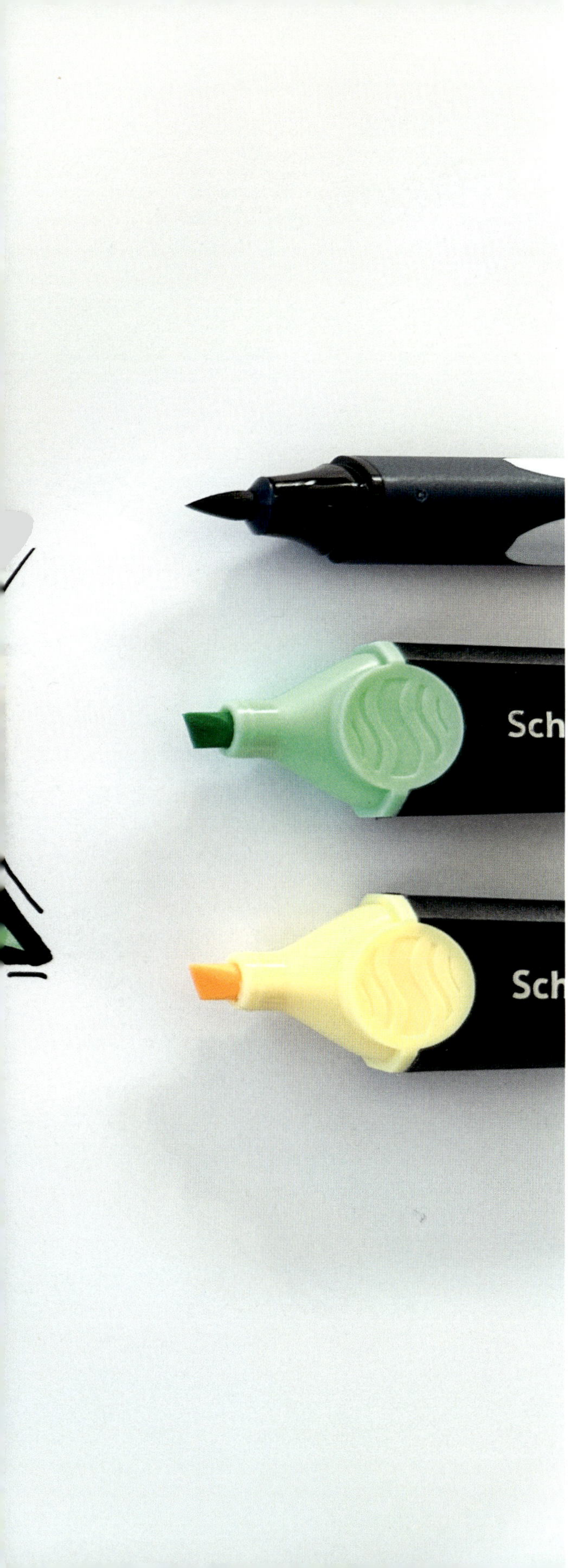

# Kapitel 2: TEXTILIEN + ACCESSOIRES

In diesem Kapitel widmen wir uns nun dem Individualisieren von Textilien und Accessoires. Gemeinsam wollen wir erste Schritte in unseren neu verzierten Schuhen mit einem einzigartigen Rucksack gehen.

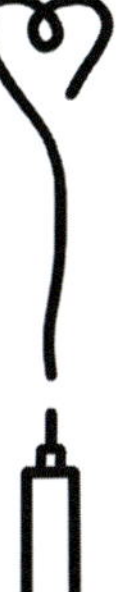

# Handyhülle - Idee 1: Schokotraum

Ich liebe es, Handyhüllen zu gestalten, denn diese sind meist nicht so teuer und können so auch schnell wieder ausgetauscht werden. Für meinen Mann habe ich diese Hülle verziert. Ich zeige dir, wie easy das war, sodass du das ganz einfach nachmachen kannst.

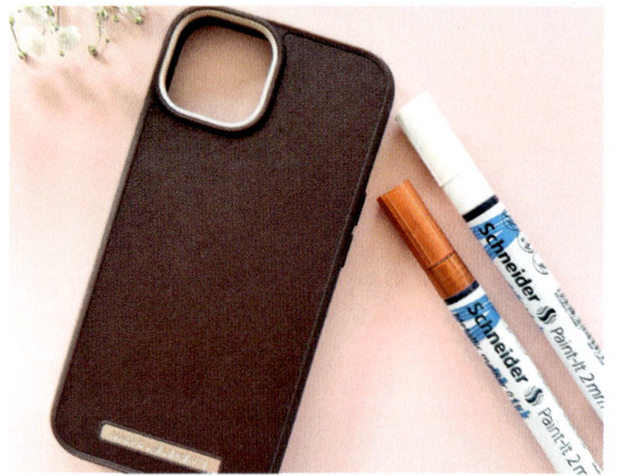


**MATERIAL**

Schneider Paint-It 011 Metallicmarker (2 mm)
Schneider Paint-It 310 Acrylmarker (2 mm)
in Weiß
Handyhülle

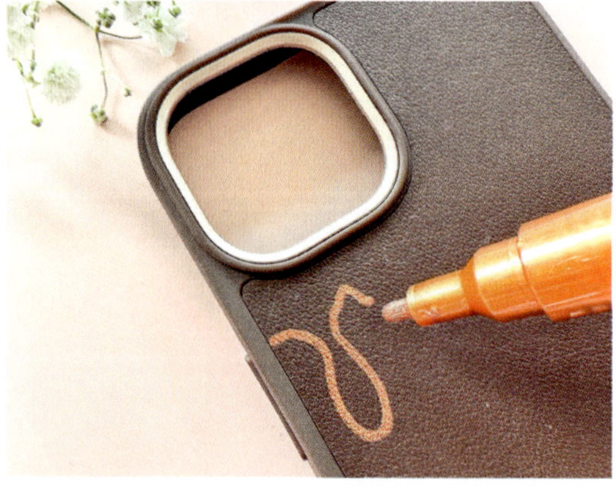

**SCHRITT 1 UND 2**

Ich lege mir die saubere und fettfreie (dafür mit einem Mikrofasertuch darüberwischen) Handyhülle bereit und nehme einen Schneider Metallicmarker. Diesen habe ich farblich passend zum Untergrund ausgesucht. Ich möchte eine Flüssigkeit andeuten, die an der Hülle heruntertropft. Dafür ziehe ich mit dem Marker eine Linie mit kleinen, tropfenförmigen Ausläufern. Danach male ich den Bereich oberhalb der Linie aus.

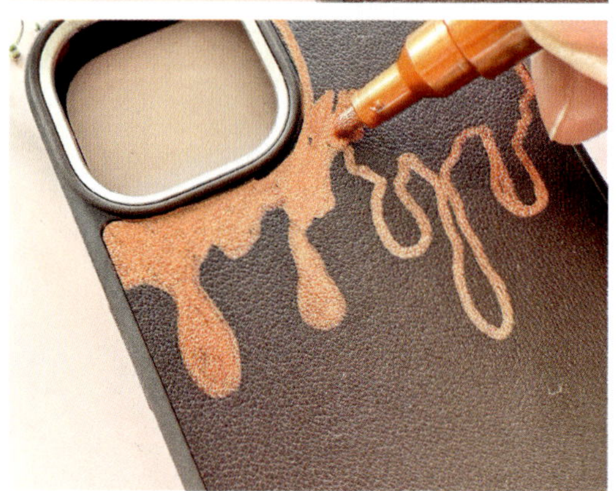

## SCHRITT 3, 4 UND 5

Zusätzlich male ich noch ein paar Tropfen in den unteren Bereich der Hülle, damit der tolle Effekt entsteht. Abschließend, wenn alles gut getrocknet ist, zeichne ich mit dem weißen Acrylmarker jeweils eine kleine Linie als Glanzlicht in jeden Tropfen. So entsteht ein schöner 3-D-Effekt.

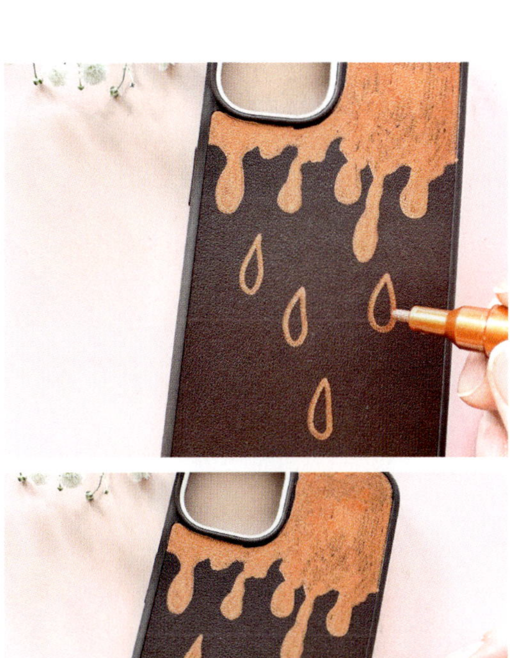

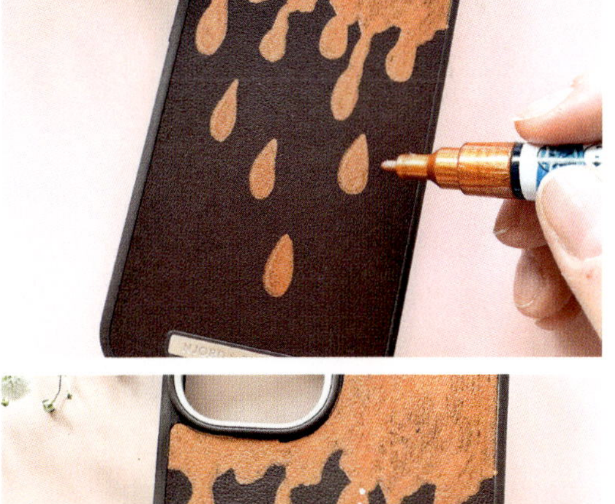

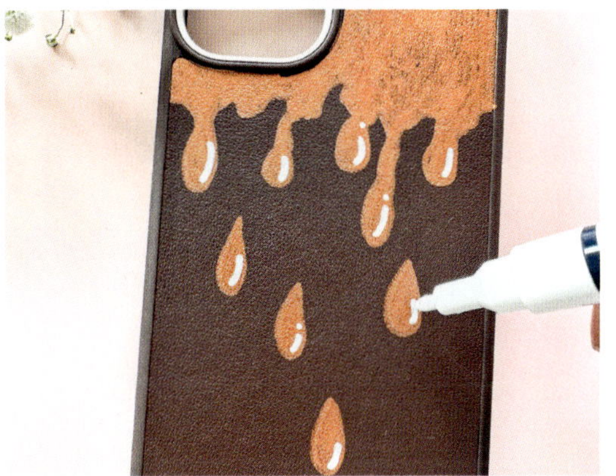

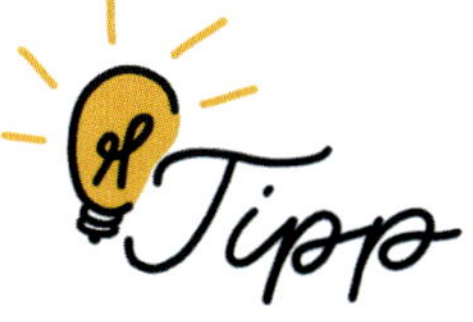


Schütze deine Handyhülle vor Wasserflecken, diese nehmen der Hülle sonst den Metallic-Look. So hast du lange Freude an deiner neuen Hülle.

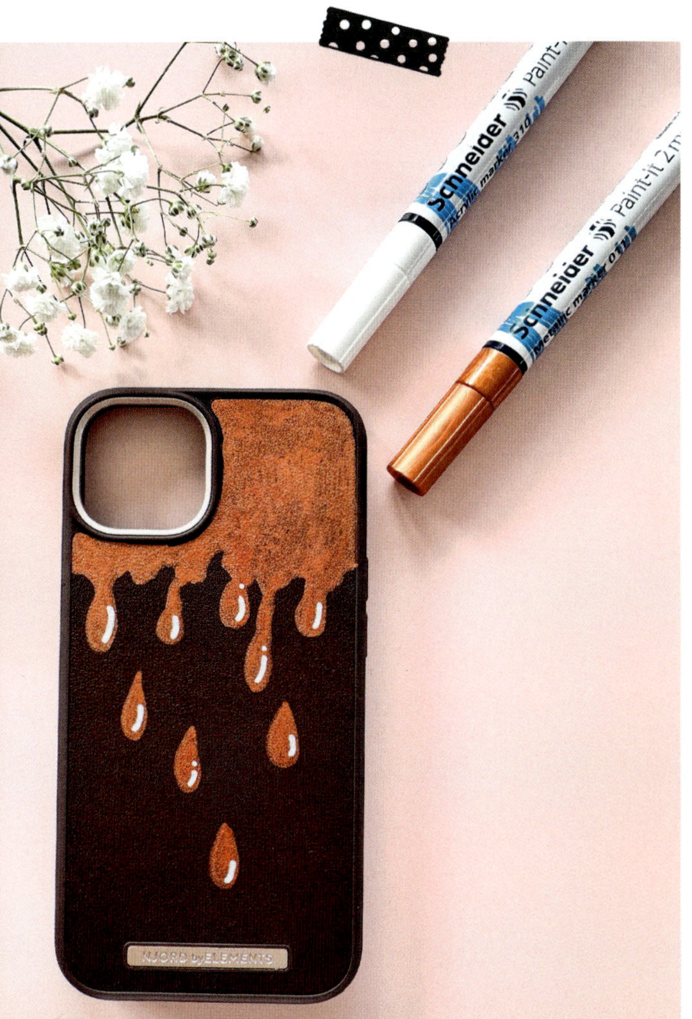

# Handyhülle - Idee 2: Floral

Ich liebe florale Motive, das wird dir beim Blättern durch das Buch wahrscheinlich nicht verborgen geblieben sein. Daher habe ich mir eine Handyhülle gestaltet, die dieses Thema aufgreift.

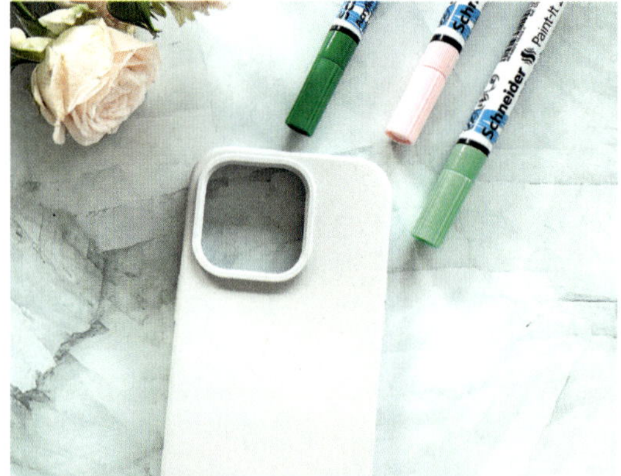

**MATERIAL**

Schneider Paint-It 310 Acrylmarker (2 mm)
in drei floralen Farben
Handyhülle

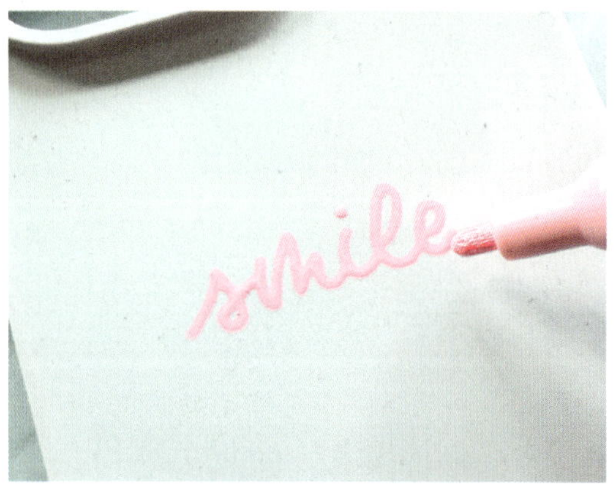


**SCHRITT 1**

Auch hier ist es für den Anfang wichtig, dass die Hülle frei von Fett und Schmutz ist. Ich starte mit einem kleinen Schriftzug „smile" etwas oberhalb der Hälfte der Hülle. Dafür nutze ich eine Letteringschriftart, die du im Kapitel „Grundlagen Handlettering & Schriften" findest. Außerdem verwende ich hier meinen rosafarbenen Marker von Schneider.

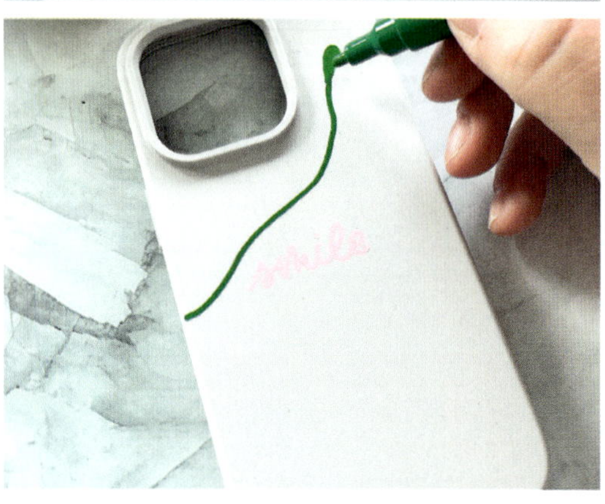

**SCHRITT 2**

Für die Zweige habe ich zwei Grüntöne herausgesucht. Mit dem dunkleren Grün male ich eine gebogene Linie, an die ich dann im Wechsel hell- und dunkelgrüne Blätter setze.

## SCHRITT 3 UND 4

Zwischendurch setze ich immer wieder kleine, rosafarbene Beeren an die Zweige. Das wiederhole ich, indem ich einen weiteren Zweig von rechts und einem Zweig von links unten kommen lasse. So ist das Wort „smile" schön umspielt. Ich mag es sehr, dass die Schneider Acrylmarker seidenmatt trocknen, das passt wunderbar zum zarten Motiv.

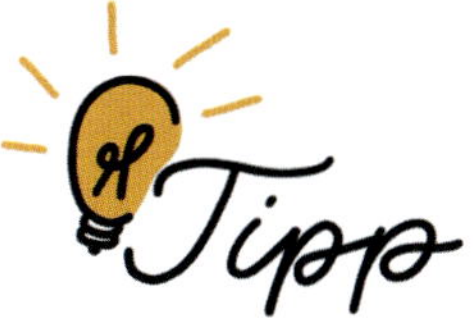


Wenn ich mit zwei bis drei Stiften gleichzeitig arbeite und diese nicht zu groß sind, klemme ich mir alle zwischen die Finger meiner linken Hand. So kann ich schneller die Farbe wechseln.

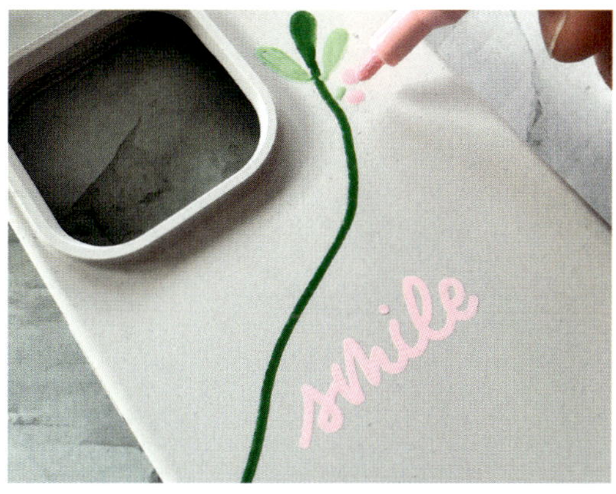


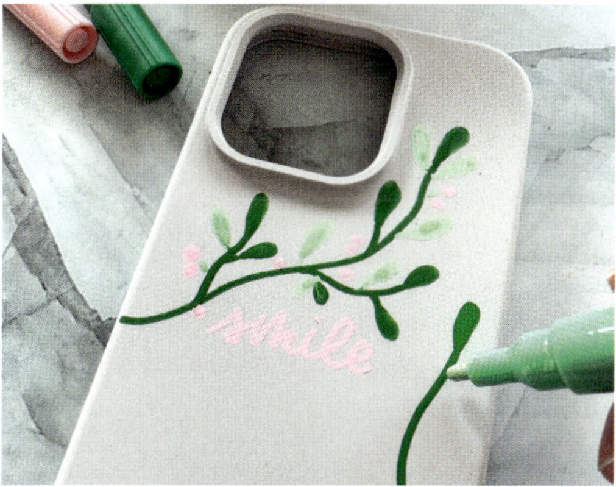


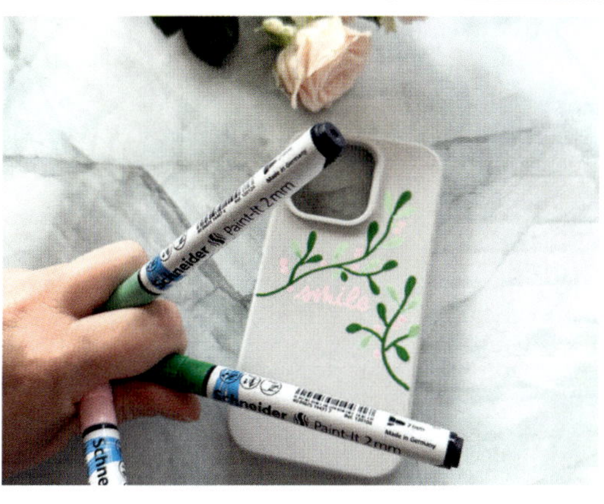


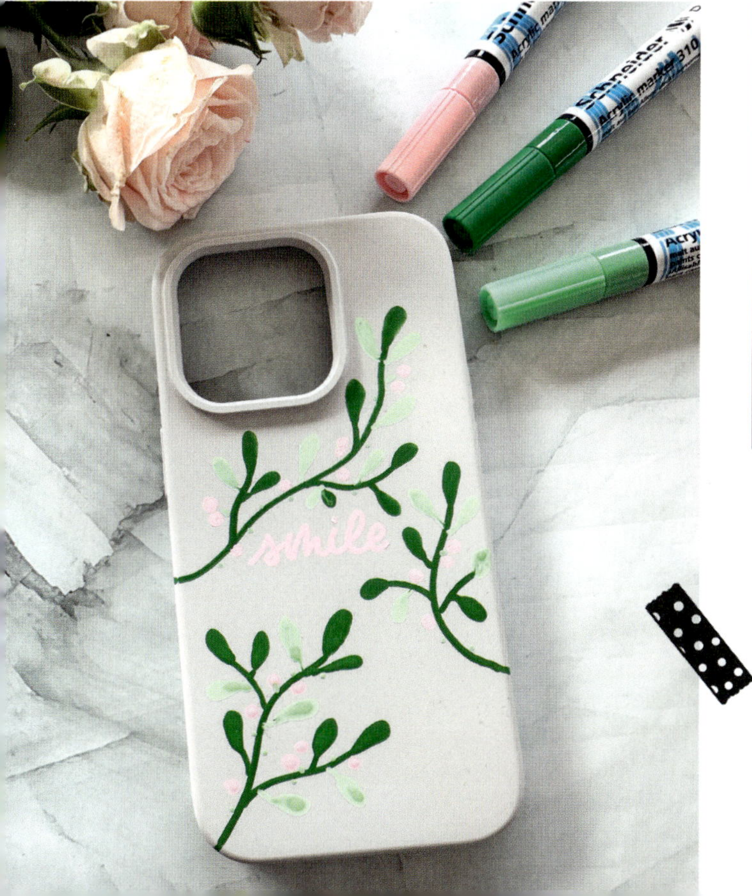

# Tasche für Bücherwürmer

Sich seine Tasche selbst zu gestalten, macht viel Spaß und ist nicht schwer, denn Taschen aus Kraftpapier haben die Eigenschaften von Pappe und man kann darauf sogar radieren.

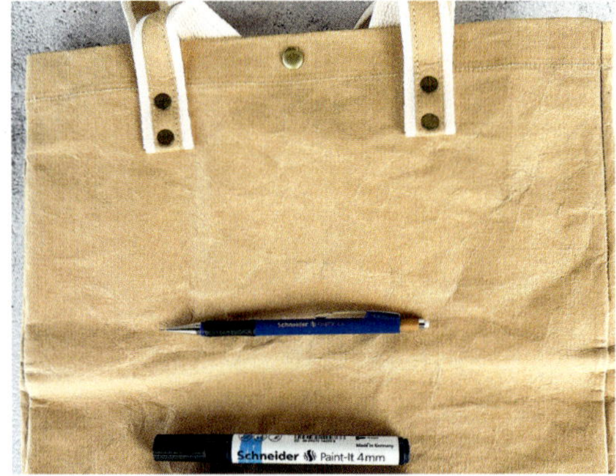


**MATERIAL**

Schneider Paint-It 310 Acrylmarker (2 mm)
in Schwarz und Weiß
Tasche aus Kraftpapier
Bleistift und Radiergummi

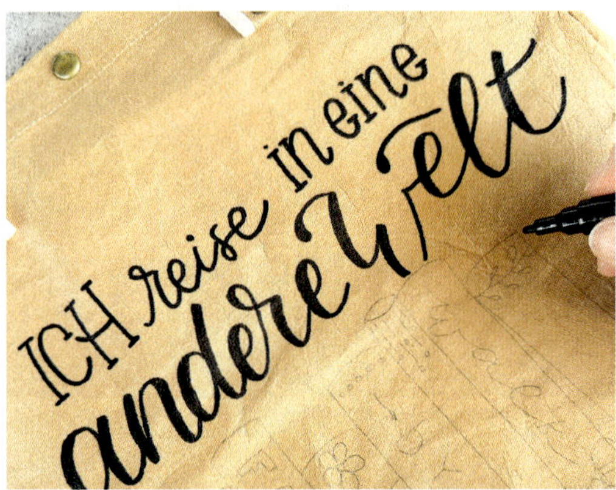


**SCHRITT 1**

Mit einem Bleistift wird das Motiv auf die Tasche vorgezeichnet. Du findest die Vorlage dazu in der Onlinebibliothek über den QR-Code. Anschließend gestalte ich mit dem schwarzen Marker von Schneider der Stärke 2 mm den Schriftzug „Ich reise in eine andere Welt".

**SCHRITT 2**

Dann male ich die Bücher nach und beschrifte diese mit dem schwarzen und weißen Marker. Dabei achte ich darauf, die Stellen auszusparen, an denen die Pflanzenranke entlangläuft.

### SCHRITT 3 UND 4

Die Blätterranke ist nun das nächste, das ich nachmale. Mit dem weißen Marker fülle ich die Blätter aus. Wenn mal etwas weiße Farbe auf den schwarzen Rand läuft, korrigiere ich das einfach mit dem schwarzen Marker, sobald alles getrocknet ist.

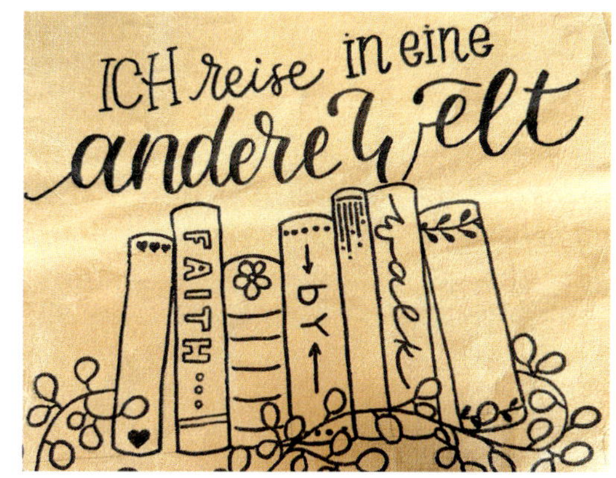


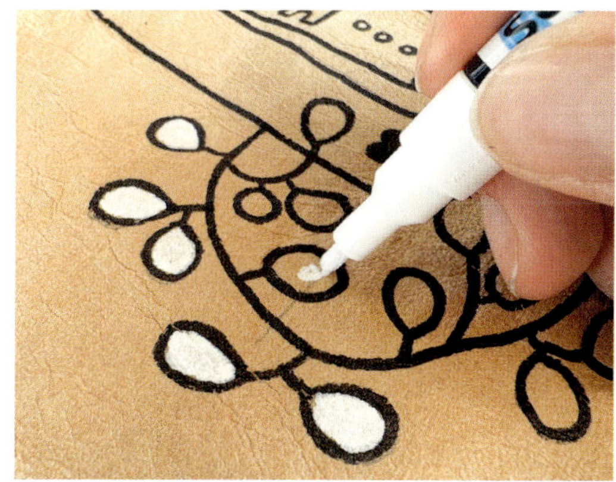

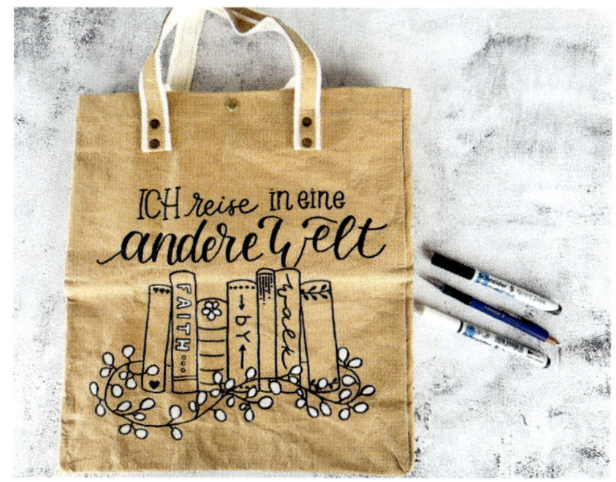

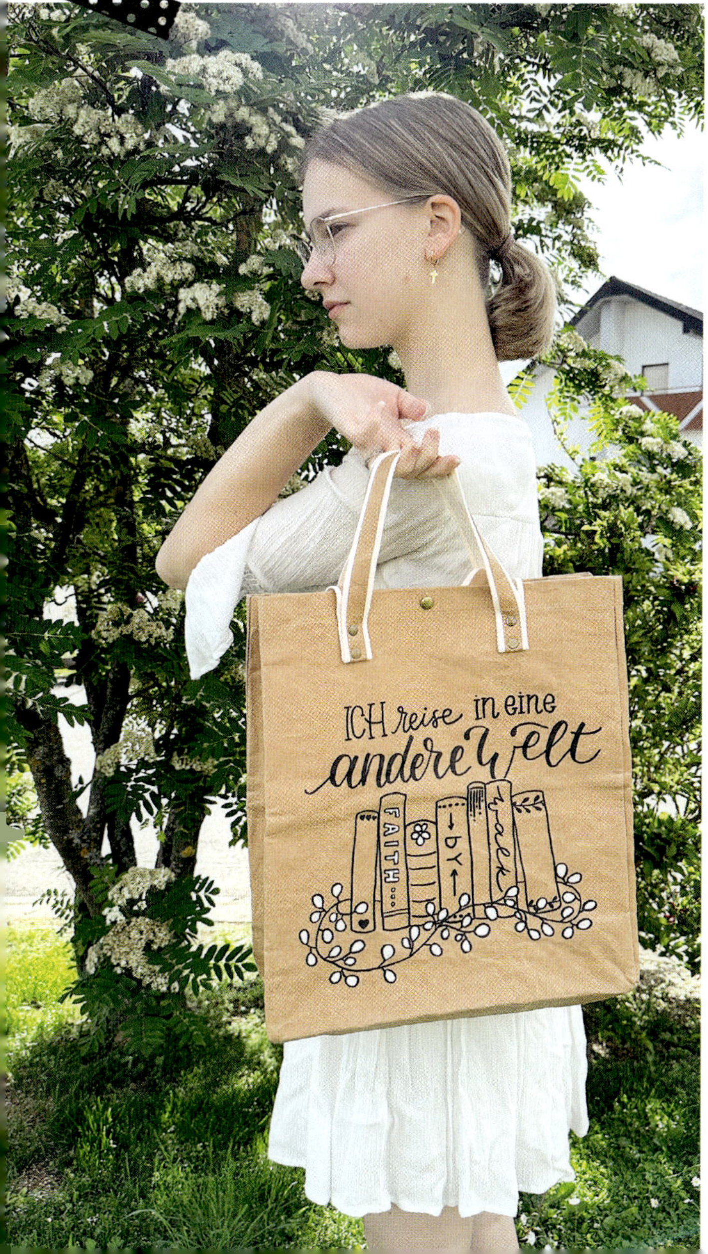

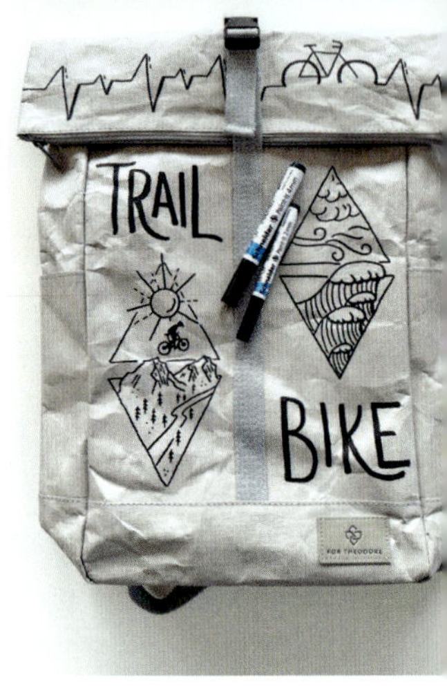


# Rucksack für Naturliebhaber

Hast du schon einmal einen Rucksack aus Kraftpapier in den Händen gehalten? Als ich so einen Rucksack zum ersten Mal sah, habe ich sofort erkannt, was für tolle Möglichkeiten dieses Medium bietet. Das Material ähnelt dicker Pappe.

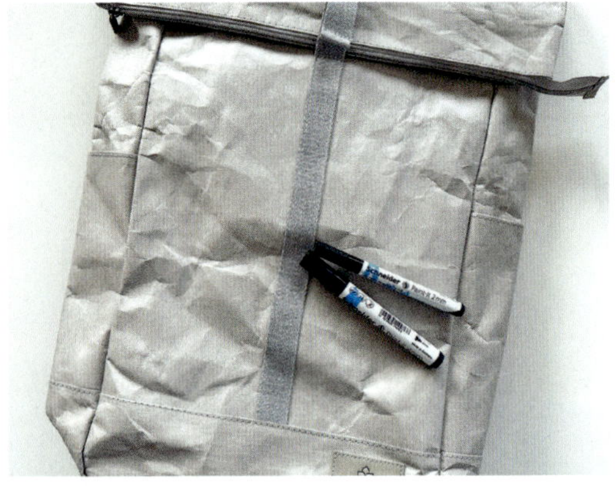

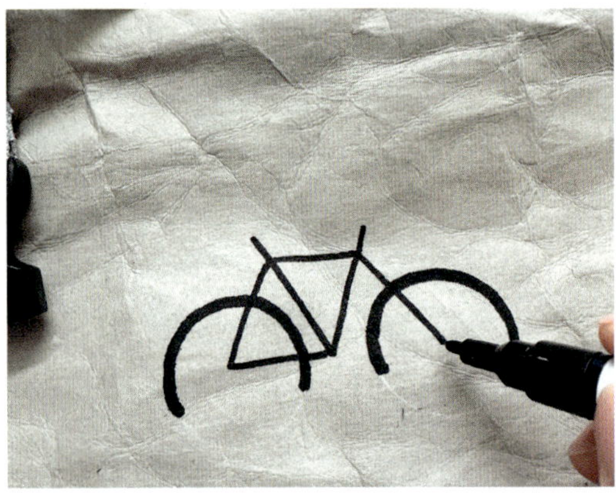

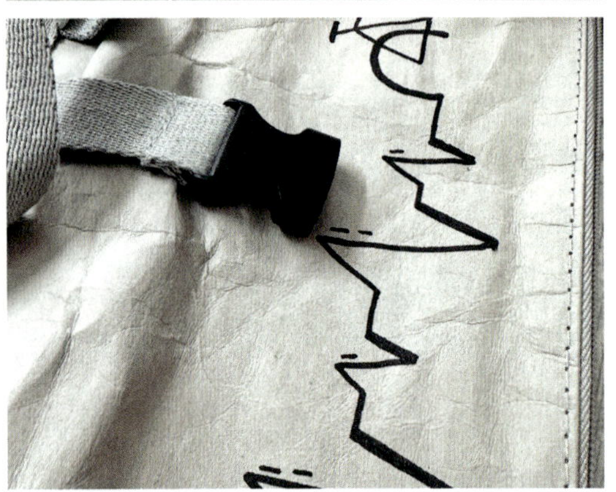

**MATERIAL**

Schneider Paint-It 310 Acrylmarker (2 mm)
Schneider Paint-It 320 Acrylmarker (4 mm)
Rucksack aus Kraftpapier
Bleistift und Radiergummi
Lineal

**SCHRITT 1 UND 2**

In der Onlinebibliothek findest du das Motiv als Vorlage. Dieses übertrage ich zuerst mit dem Bleistift auf den Rucksack. Ein Lineal hilft mir bei den gerade Linien. Auf Kraftpapier kann man praktischerweise radieren. Anschließend starte ich im oberen Bereich des Rucksacks mit dem Nachfahren der Linien unter Verwendung des Acrylmarkers der Stärke 2 mm. Ich beginne mit dem Fahrrad und dem Herzschlag-Muster. Die Reifen des Fahrrads fahre ich mit dem dickeren Acrylmarker in 4 mm Stärke nach.

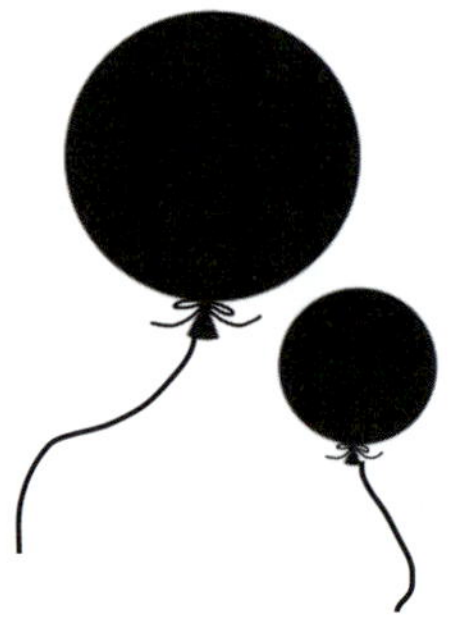

## SCHRITT 3, 4 UND 5

Nun fahre ich das Motiv mit dem dünneren Marker auf der linken Seite des Rucksacks nach. Dabei male ich zuerst die inneren Motive der Dreiecke, bevor ich diese darum male, damit ich die Lücken einbauen kann, wo zum Beispiel die Sonnenstrahlen über den Rand des Dreiecks gehen. Danach verfahre ich genauso auf der rechten Seite des Rucksacks.

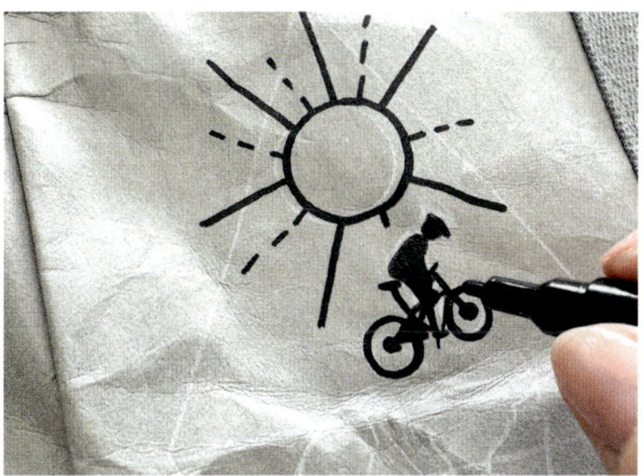

## SCHRITT 6 UND 7

Zum Schluss fahre ich die Schriftzüge „Trail“ und „Bike“ nach. Dafür verwende ich wieder den dickeren Acrylmarker in 4 mm Stärke. Nachdem alles gut getrocknet ist, imprägniere ich den Rucksack vorsichtig, damit dieser auch einen kleinen Schauer aushält.

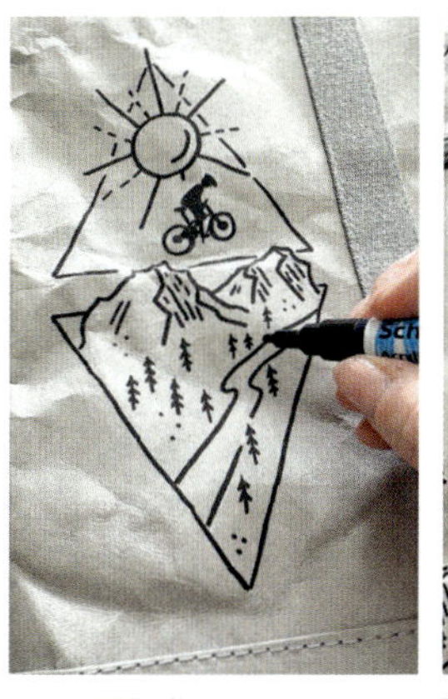

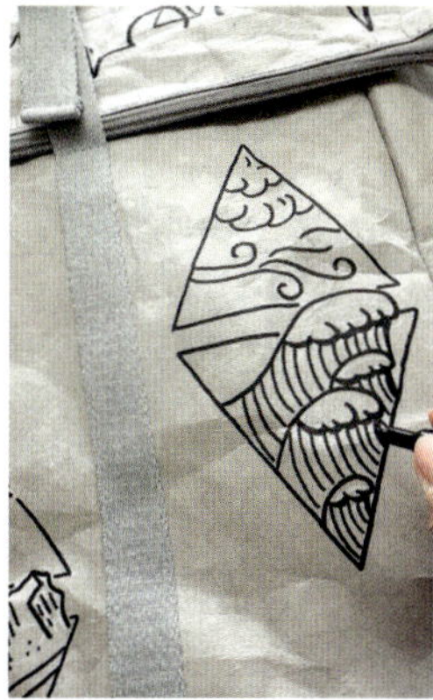

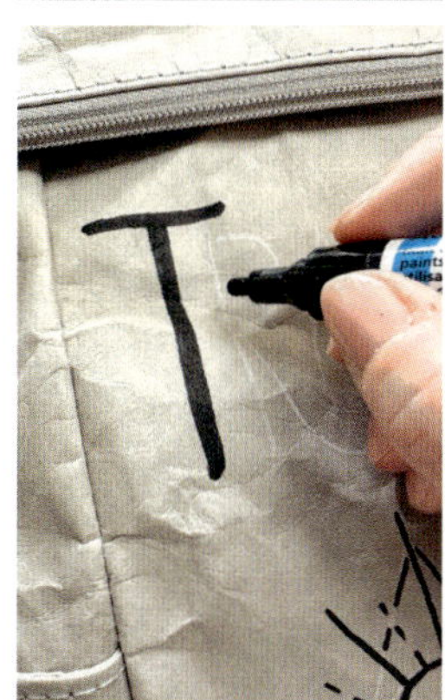

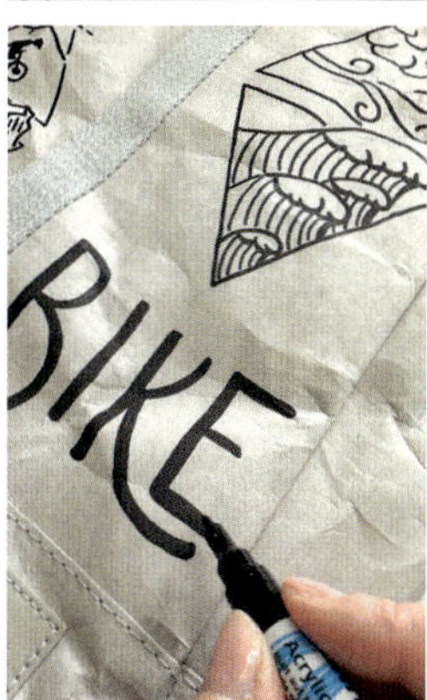


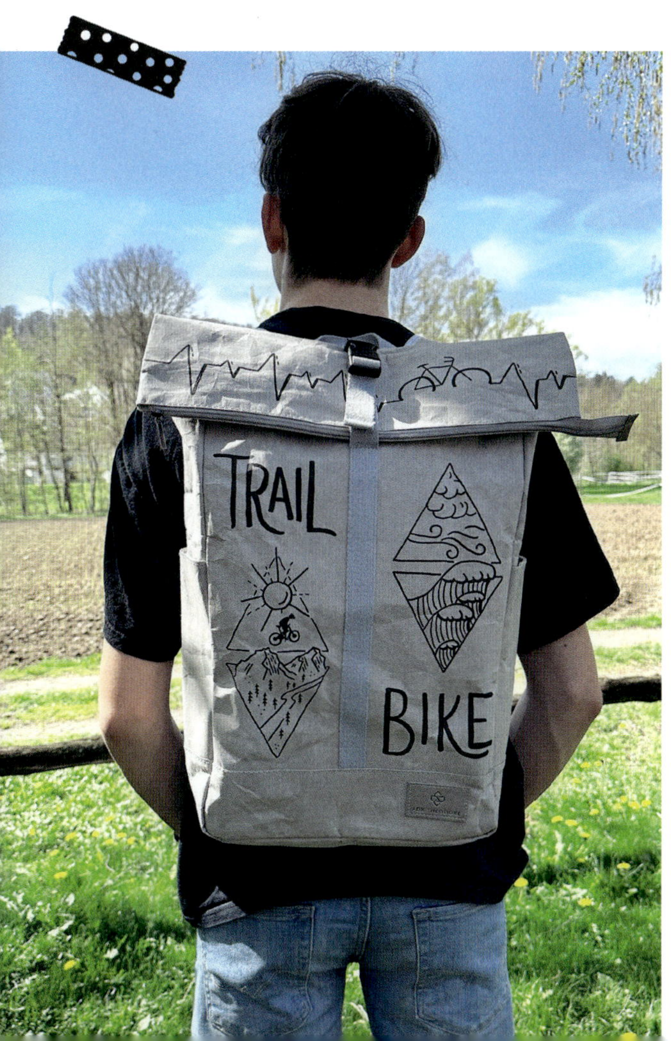


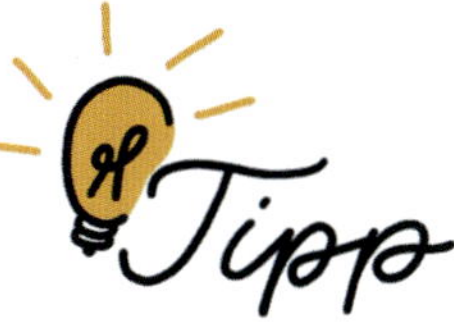


Die Farbe trocknet zwar recht schnell auf dem saugenden Untergrund des Papiers, achte trotzdem auf ausreichend Trocknungszeit, insbesondere bevor ein Überlack verwendet wird.

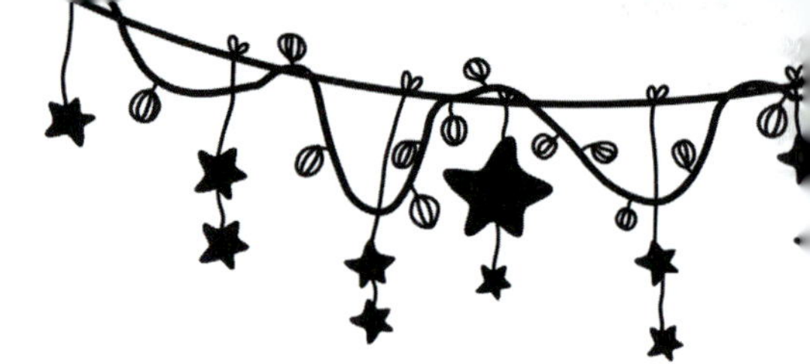

# Servietten

Überrasche deine Gäste mit wunderschönen, handverzierten Stoffservietten beim nächsten Kuchenessen. Ich zeige dir, wie das ganz einfach geht.

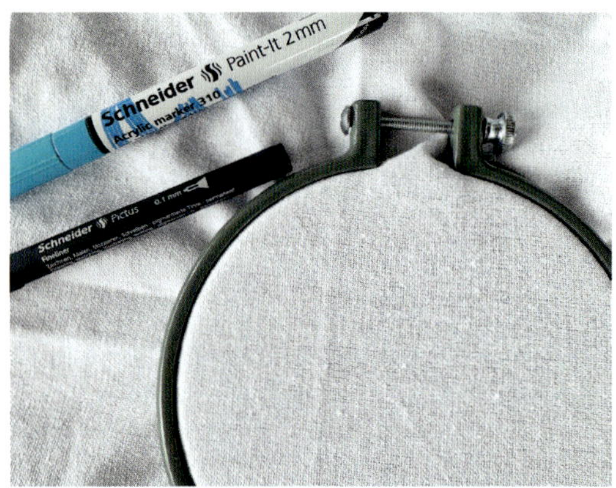


## MATERIAL

Schneider Paint-It 310 Acrylmarker (2 mm) in zwei Farben
Schneider Pictus Fineliner (0,2 mm)
Kleiner Stickrahmen
Leinenservietten
Stück fester Stoff

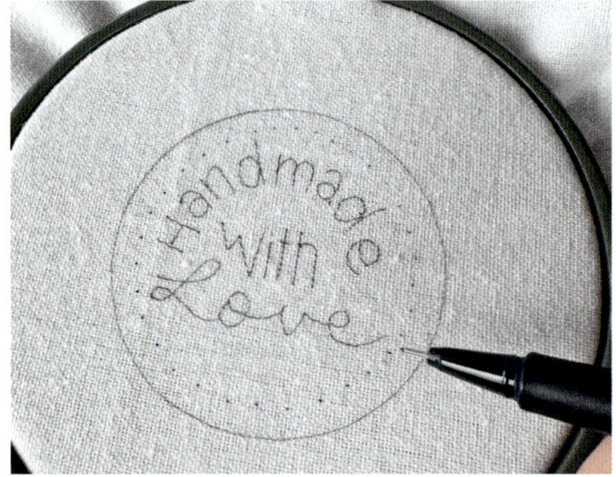


## SCHRITT 1

Zuerst spanne ich den Stoff der Serviette und einen festeren Stoff als Unterlage darunter in den Stickrahmen. So hat das Medium etwas Widerstand und lässt sich leichter verzieren. Mit dem Pictus Fineliner in 0,2 mm Stärke gestalte ich meine Vorzeichnung auf dem Stoff. Für die runden Formen nehme ich mir ein Kreislineal oder kleine Schüsseln aus der Küche zu Hilfe. Auch den Spruch „Handmade with love“ schreibe ich mit dem Fineliner vor.

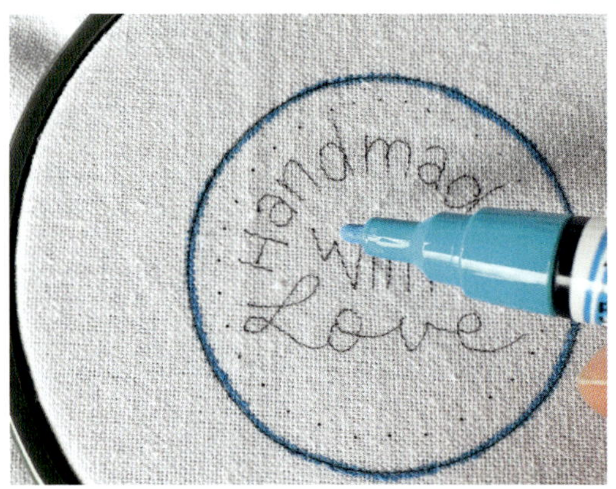

## SCHRITT 2 UND 3

Nun ziehe ich mit dem hellblauen Acrylmarker den äußeren Kreis vorsichtig nach. Dabei drehe ich den Rahmen mit, sodass ich eine optimale Zeichenposition habe. Anschließend verfahre ich genauso beim Punkten des inneren Kreises.

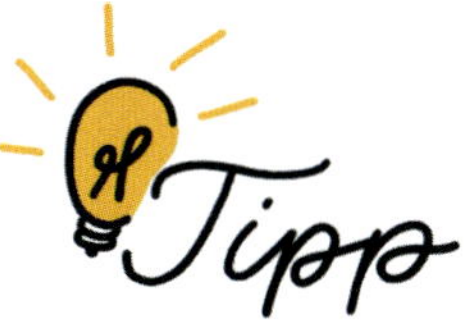


Um das Motiv dauerhaft zu erhalten, muss es fixiert werden. Dazu mit einem Bügeleisen ohne Dampf von der Rückseite (Temperatur gemäß Herstellerangaben des Textils) erhitzen. Ein Backpapier zwischen Bügeleisen und Textil schützt das Werk zusätzlich. Anschließend bei niedrigen Temperaturen waschen.

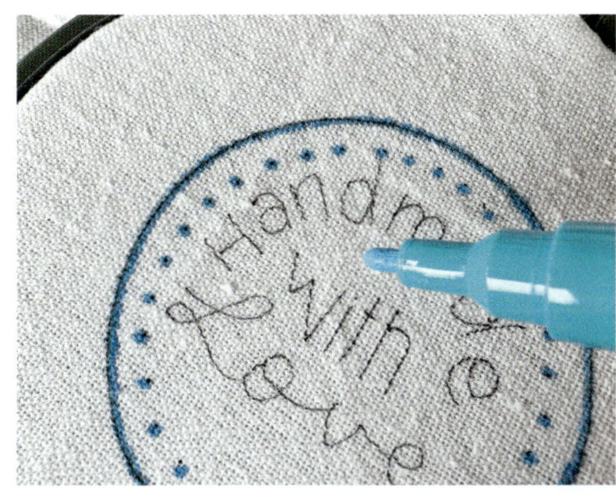


**SCHRITT 4 UND 5**

Nun fahre ich die Druckbuchstaben mit dem gleichen Stift nach. Das Wort „Love" gestalte ich mit einem pastelligen Lila. So liegt der Fokus darauf. Dass der Fineliner nun trotzdem noch durchscheint, ist so gewollt, denn das schafft Struktur und erleichtert das Lesen.

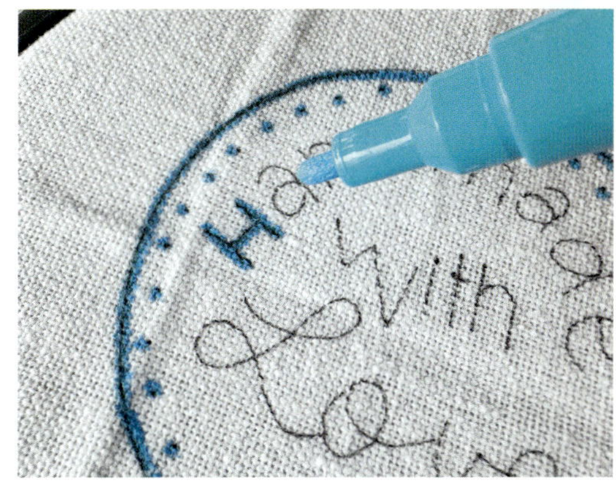

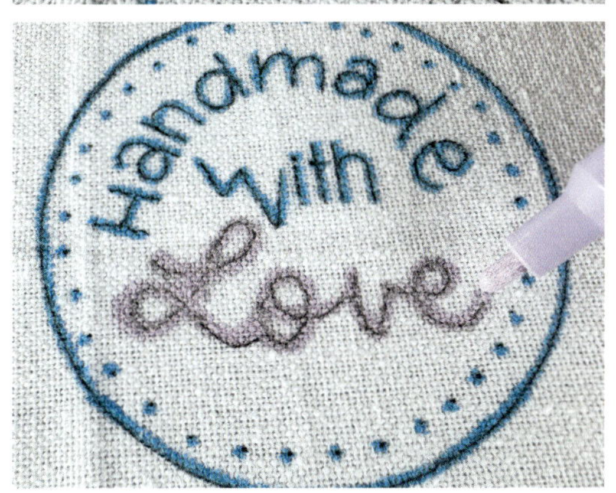


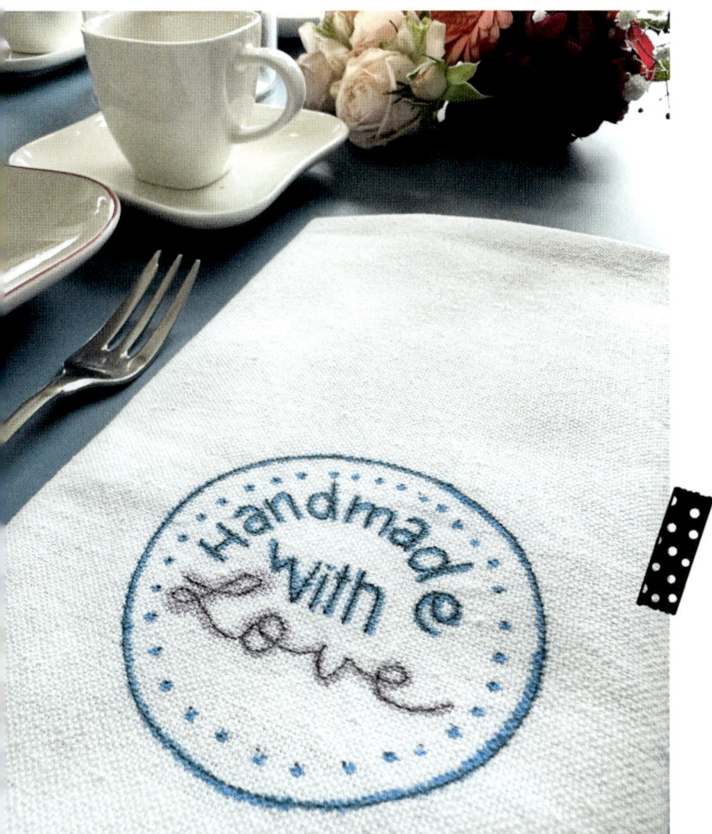


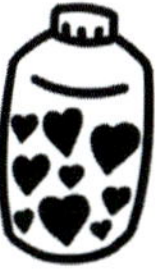

# T-Shirt

Hast du dir schon einmal überlegt, ein älteres T-Shirt, welches du aussortieren möchtest, einfach mit einer schönen Illustration aufzupeppen? Ich zeige dir, wie ich vorgehe, wenn ich mit den Stiften von Schneider ein solches Shirt gestalten möchte.

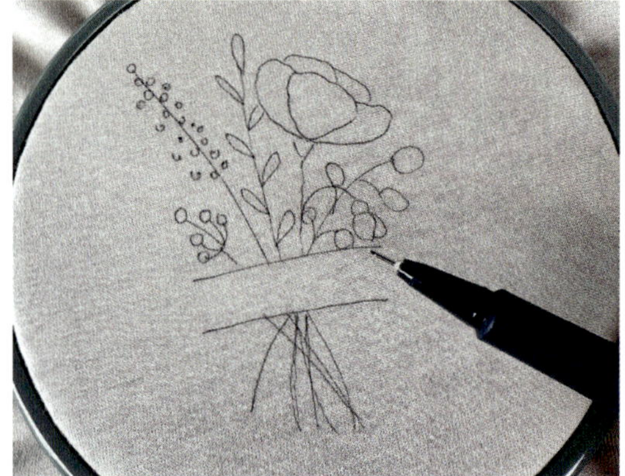

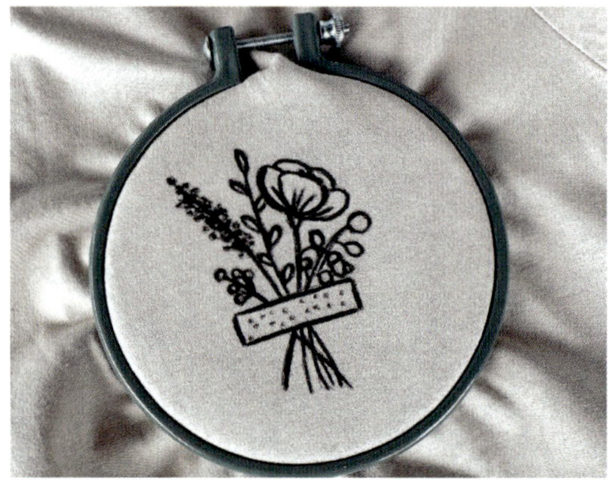

### MATERIAL

Schneider Paint-It 310 Acrylmarker (2 mm)
Schneider Pictus Fineliner (0,2 mm)
T-Shirt
Kleiner Stickrahmen
Stück fester Stoff
Lineal

### SCHRITT 1

Nachdem ich das T-Shirt mit einem Stück festen Stoff als Verstärkung in den Keilrahmen eingespannt habe, zeichne ich mit dem Pictus Fineliner mein Motiv vor. Hier habe ich mich für eine florale Illustration entschieden.

### SCHRITT 2 UND 3

Anschließend fahre ich mit dem Acrylmarker in der Stärke 2 mm die Konturen nach. Drück dabei nicht zu fest auf, damit der Stoff keine Beulen bekommt.

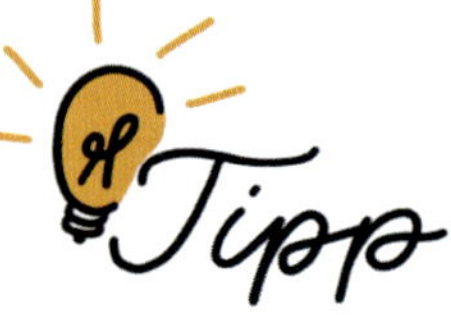


Zum Fixieren mit einem Bügeleisen ohne Dampf von der Rückseite (Temperatur gemäß Herstellerangaben des Textils) erhitzen. Ein Backpapier zwischen Bügeleisen und Textil schützt das Werk zusätzlich. Anschließend bei niedrigen Temperaturen auf links waschen.
Sollte das Textil nicht für Bügeleisen geeignet sein, kannst du ersatzweise einen Föhn nehmen (kreisförmige Bewegungen aus ca. 20–30 cm Entfernung).

**VARIATION**

Beim zweiten Shirt habe ich mich für einen Kompass als Motiv entschieden. Hier gehe ich genauso vor wie beim floralen Motiv. Ich nehme mir lediglich ein Lineal für die geraden Linien zu Hilfe.

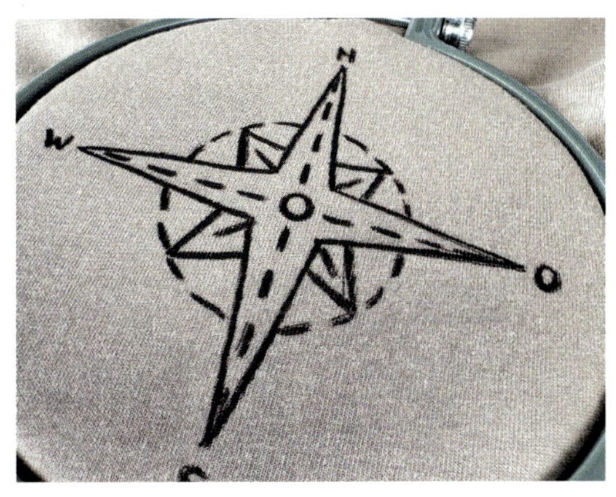

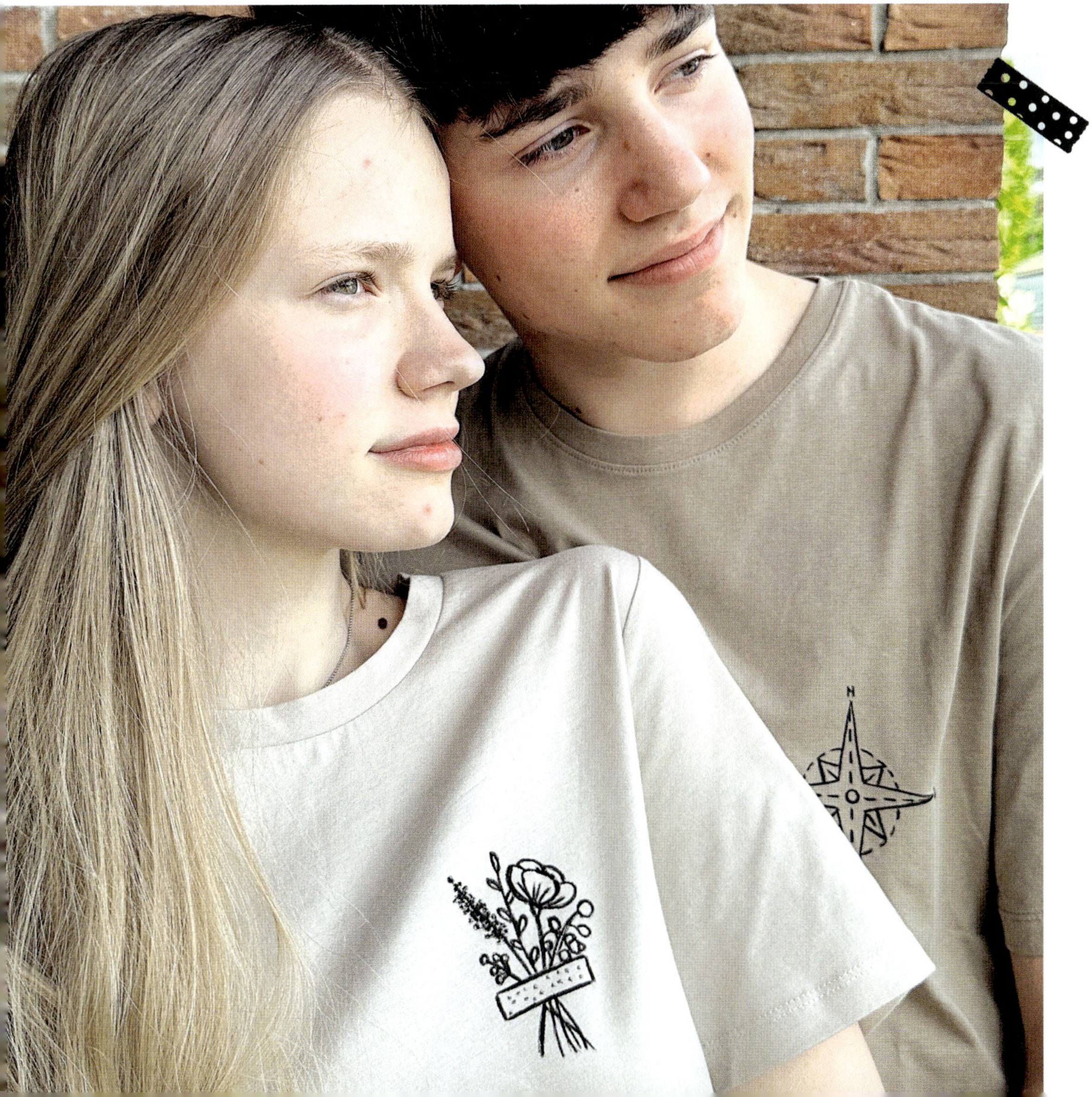

# Schuhe

Schuhe waren vor acht Jahren tatsächlich die ersten Gegenstände, die ich bemalt habe. Diese sind ein guter Blickfang und laden oft zu Gesprächen ein. Aus simplen Sneakern werden so stylische Einzelstücke. Diese Schuhe habe ich für meine Tochter gestaltet.

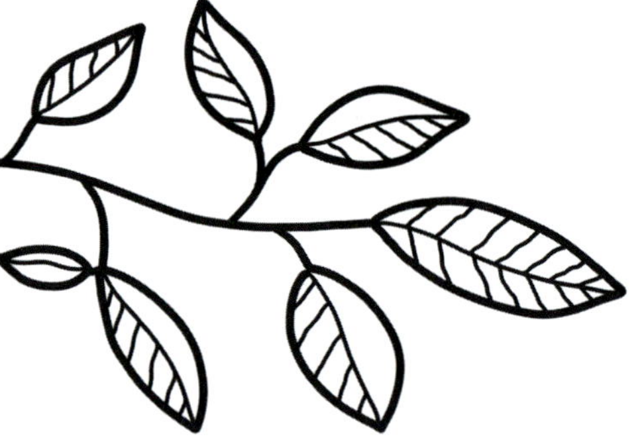

**MATERIAL**

Schneider Paint-It 310 Acrylmarker (2 mm)
Sneaker aus (Kunst-) Leder

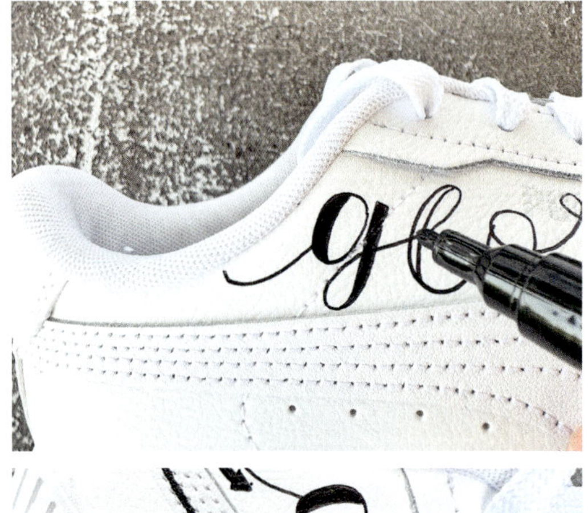

**SCHRITT 1 UND 2**

Auf die Außenseite des Schuhs habe ich mit der Schriftart „Faux Calligraphy“, welche du im Kapitel „Grundlagen Handlettering & Schriften“ findest, das Wort „glory“ gestaltet. Dafür habe ich vorsichtig mit der Spitze des Markers gearbeitet. Zusätzlich habe ich noch einen Pfeil angebracht, der zum Wort hinweist und die Nähte der Schuhe mit schwarzen Elementen versehen.

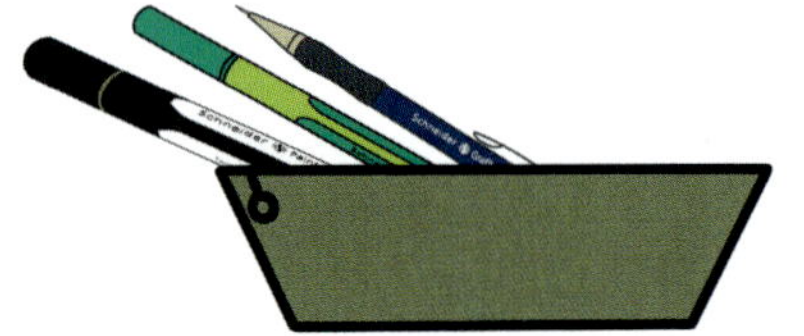

### SCHRITT 3 UND 4

Anschließend habe ich kleine Blümchen auf den Schuh aufgetragen. Die Innenseite des Schuhs habe ich ebenso gestaltet. Ich habe lediglich den Namen „glory“ und den Pfeil weggelassen.

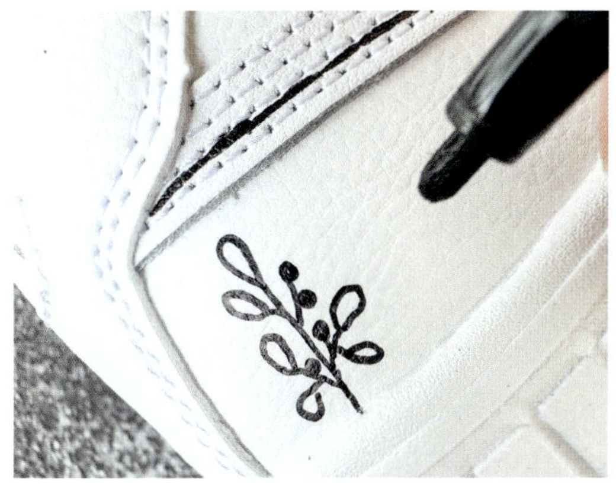

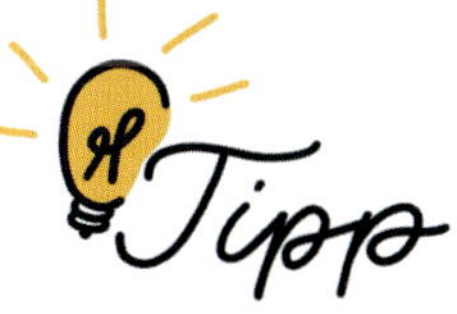


Die Schuhe sollten zum Schluss noch imprägniert werden. Dafür vorsichtig und mit ausreichendem Abstand zum Schuh sprühen, da die Farbe sonst verlaufen könnte.

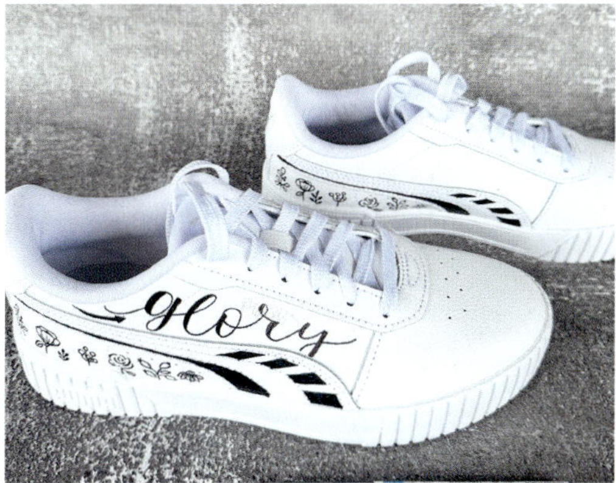


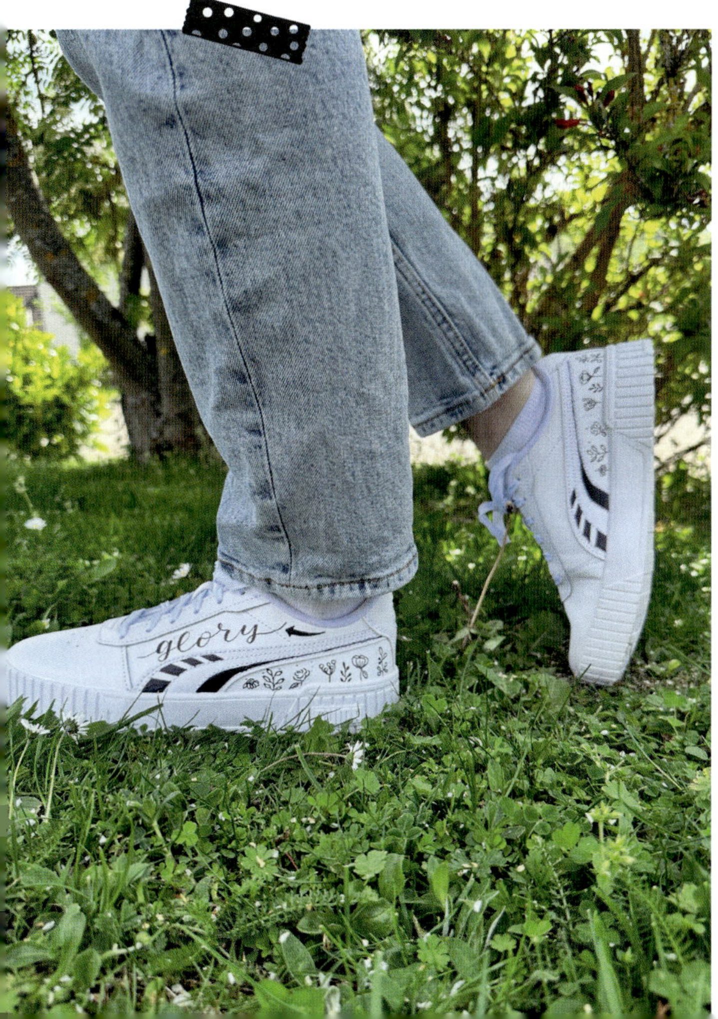


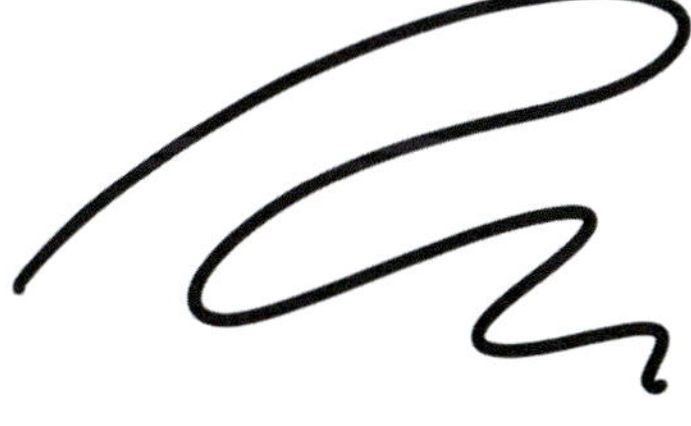

## Übersicht verwendeter Stifte

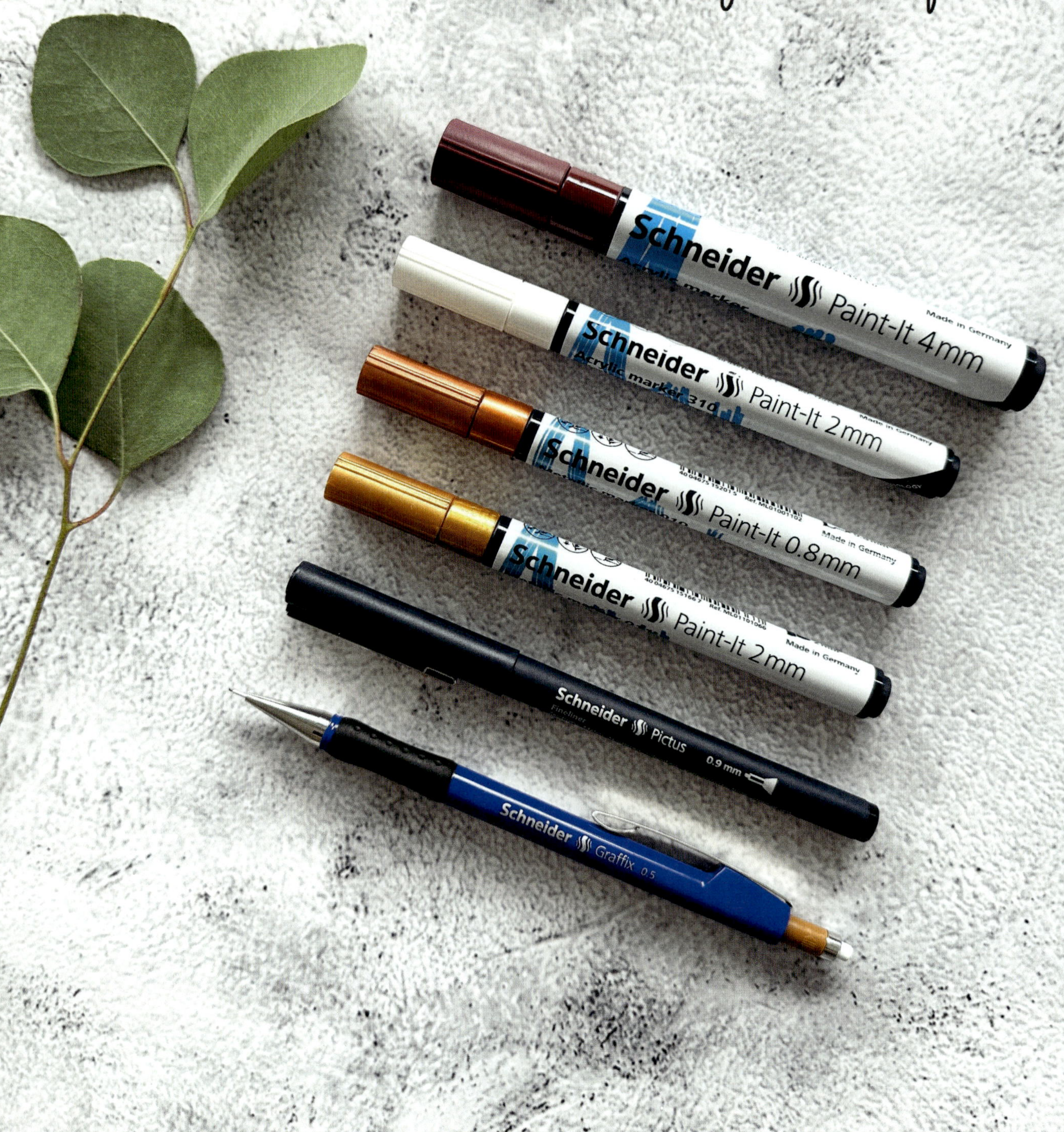

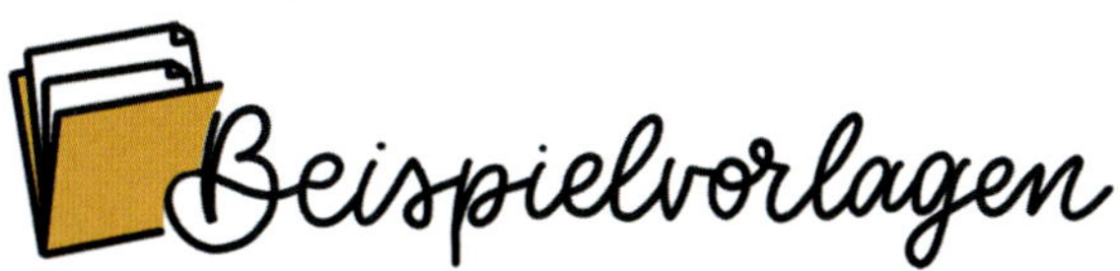

## Beispielvorlagen

Weitere Vorlagen findest du in der Online-Bibliothek über den QR-Code am Ende des Buches.

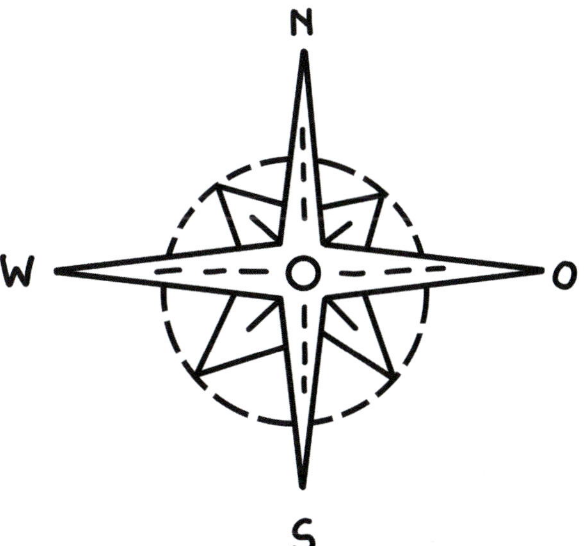


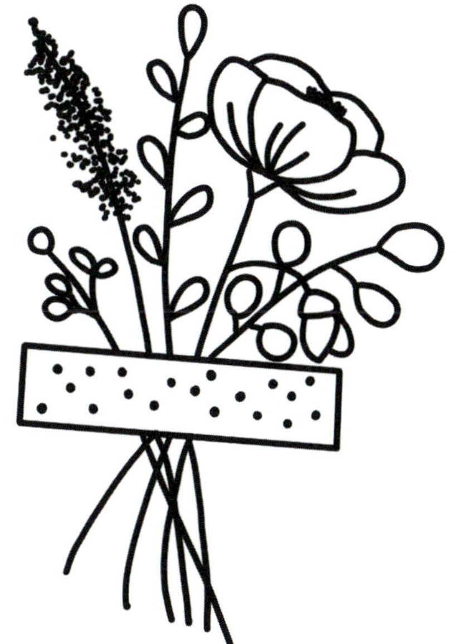

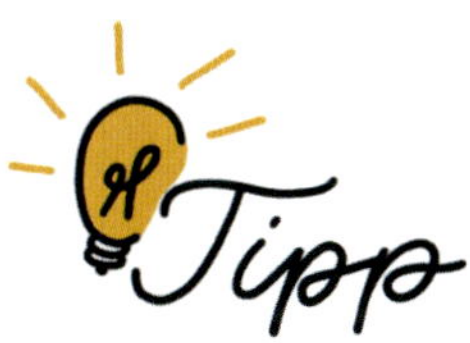

## Tipp

Einen Tipp habe ich noch zum Ende dieses Kapitels: Wenn du auf ungewöhnlichen Materialen arbeitest, suche dir geeignete Hilfsmittel, wie z. B. den Stickrahmen für das Arbeiten auf Stoff. Plane dein Projekt vorher und mache im Zweifelsfall eine Probe, bevor du auf den eigentlichen Gegenstand zeichnest.

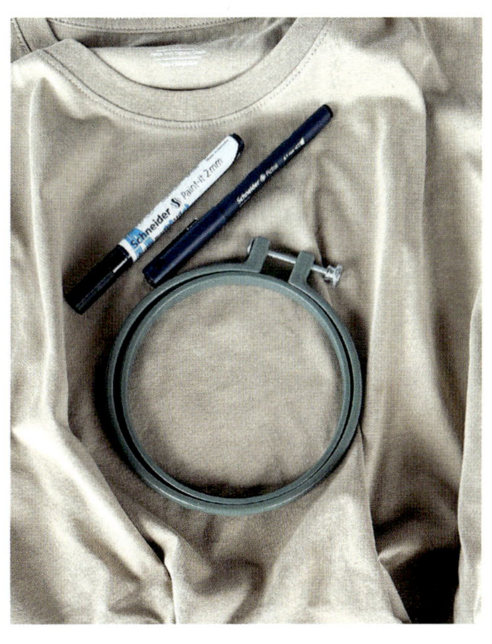

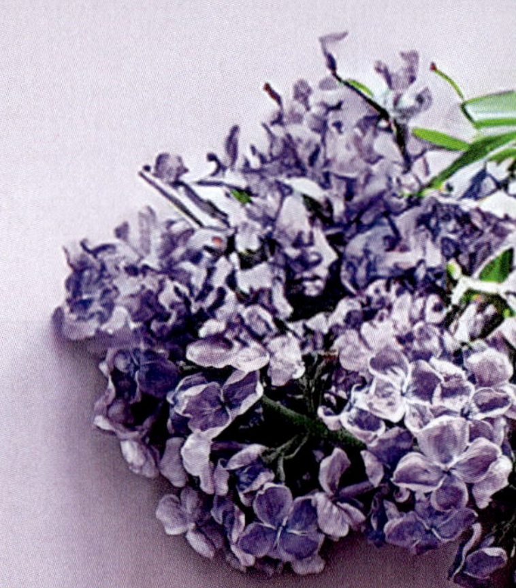

BITTE
lächeln

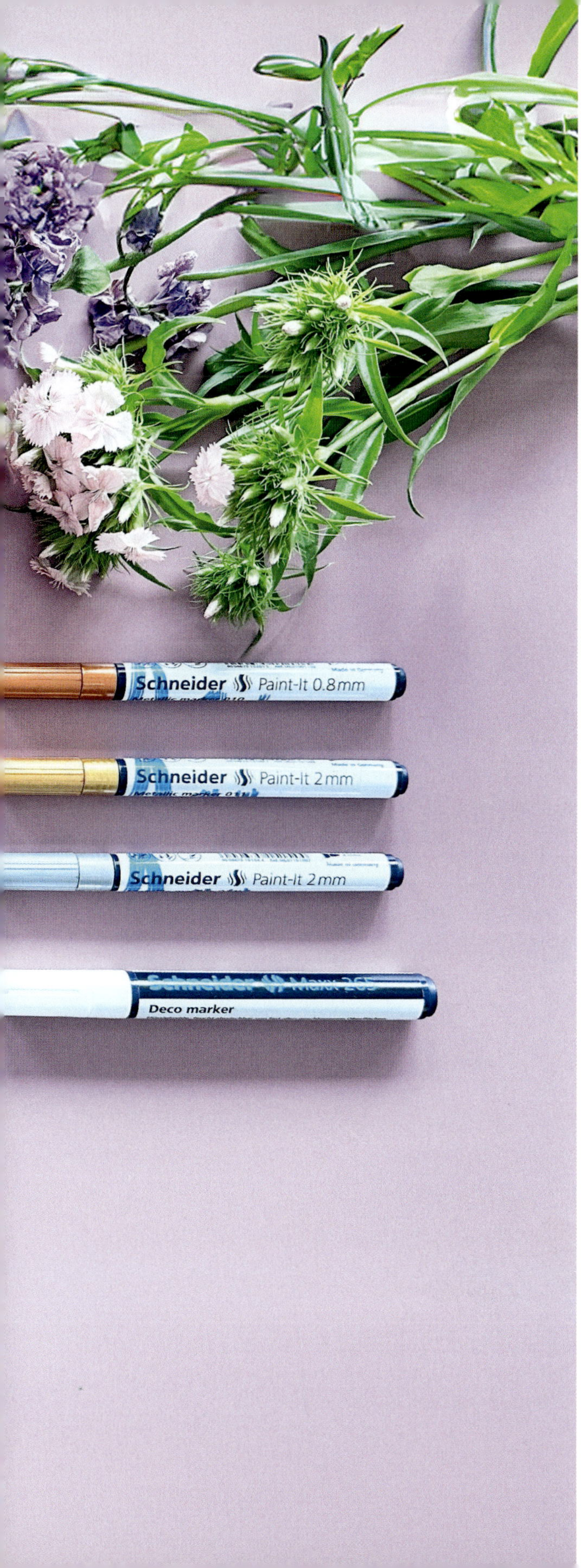

# Kapitel 3: NEUE IDEEN + UNGEWÖHNLICHE MATERIALIEN

Auf den nächsten Seiten wollen wir ungewöhnliche Materialien wie zum Beispiel Porzellan, Ton, Kokos oder Schiefer gestalten. Ich zeige dir, wie du alltägliche Dinge auf dich angepasst verschönern kannst. Alle diese Dinge sind auch wunderbare Geschenke für deine Lieben.

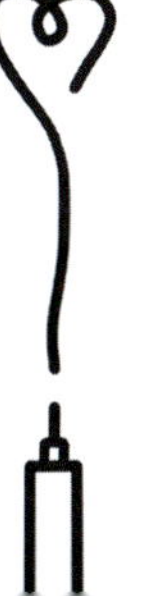

# Geschenkbox

Verpackst du deine Geschenke mit Geschenkpapier? Dann probiere dich doch mal alternativ an der Gestaltung einer Geschenkbox. Ich möchte dir hier zwei Beispiele zeigen.

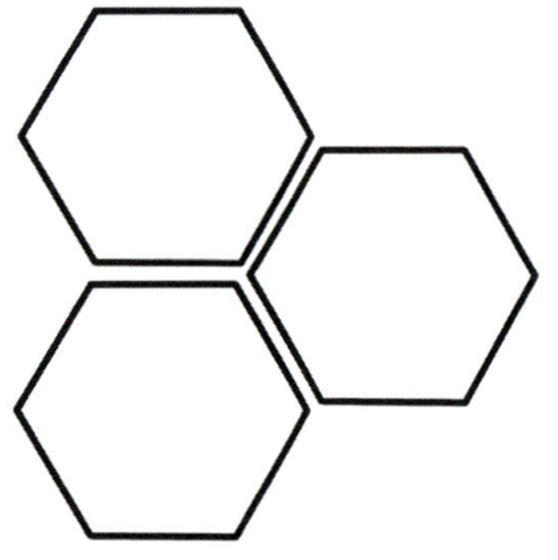

**MATERIAL**

Schneider Paint-It 011 Metallicmarker (2 mm)
Schneider Paint-It 010 Metallicmarker (0,8 mm)
Schneider Paint-It 061 Chrommarker (2 mm)
Kleine und mittlere Geschenkbox in Kraftpapier
Bleistift und Radiergummi

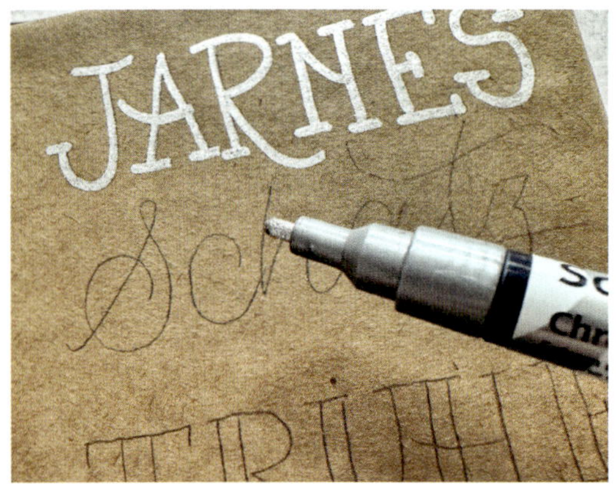


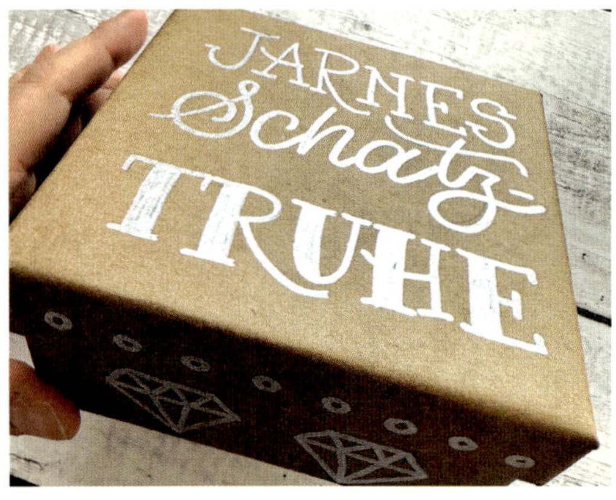


**KLEINE GESCHENKBOX**

Die kleine Geschenkbox soll eine Schatzkiste werden. Dafür habe ich mein Motiv mit dem Bleistift auf die Box vorgezeichnet. An die Seitenflächen habe ich Diamanten und Kreise aufgemalt und alles mit dem Chrommarker nachgefahren. Der tolle Spiegeleffekt unterstützt den „wertvollen“ Inhalt auch optisch.

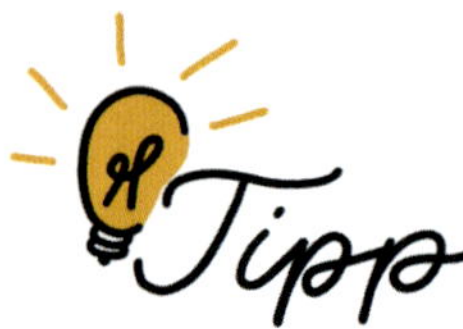


Je glatter der Untergrund, desto größer der Effekt des Chrommarkers – bei ganz glatten Untergründen fast spiegelartig.

## GROSSE GESCHENKBOX

Bei der größeren Box habe ich mich für ein klassisches Geburtstagsmotiv entschieden. In Luftballons habe ich die Buchstaben für „Happy" verpackt und das Transparent mit dem „Birthday" daran festgebunden. Nach der Vorzeichnung mit dem Bleistift habe ich alle Linien mit den acht unterschiedlichen Metallicmarkern in den zwei Strichstärken nachgefahren. Die Seitenwände habe ich mit dem Schriftzug „Hoch sollst du leben" versehen, wobei jedes Wort in Lettering-Schrift auf je einer Seite steht. Die Kante des Deckels habe ich zum Schluss mit Herzchen verziert.

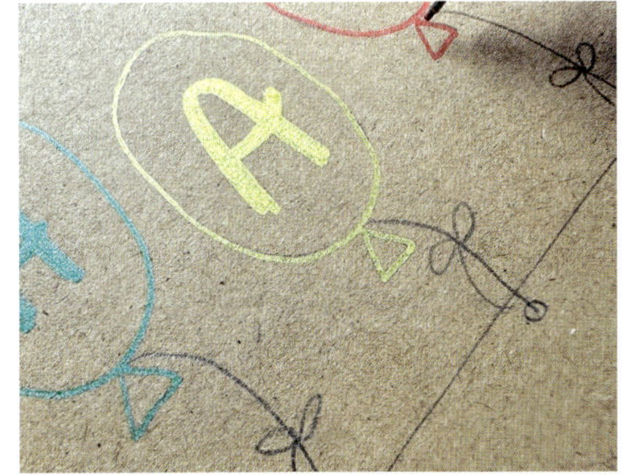

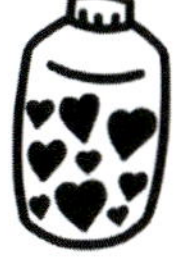

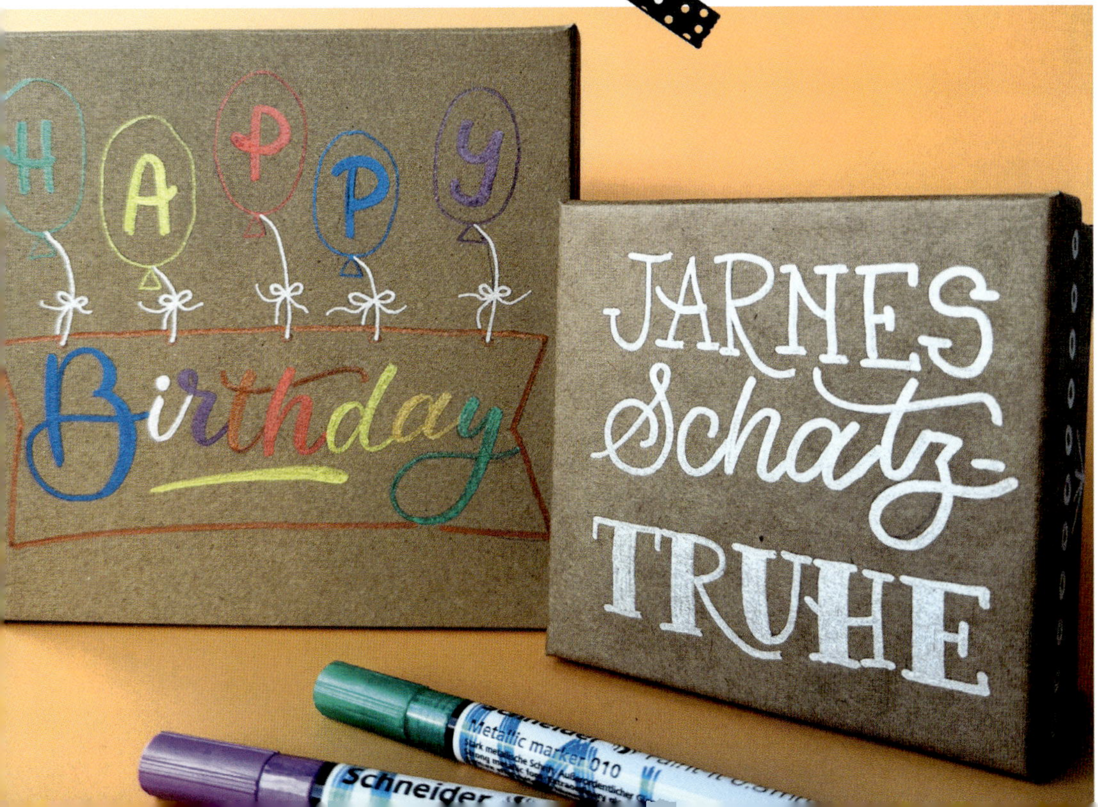

# Kerzen

Was wäre die Weihnachtszeit ohne Kerzen? Die Gemütlichkeit würde auf jeden Fall fehlen. Ich zeige dir, wie du bei deinem nächsten Adventskranz deine Kerzen noch mehr in den Mittelpunkt stellen kannst.

**MATERIAL**

Schneider Paint-It 061 Chrommarker (2 mm)
Vier Stumpenkerzen
Bleistift

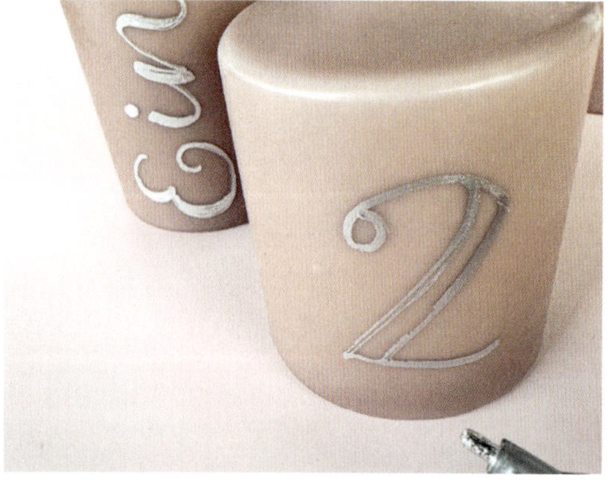

**SCHRITT 1 UND 2**

Ich zeichne mit dem Bleistift auf jede Kerze das Motiv vor. Dafür lettere bzw. nummeriere ich die Zahlen im Wechsel. Im Kapitel „Grundlagen Handlettering & Schriften“ findest du die entsprechenden Alphabete. Anschließend übermale ich mit dem Chrommarker die Linien. Achte dabei darauf, immer wieder den Stift zu pumpen, denn das Wachs der Kerzen ist sehr weich und kann den Tintenfluss etwas bremsen. Lege außerdem ein Papier daneben und säubere die Spitze des Stifts regelmäßig daran, damit sich das Wachs nicht festsetzt.

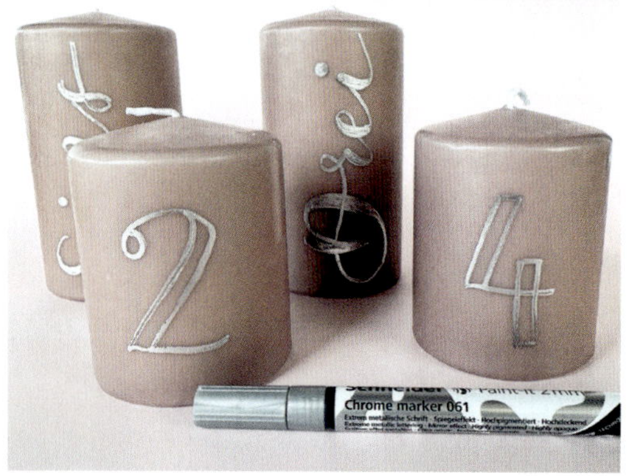


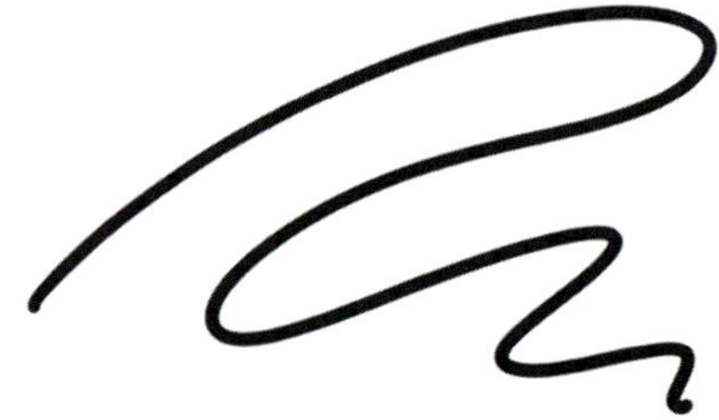

**VARIATION**

Bei diesem zweiten Projekt habe ich eine kleine Stabkerze nach dem gleichen Prinzip gestaltet. Der Chrommarker leuchtet herrlich im Kerzenschein. Außerdem bietet diese kleine Kerze eine schöne Möglichkeit, als Mitbringsel verschenkt zu werden. Deine Lieben werden sich sicher freuen.

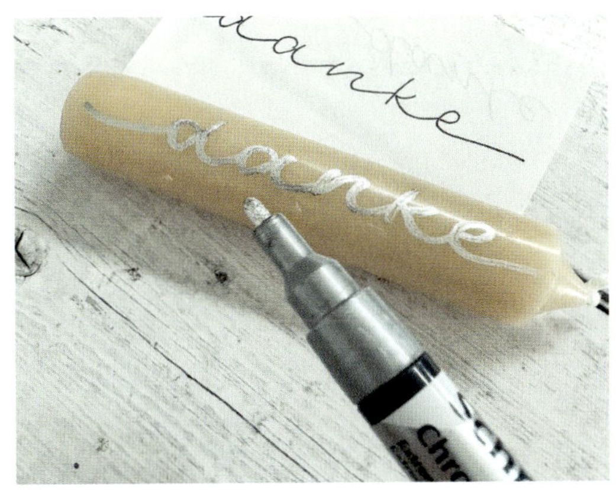

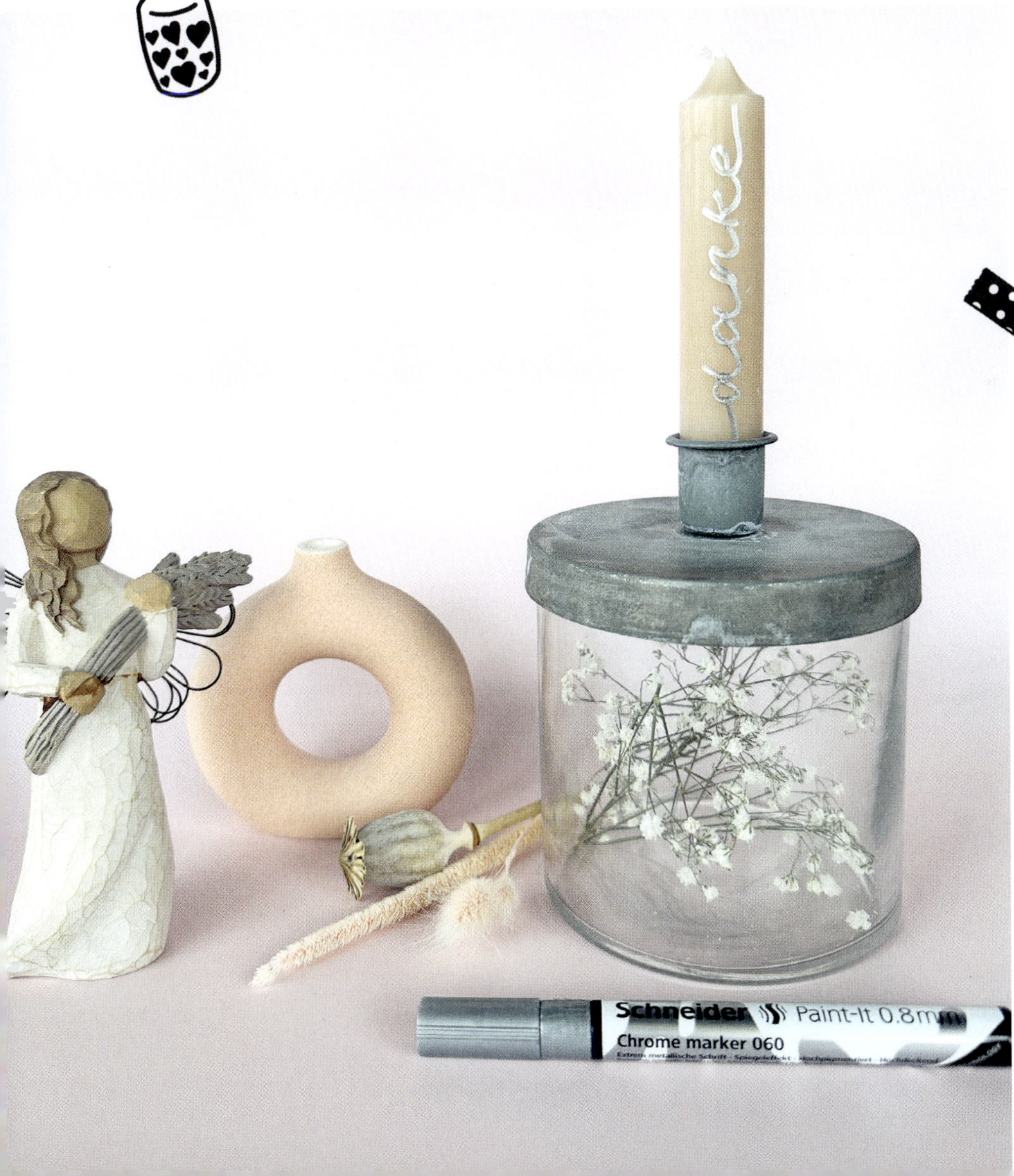

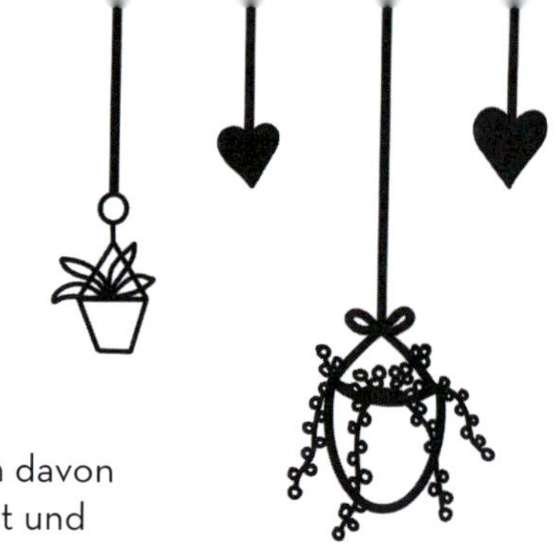

# Blumentopf

Blumentöpfe gibt es aus den unterschiedlichsten Materialen. Die meisten davon lassen sich mit Acrylmarkern verschönern. Ich habe einen aus Ton verziert und zeige dir, wie ich vorgegangen bin.

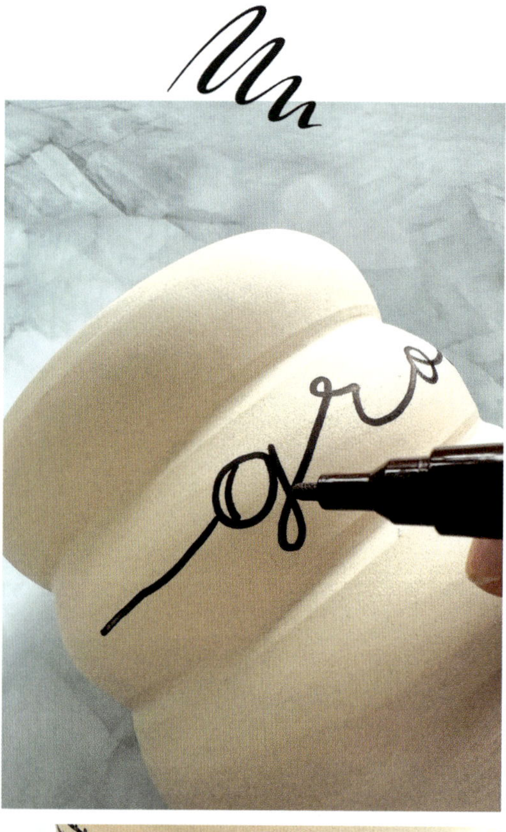

## MATERIAL

Schneider Paint-It 310 Acrylmarker (2 mm) in Braun
Schneider Paint-It 320 Acrylmarker (4 mm) in Braun
Ton-Übertopf
Bleistift

## SCHRITT 1

Wenn du magst, kannst du zur Sicherheit das Motiv einmal mit dem Bleistift vorzeichnen. Ich habe mich dieses Mal dafür entschieden, direkt loszulegen. Ich starte mit dem Schriftzug in der Mitte. Dafür lettere ich das Wort „grow" mit dem Acrylmarker (2 mm) in einer etwas langgezogenen Schriftart hin. Alle Abwärtslinien im Wort verdoppele ich. So entsteht ein schöner Effekt, als hätte ich einen Pinselstift zur Verfügung gehabt. Auf der Rückseite des Topfes wiederhole ich den Vorgang.

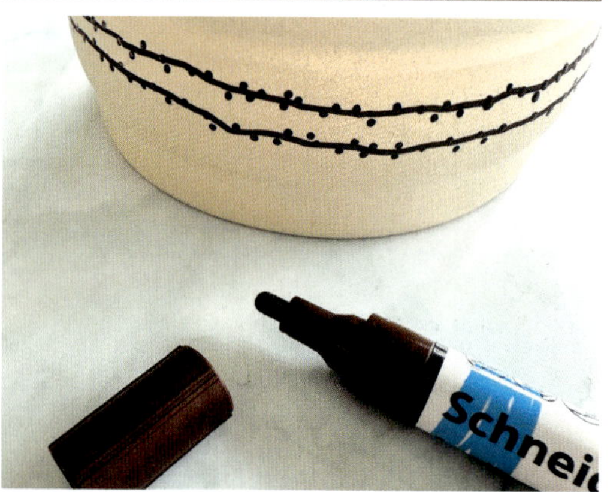

## SCHRITT 2

Anschließend ziehe ich zwei Linien mit dem dünneren Marker im unteren Bereich des Topfes komplett herum. Kleine Punkte auf und neben den Linien schaffen einen schönen Effekt.

**SCHRITT 3**

Zum Schluss setze ich etwas dickere Punkte mit dem Acrylmarker in 4 mm Stärke in den oberen Bereich des Topfes. So gestaltet bietet der Blumentopf nun deinen Pflanzen ein schönes Zuhause.

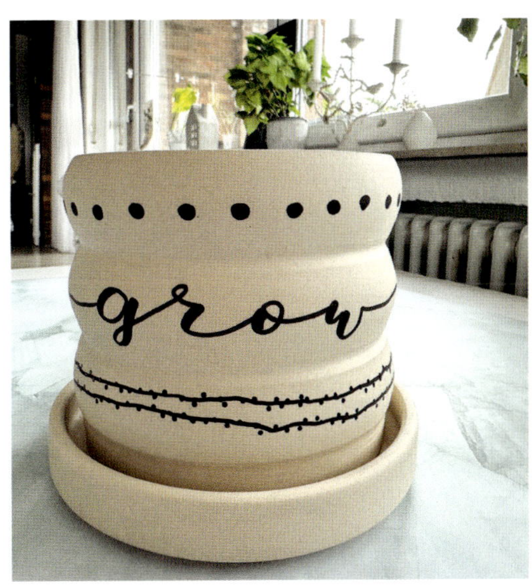


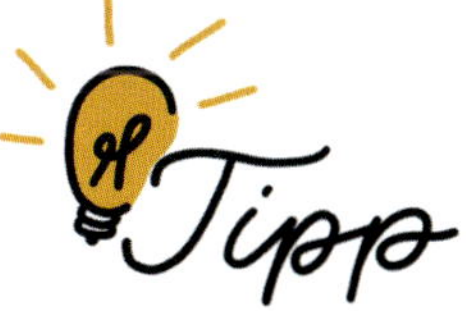


Du solltest zwischendurch immer etwas warten, bis die Farbe getrocknet ist, damit nichts verschmiert. Bei stark saugenden Untergründen wie Ton empfiehlt es sich, in mehreren Schichten zu arbeiten.

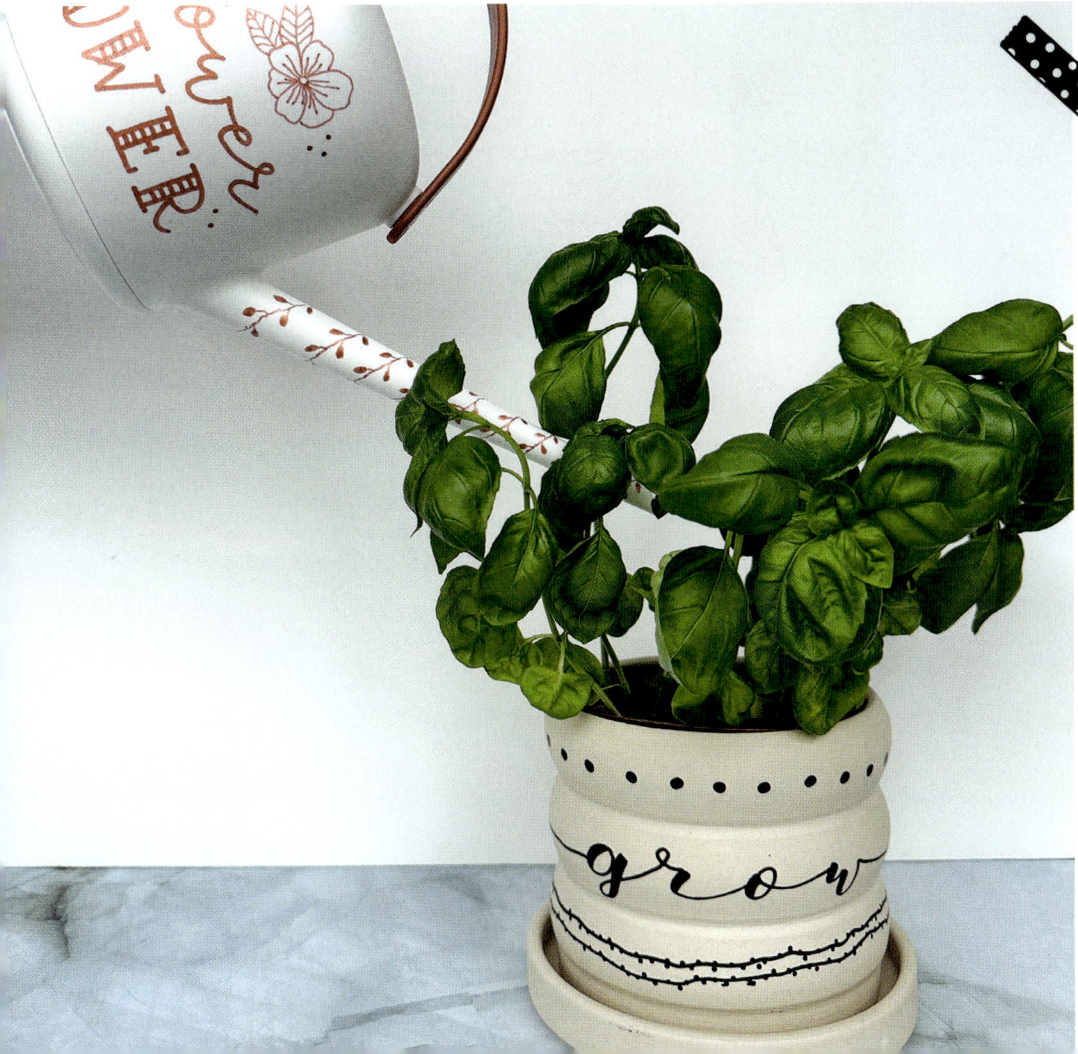

# Gießkanne

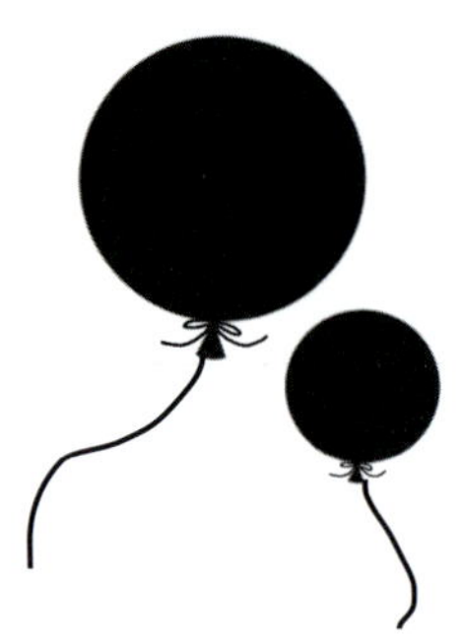

Diese Gießkanne habe ich für meine Mama zum Geburtstag verziert. Das war ein wunderbares Geschenk, worüber sie sich sehr gefreut hat. Wie ich bei der Gestaltung vorgegangen bin, zeige ich dir hier.

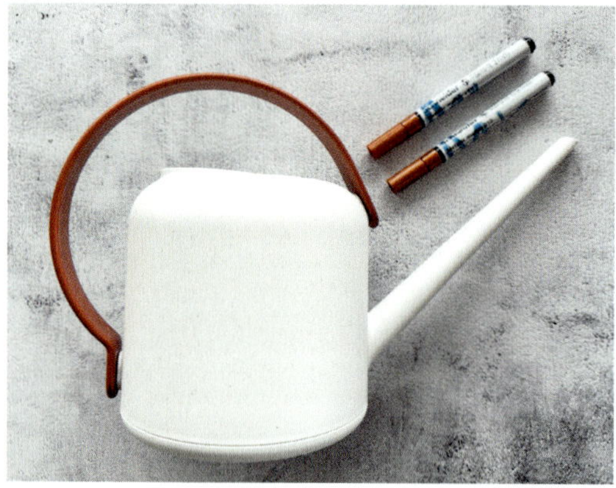

**MATERIAL**

Schneider Paint-It 011 Metallicmarker (2 mm) in Copper Metallic
Schneider Paint-It 010 Metallicmarker (0,8 mm) in Copper Metallic
Gießkanne

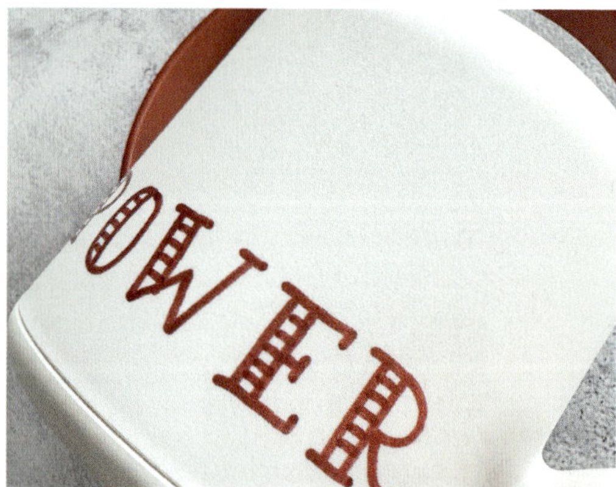


**SCHRITT 1**

Die Schwierigkeit hier liegt zusätzlich zur Rundung noch im glatten Untergrund. Zuerst habe ich das Wort „Power" mit einer Druckschrift mit doppelter Senkrechten mit dem Metallicmarker in 2 mm Stärke gemalt. Das Alphabet dazu findest du im Kapitel „Grundlagen Handlettering & Schriften".

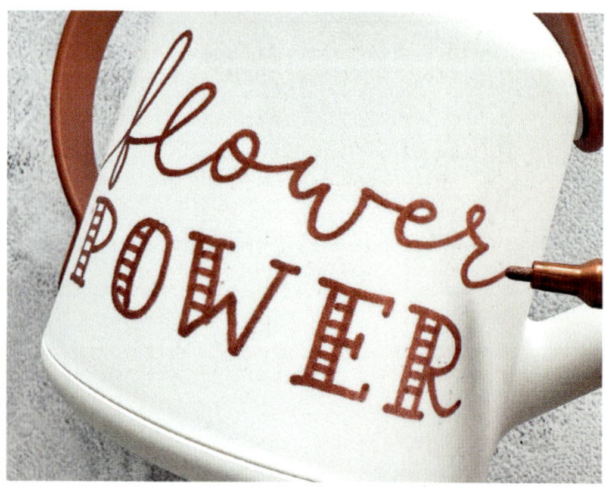


**SCHRITT 2**

Wenn alles gut getrocknet ist, wird im nächsten Schritt das Wort „flower" darüber gelettert.

**SCHRITT 3**

Mit dem Marker der Stärke 0,8 mm habe ich nun die kleine Blumenillustration angebracht und mit dem dickeren Marker noch ein paar Punkte als Verzierung gesetzt.

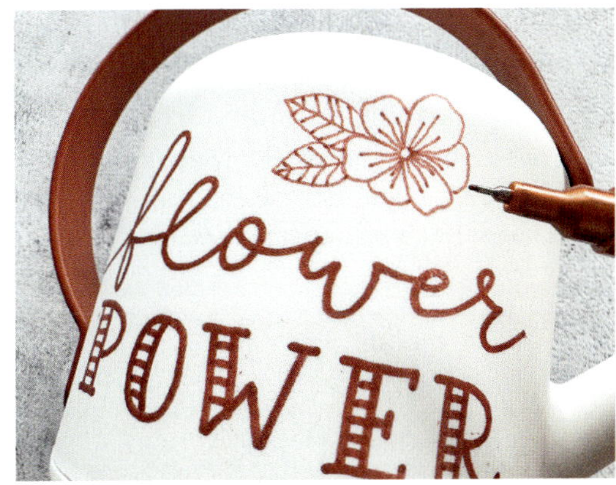


**SCHRITT 4**

Im letzten Schritt habe ich den Schnabel der Kanne mit einer Blätterranke verschönert. Dafür habe ich wieder den Marker mit der dünnen Spitze verwendet. Hier ist es besonders wichtig, langsam zu arbeiten und zwischendurch Pausen einzulegen, damit die Tinte trocknen kann.

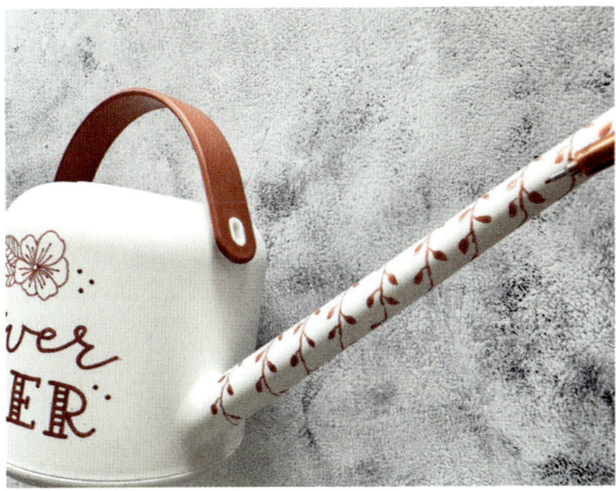

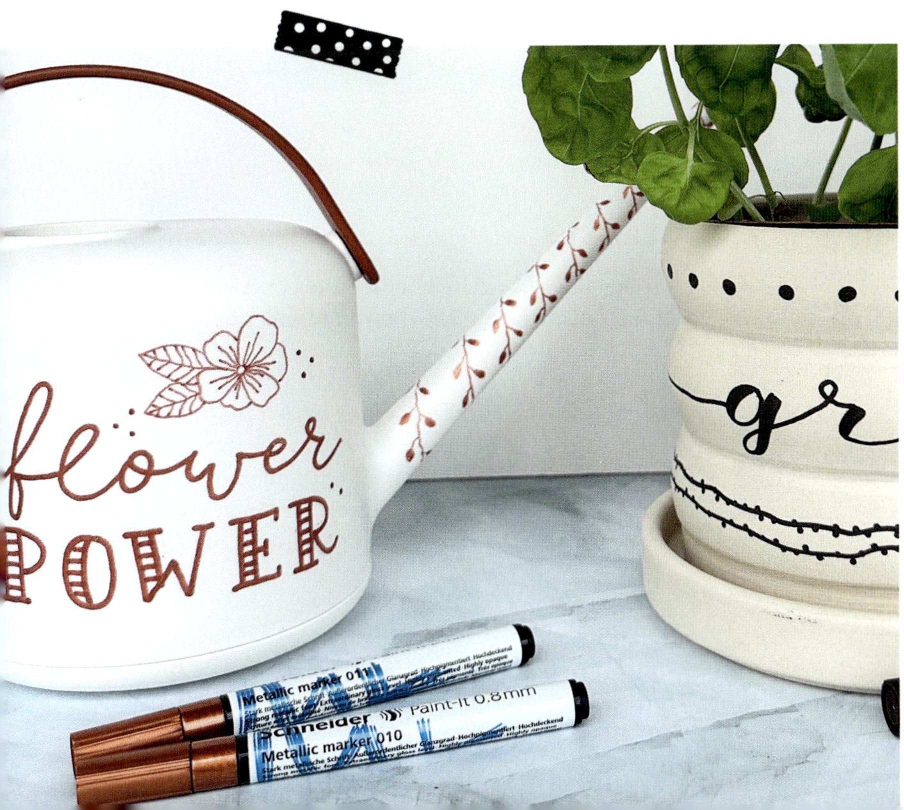


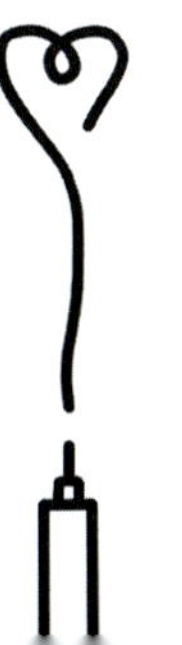

# Vase

Ich liebe Vasen. Immer wenn ich irgendwo ein schönes Exemplar sehe, muss ich es kaufen, auch wenn mein Mann dabei die Augen rollt. Eines meiner Lieblingsprojekte in diesem Buch ist daher dieses hier.

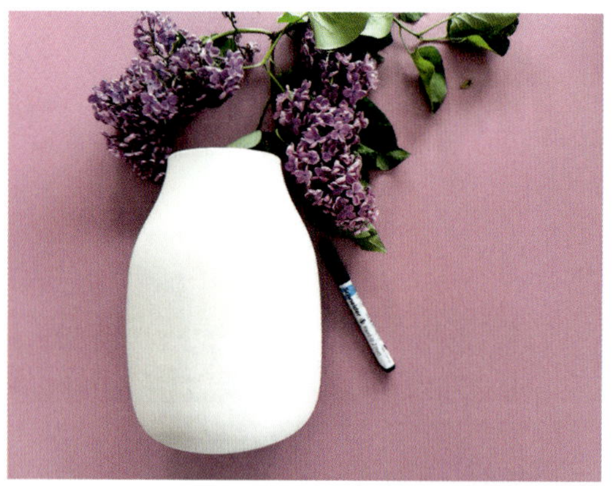

**MATERIAL**

Schneider Paint-It 310 Acrylmarker (2 mm) in Schwarz
Vase aus Porzellan
Bei Bedarf ein Bleistift

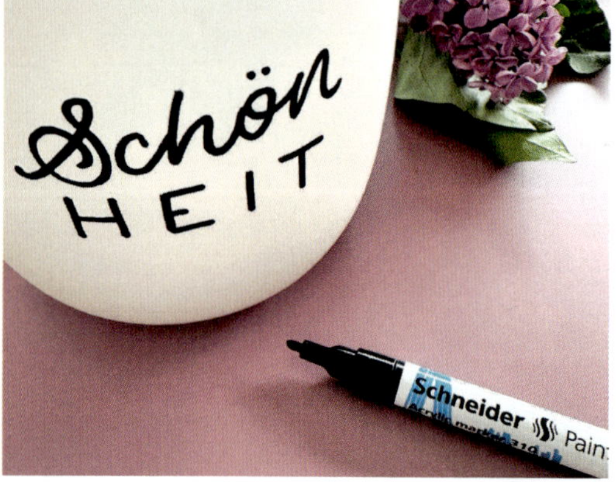


**SCHRITT 1**

Die Vase positioniere ich mir entspannt auf meinem Schoß. Mit dem schwarzen Acrylmarker male ich das Wort „Schön" im Lettering-Stil und das Wort „heit" darunter in einer einfachen Druckschrift in Großbuchstaben. Ich achte dabei darauf, dass meine Hand sicher auf der Vase liegt. Wenn du dich unsicher fühlst, kannst du mit dem Bleistift zuerst eine Vorzeichnung machen.

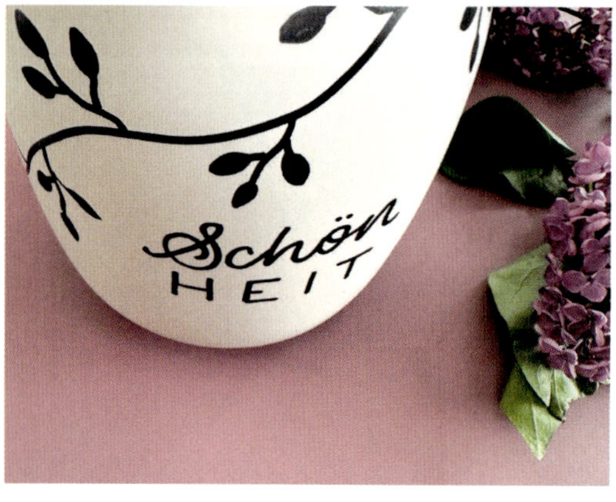


**SCHRITT 2**

Wenn alles gut getrocknet ist, ziehe ich eine etwas geschwungene Linie von rechts oberhalb nach links unterhalb der Vase, welche den Zweig der Blätterranke darstellt, den ich gleich malen möchte. Die kleinen Blätterzweige mit jeweils drei Blättern setzte ich in etwas Abstand rechts und links an die Ranke ran. Ich achte dabei darauf, nicht in das schon geschriebene Wort zu kommen, so ergibt sich ein harmonisches Bild.

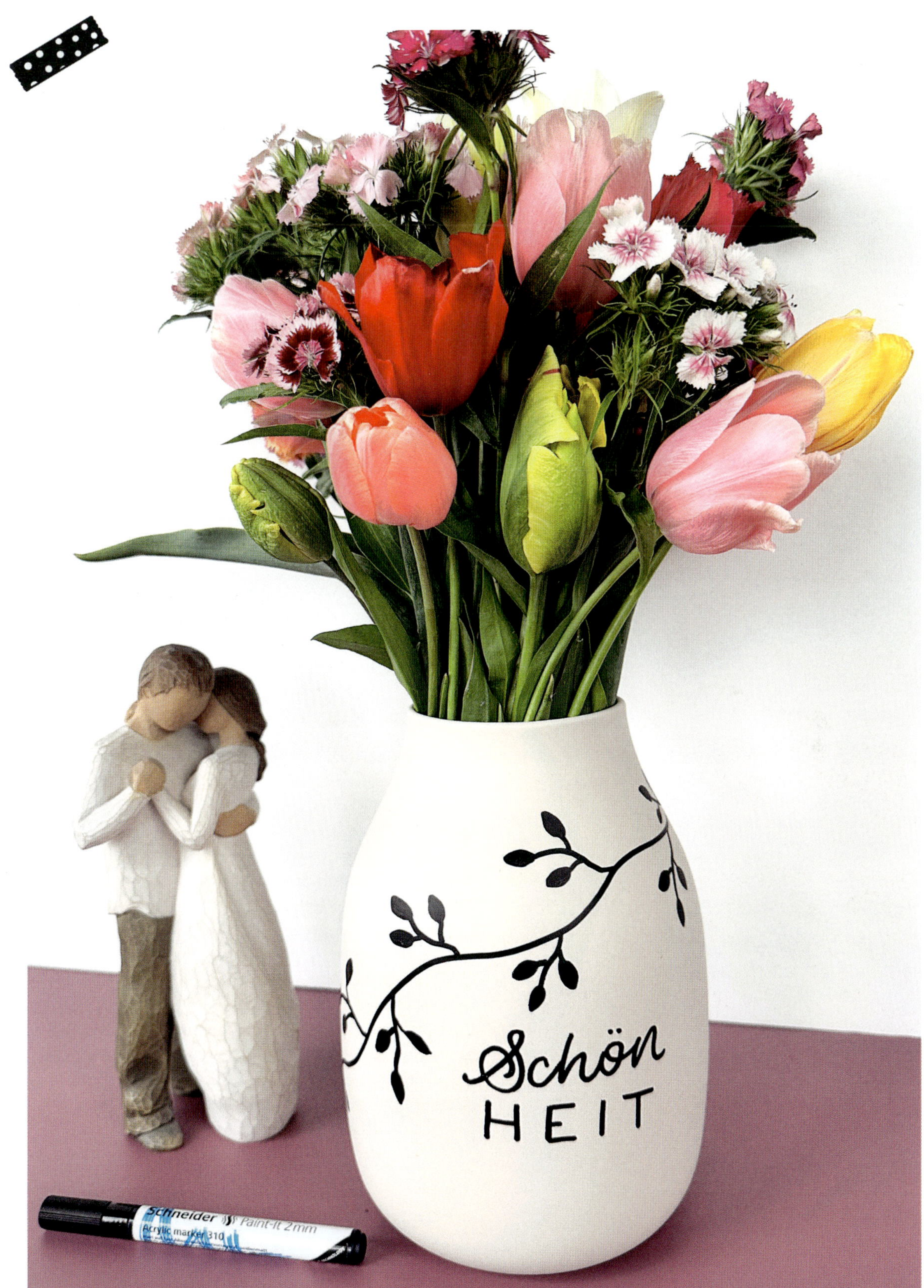
Schön
HEIT
Schneider Paint-It 2mm
Acrylic marker 310

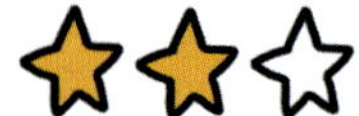

# Etagere

Stell dir vor, du hast Gäste geladen und den Tisch wunderbar gedeckt und mitten auf dem Tisch steht eine von dir verzierte Etagere mit selbstgemachten Pralinen oder frischen Früchten darauf. Das genau war meine Intention, dieses Projekt zu gestalten.

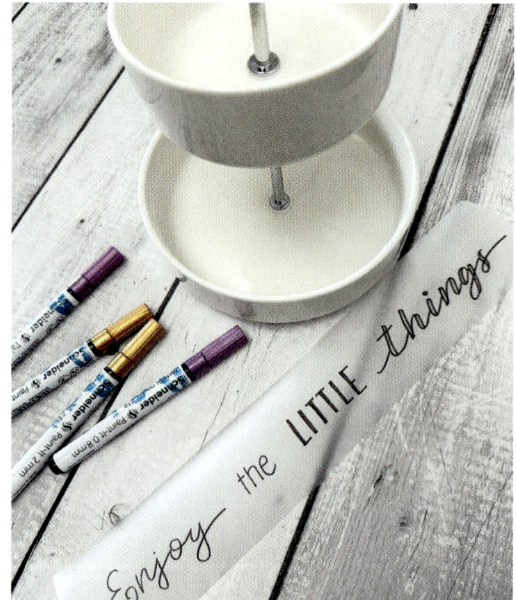


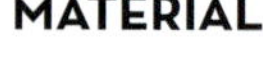

## MATERIAL

Schneider Paint-It 010 Metallicmarker (0,8 mm) in Gold Metallic
Schneider Paint-It 011 Metallicmarker (2 mm) in Gold und Violett Metallic
Porzellan-Etagere
Papierstreifen als Vorlage

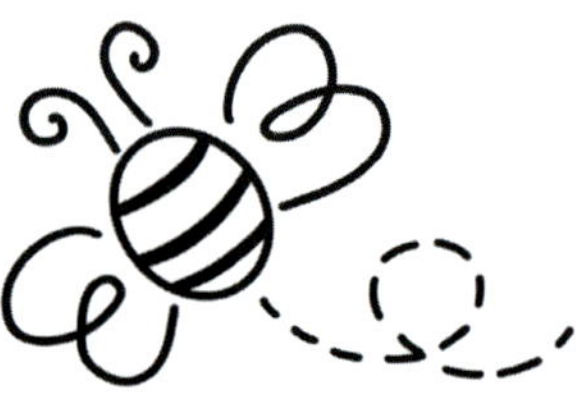

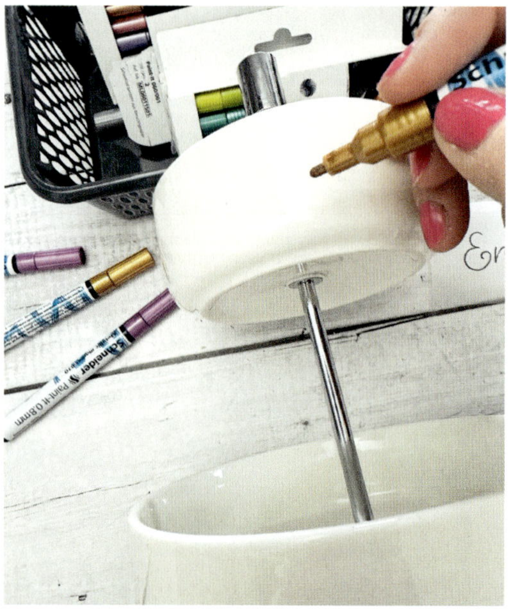

## SCHRITT 1

Meine Etagere besteht aus zwei Schüsseln, die rund sind. Ich habe mich entschieden, auf die oberste Schüssel den Schriftzug „Enjoy the little things“ zu schreiben. Damit ich es besser einschätzen kann, wieviel Platz ich für welches Wort verwenden kann, habe ich mir einen Streifen entsprechend der Länge der Rundung der Schüssel zugeschnitten und den Spruch darauf vorgeschrieben. So kann ich Zwischendrin immer abgleichen, ob der Platz noch passt. Die einzelnen Wörter des Spruchs habe ich unterschiedlich gestaltet. Die Alphabete dazu findest du im Kapitel „Grundlagen Handlettering & Schriften“. Bevor ich nun mit dem Verzieren starte, habe ich mir einen kleinen Korb als Stütze für Etagere bereitgestellt, auf den ich nun den Griff abstütze. So rollt die Etagere nicht herum und ist stabil.

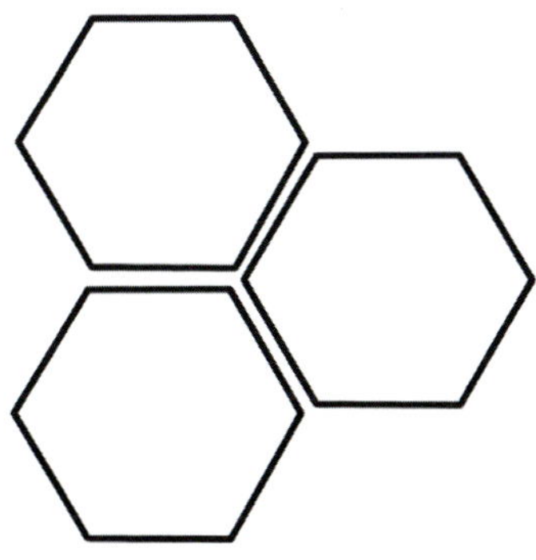

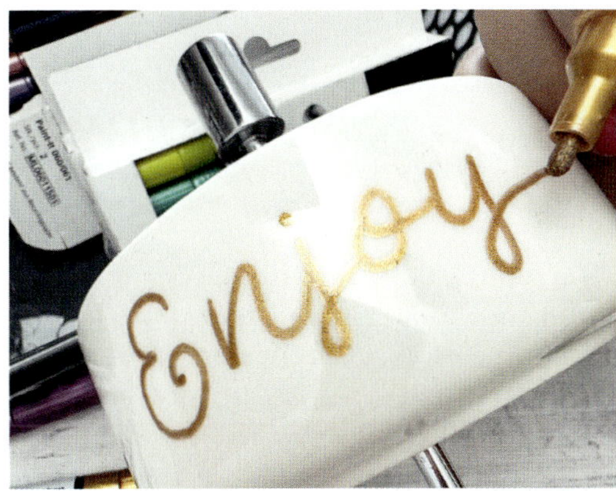


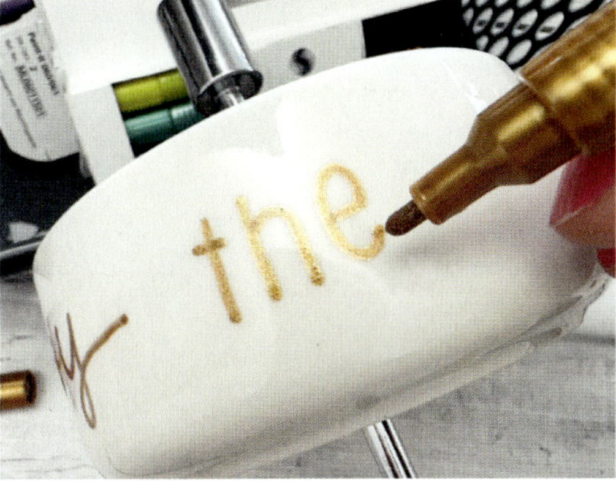


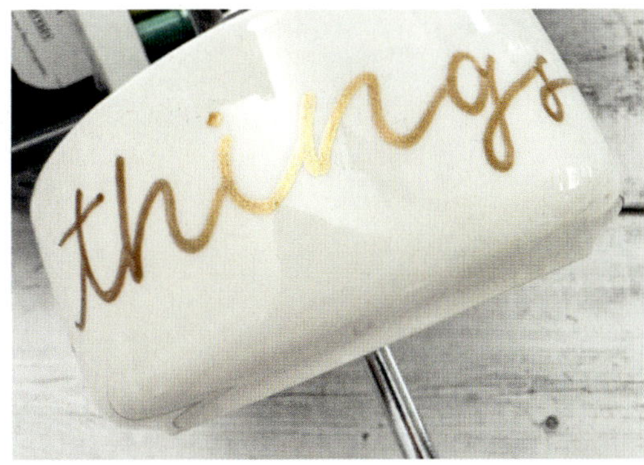


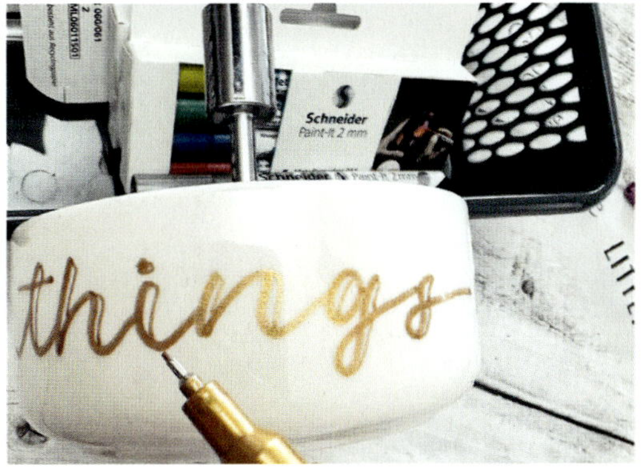


### SCHRITT 2, 3, 4 UND 5

Im nächsten Schritt schreibe ich nun den Spruch „Enjoy the little things" mit dem 2 mm Metallicmarker auf die obere Schüssel entsprechend dem eingeplanten Platz meiner Vorlage. Beim Wort „things" setze ich mit dem dünneren Marker eine Schattenlinie jeweils an die rechte und untere Seite der Linie. So entsteht ein schöner 3-D-Effekt. Diesen erkläre ich ausführlich in meinem ersten Buch „Mein Lettering Training".

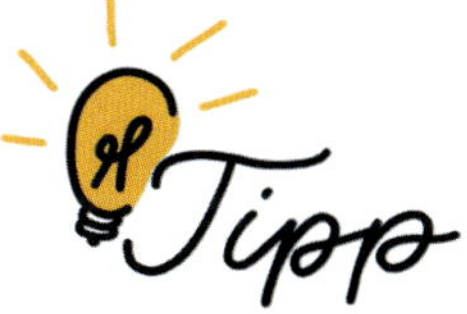


Die Metallicmarker sind nicht lebensmittelecht. Bemale damit am besten nur die Außenseiten des Etageres, sodass sie nicht in direkten Kontakt mit Lebensmitteln kommen.

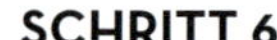

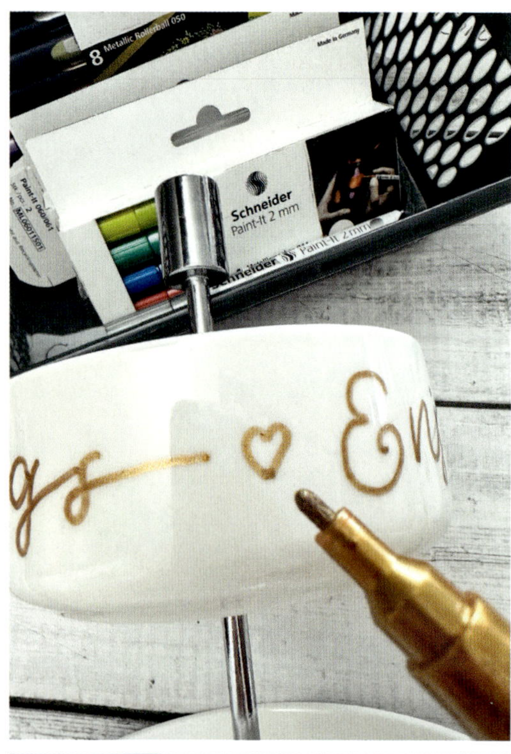


## SCHRITT 6

Zwischen „things“ und „Enjoy“ setze ich zum Schluss ein kleines Herzchen. So ist Anfang und Ende des Spruchs gut voneinander abgegrenzt.

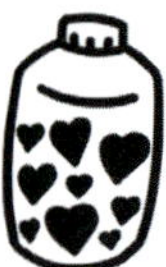

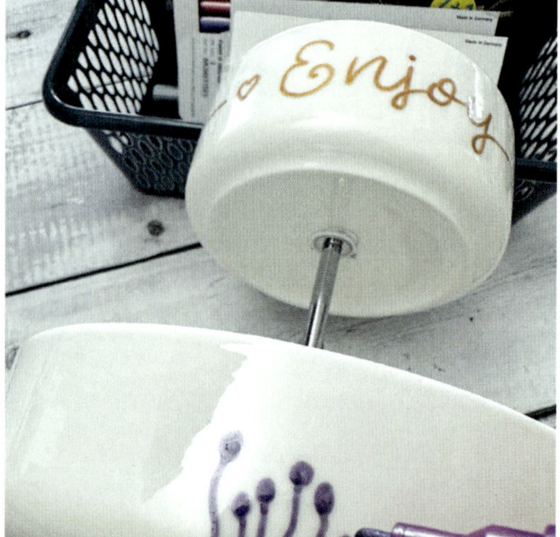


## SCHRITT 7 UND 8

Nun gestalte ich noch die zweite Schüssel. Dafür setze mit dem 2 mm Metallicmarker in Violett kleine, unterschiedlich hohe Striche mit einem kleinen, ovalen Blatt am Ende. So entsteht ein schöner, floraler Effekt.

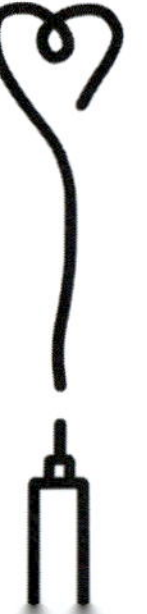

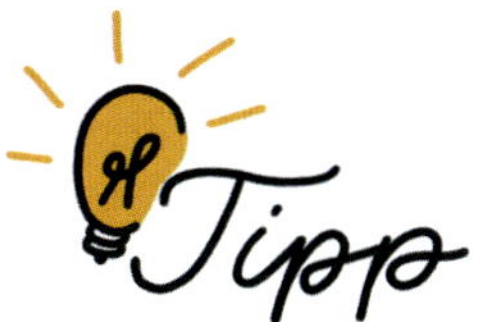


Arbeite besser langsam und vorsichtig. Auf der glatten Oberfläche des Porzellans braucht der Marker Zeit zum Trocken, sonst ist er schnell verschmiert. Wenn du aber doch mal abrutschen solltest, nimm einfach ein Wattestäbchen oder ein Tuch und wische den Fleck vorsichtig weg.

Um die Schrift haltbar zu machen, stelle die Etagere für 30 Minuten bei 160 Grad in den Backofen. Danach kannst du sie normal im Spülbecken säubern. In die Spülmaschine würde ich sie aber lieber nicht tun, dabei kann die Schrift abgehen.

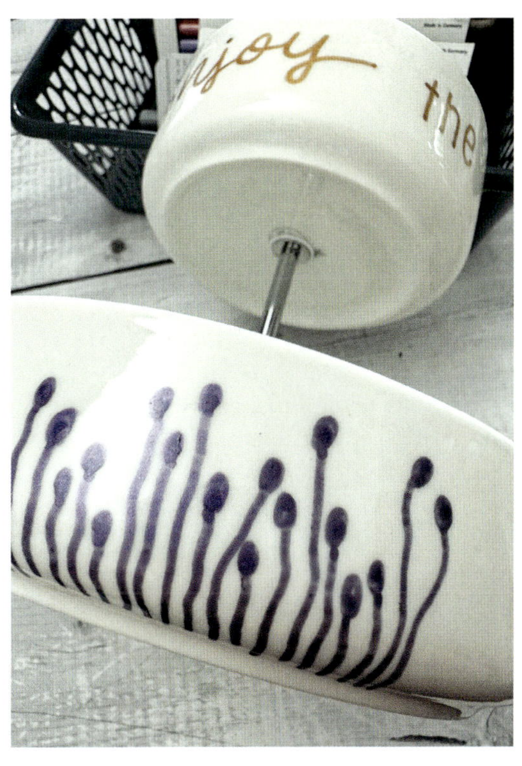

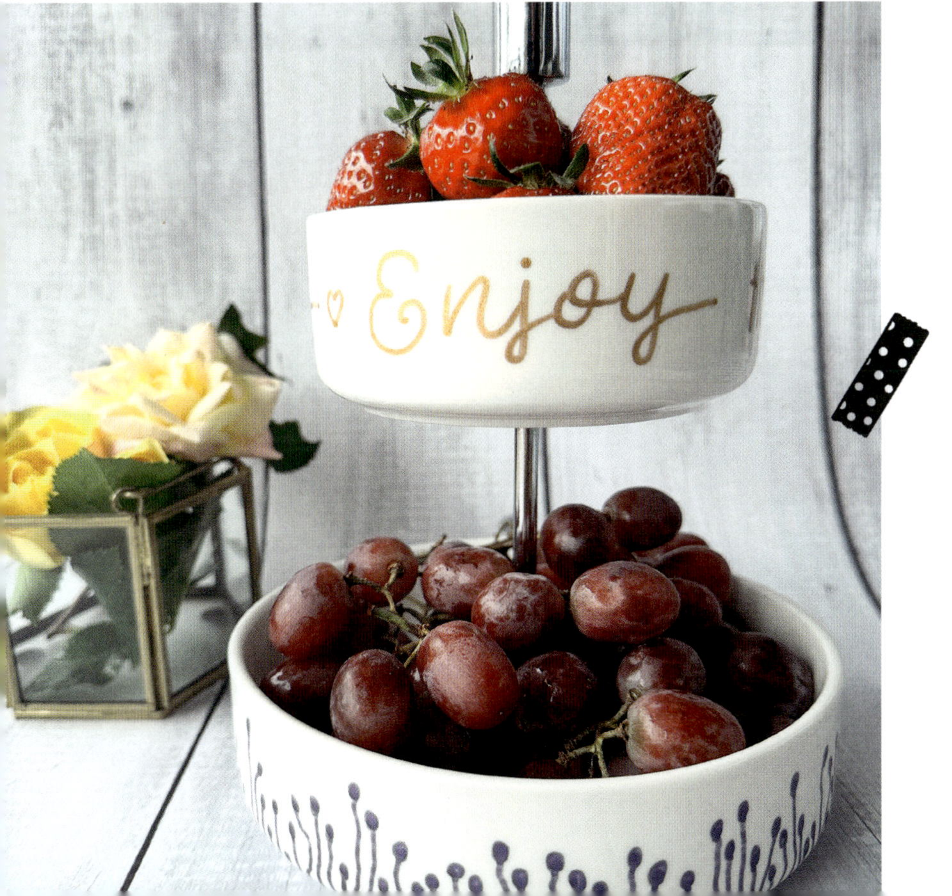

# Tischset

Zuhause haben wir einen wunderschönen Holztisch, den ich ungern mit einer Tischdecke verstecke. Daher nutzen wir diese Tischsets, um den Tisch zu schonen. Da bietet es sich an, die unifarbenen Sets, die es oft zu kaufen gibt, zu individualisieren.

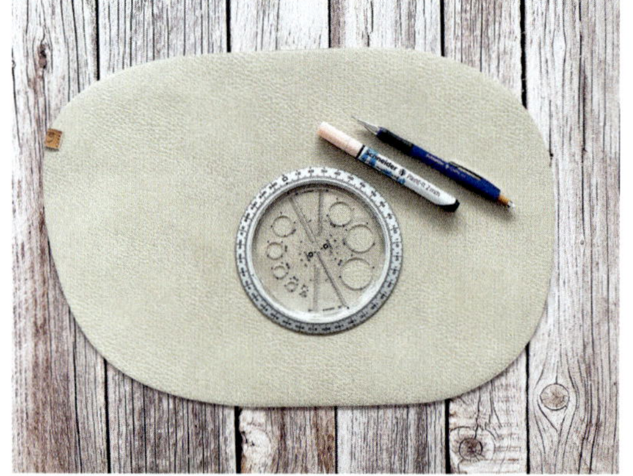

**MATERIAL**

Schneider Paint-It 310 Acrylmarker (2 mm)
Tischset aus Kunstleder
Kreislinieal

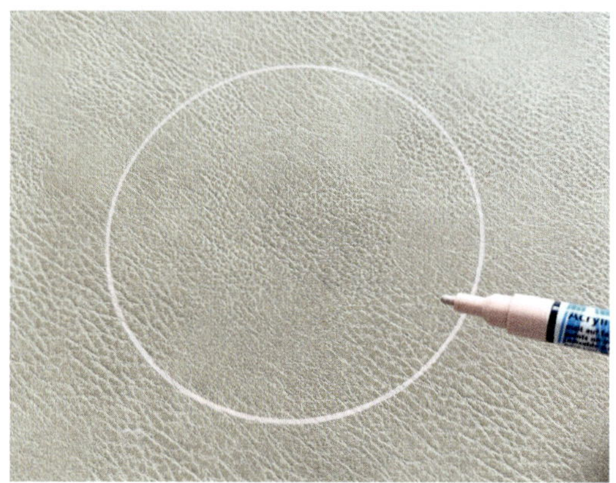

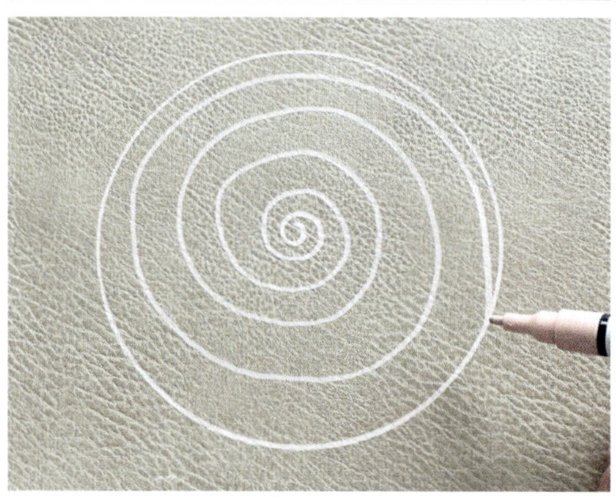

**SCHRITT 1 UND 2**

Mit Hilfe des Kreislineals ziehe ich mit dem Marker einen großen Kreis mittig auf dem Tischset. Anschließend zeichne ich eine Schneckenlinie in den Kreis hinein. Hier soll später der Teller abgestellt werden.

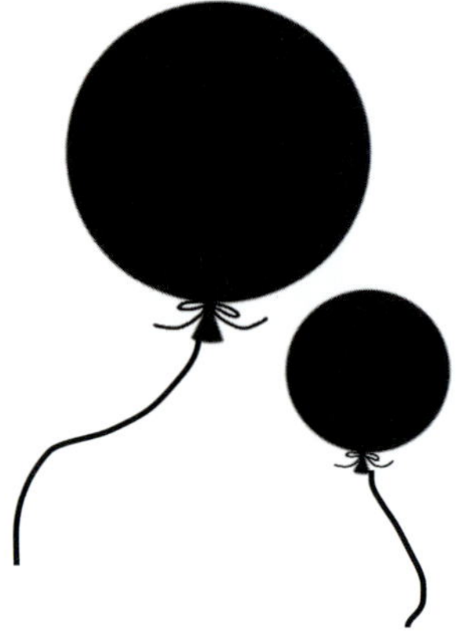

**SCHRITT 3 UND 4**

Nun ziehe ich mit dem Marker einen weiteren, kleineren Kreis in die rechte obere Ecke. Dieser symbolisiert den Platz für das Glas. Rechts und links neben den großen Kreis male ich eine einfache Gabel und ein Messer. Nun braucht der Tisch nur noch gedeckt werden.

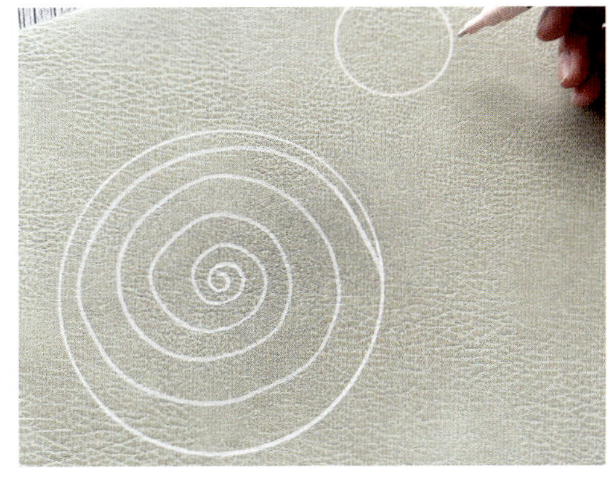

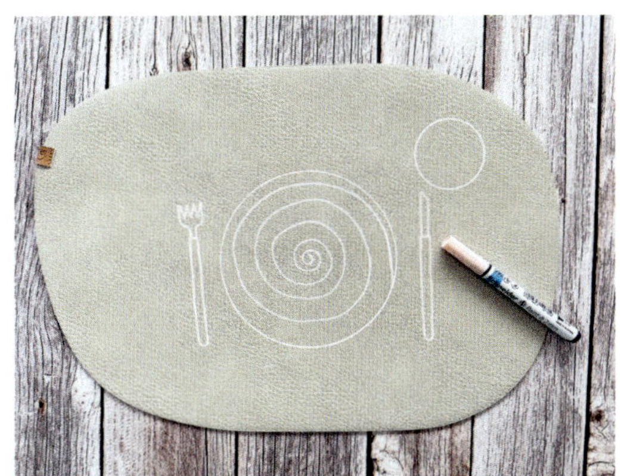

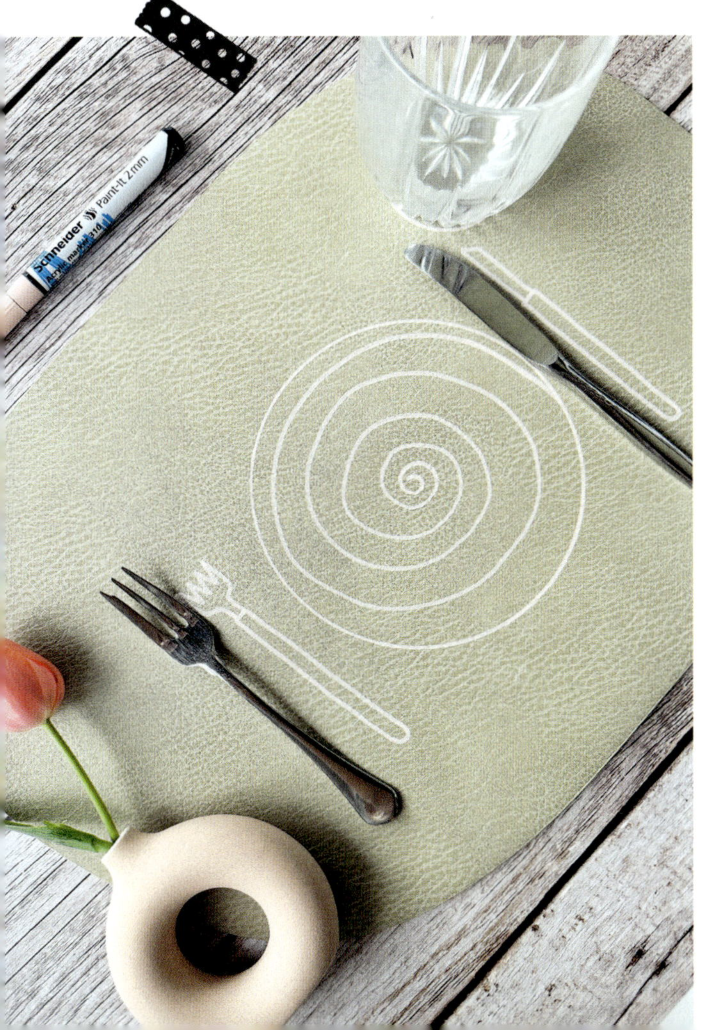


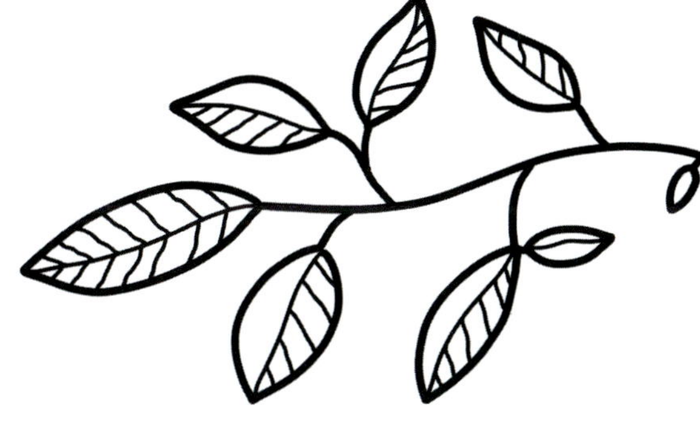

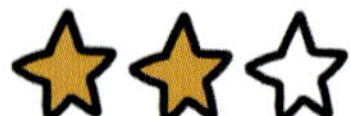

# Schieferplatte

Schiefer ist ein tolles Material, das sich immer größerer Beliebtheit erfreut. Der schwarze Untergrund in Kombination mit den Chrommarkern von Schneider ist eine besonders edle Kombination.

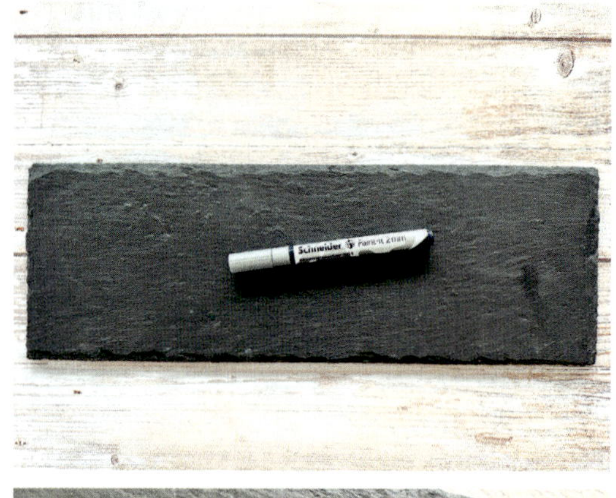

**MATERIAL**

Schneider Paint-It 061 Chrommarker (2 mm)
Schiefer Platte 38 x 13 cm

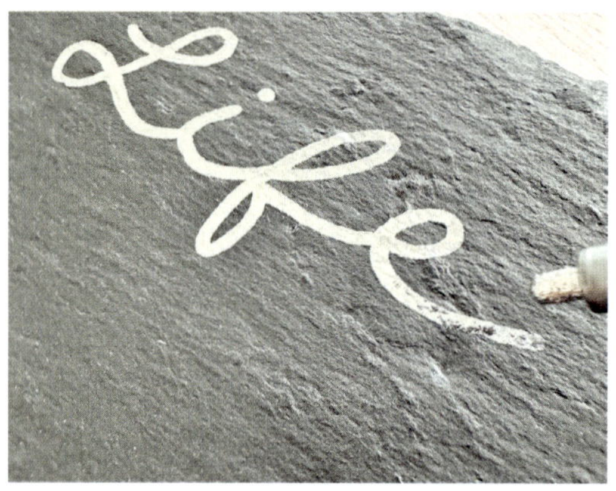


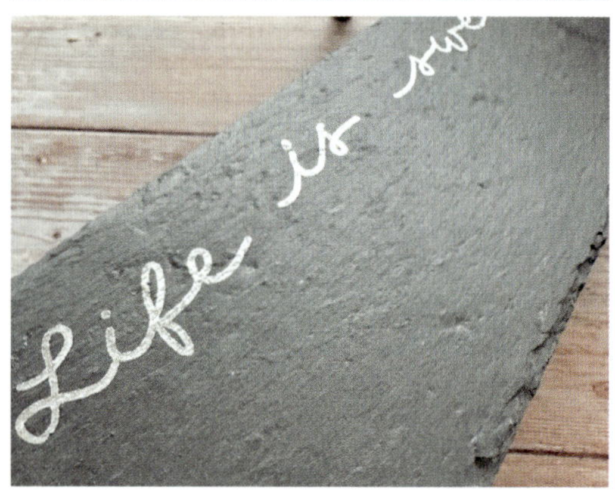


**SCHRITT 1 UND 2**

Ich starte mit dem Schriftzug „Life is sweet" in einer einfachen Letteringschrift. Das entsprechende Alphabet findest du im Kapitel „Grundlagen Handlettering & Schriften". Dabei ziehe ich die Verbindungslinien zwischen den einzelnen Buchstaben etwas in die Länge. So nutze ich die gesamte Breite der Platte aus.

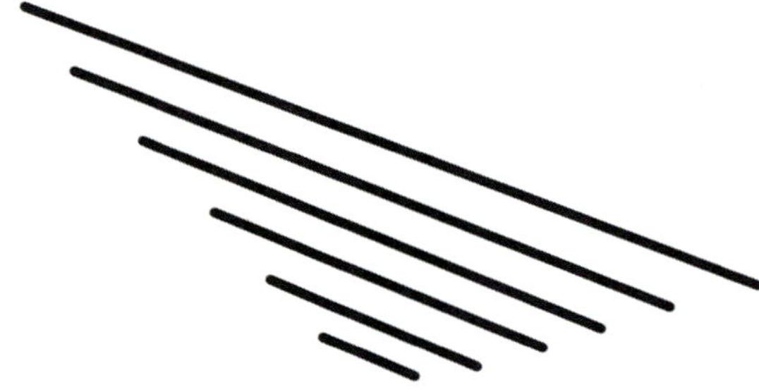

## SCHRITT 3

Im letzten Schritt umrahme ich die gesamte Platte mit zwei ineinander verschlungenen Linien, in dessen Ecken ich kleine Beeren setze. Mit kleinen Leckereien bestückt, ist diese Platte nun zum Hingucker geworden.

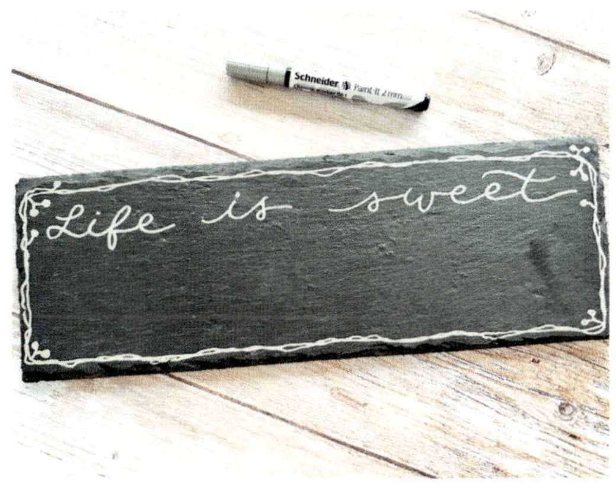


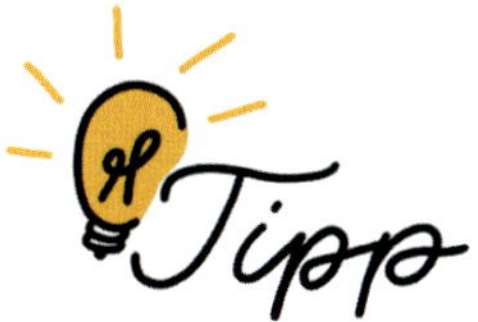


Achte darauf, dass deine Hände nicht gerade frisch eingecremt sind, denn das Fett legt sich sonst unter deine gestaltete Fläche und lässt sich später nur schwer entfernen.

Du solltest später darauf achten, dass du keine feuchten Lebensmittel, die du noch verzehren möchtest, auf den Schriftzug legst. Die Marker sind nicht lebensmittelecht, serviere mit der Platte am besten verpackte Köstlichkeiten wie in Papier eingeschlagene Pralinen.

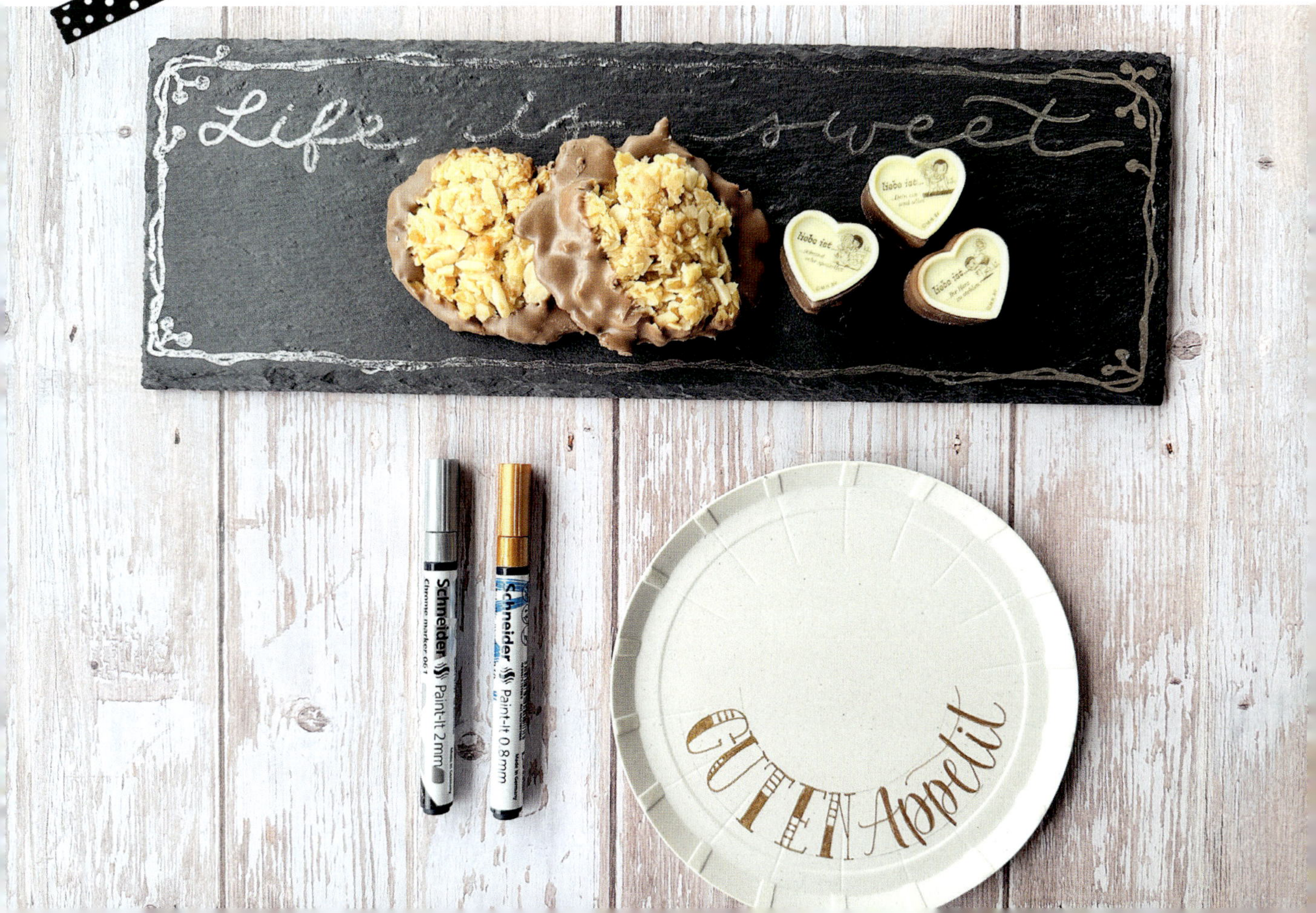

# Holzbrettchen

Holzbrettchen sind nicht nur tolle Helfer in der Küche, sondern auch wunderschöne Deko-Objekte. Für meinen Mann, dessen morgentlicher erster Gang immer zur Kaffeemaschine ist, habe ich dieses Projekt entworfen.

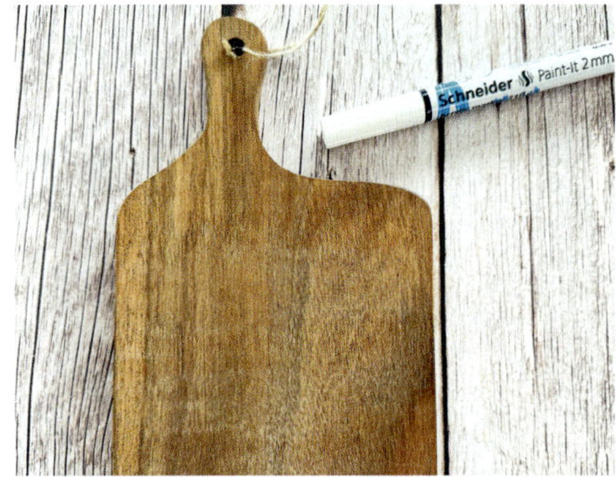


**MATERIAL**

Schneider Paint-It 310 Acrylmarker (2 mm)
in Weiß
Holzbrettchen

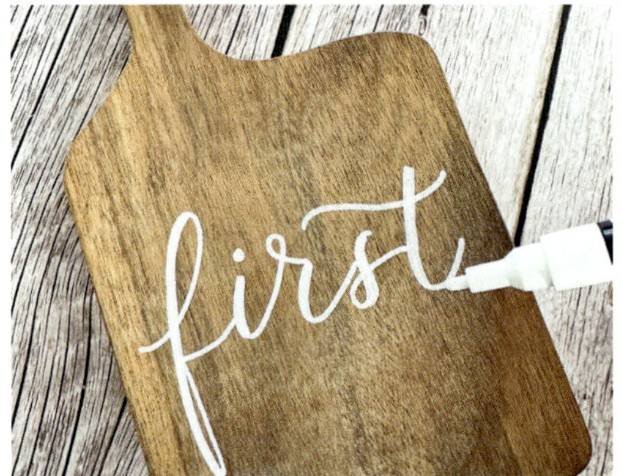


**SCHRITT 1 UND 2**

Um den Spruch „but first coffee" zu gestalten, lettere ich mit dem Marker zuerst das Wort „first" im oberen, mittleren Bereich. Ich verdoppele alle senkrechten Linien, sodass ein leichter Brush-lettering-Effekt entsteht. An diesem Wort richte ich dann die beiden anderen aus. Dafür nutze ich die normale Druckschrift.

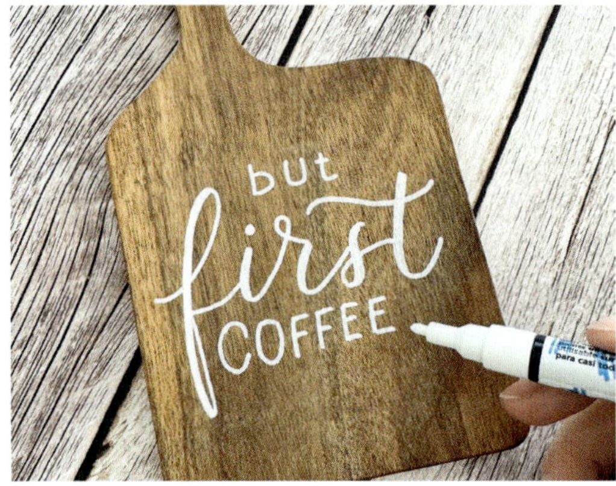


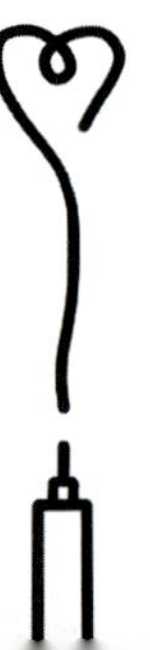

**SCHRITT 3**

In die rechte, untere Ecke illustriere ich eine kleine Kaffeetasse. Die Anleitung dazu findest du im Kapitel „Schmuckelemente & Verzierungen“. Ich lasse alles gut trocknen, bevor ich es aufstelle. Bei Bedarf kann eine zweite Schicht Farbe aufgetragen werden, für eine noch größere Deckkraft.

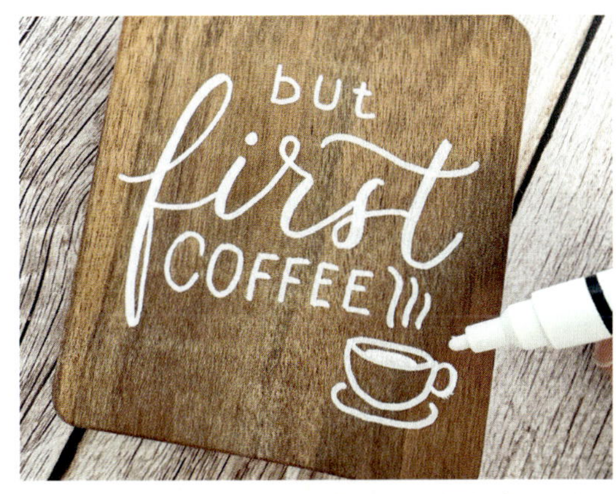


**VARIATION**

Damit das Brettchen nicht so alleine steht, habe ich ein zweites dazu gestaltet, welches ich mit Küchenutensilien verziert habe.

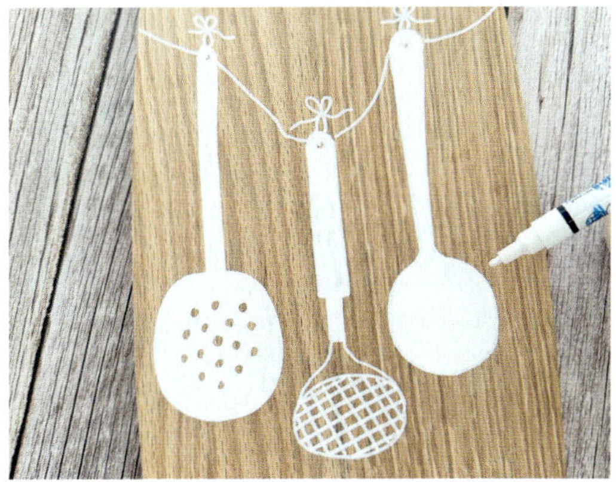

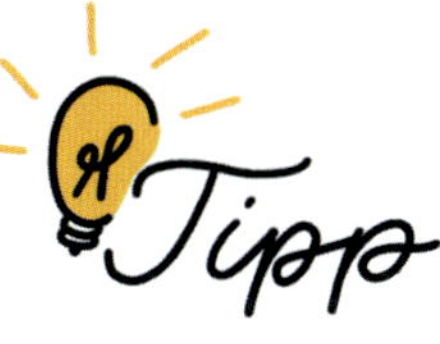


Bitte beachte, dass die Marker nicht lebensmittelecht sind. Du solltest auf dem Brett also zum Beispiel kein Obst schneiden. Es lässt sich allerdings wunderbar als Deko, Tablett für morgendliche Kaffeetassen oder hübsche Bühne für verpackte Lebensmittel benutzen.

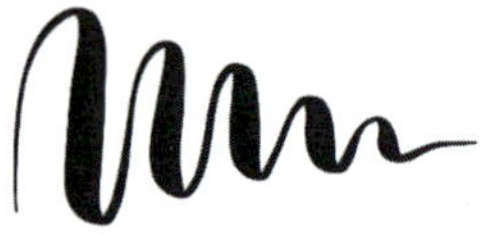

# Fußmatte

Der erste Eindruck, den Gäste bekommen, bevor sie unsere Wohnung oder unser Haus betreten, kann schon für ein Schmunzeln sorgen. Heiße sie doch mit einer selbst gestalteten Fußmatte herzlich willkommen.

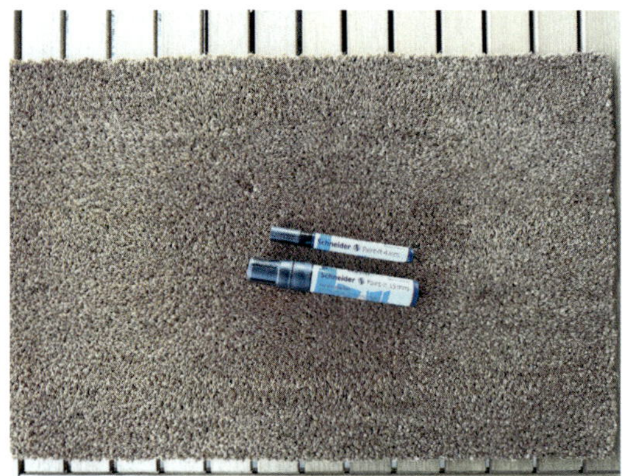

## MATERIAL

Schneider Paint-It 330 Acrylmarker (15 mm)
Schneider Paint-It 310 Acrylmarker (2 mm)
Fußmatte aus Kokos

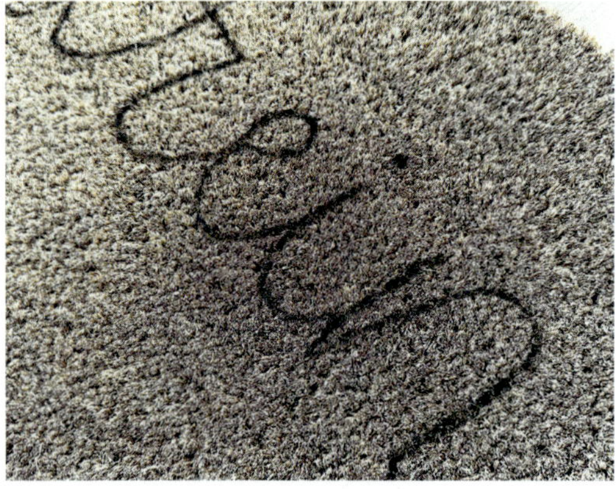

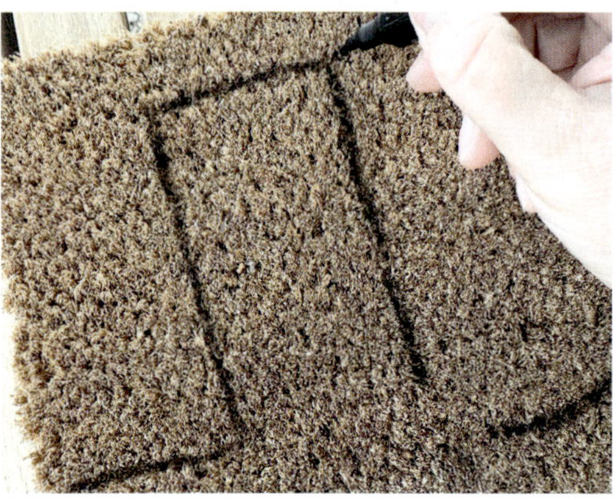

## SCHRITT 1 UND 2

Wenn du die Matte in Händen hältst, wirst du merken, dass Kokos ein sehr eigenwilliges Material ist. Daher ist es wichtig, die Marker zwischendurch öfter zu pumpen, als es bei einer anderen Oberfläche nötig wäre. Außerdem kann man nicht so flüssig auf diesem Material schreiben. Stattdessen setze ich immer wieder kleine Striche aneinander.

Zuerst schreibe ich das Wort „herein“ in einer einfachen Letteringschrift in den oberen Bereich der Matte. Dabei lasse ich auf der linken Seite etwas Platz, sodass ich im zweiten Schritt eine einfache Tür mit einer Sprechblase dazu malen kann.

## SCHRITT 3 UND 4

Als nächstes schreibe ich in einer Druckschrift in Großbuchstaben mit Serifen „spaziert“. Dabei achte ich besonders auf die Platzeinteilung. Mir hilft es, die Buchstaben zu zählen und erstmal bis zur Mitte hin zu gestalten. Dann weiß ich, wieviel Platz ich für die zweite Hälfte des Wortes noch habe. Wenn ich damit fertig bin, fahre ich alle ersten Abwärtslinien mit dem dicken Marker in 15 mm Stärke nach. Dabei mache ich auch immer wieder kleine Striche, bis die Kokosfasern entsprechend gefärbt sind.

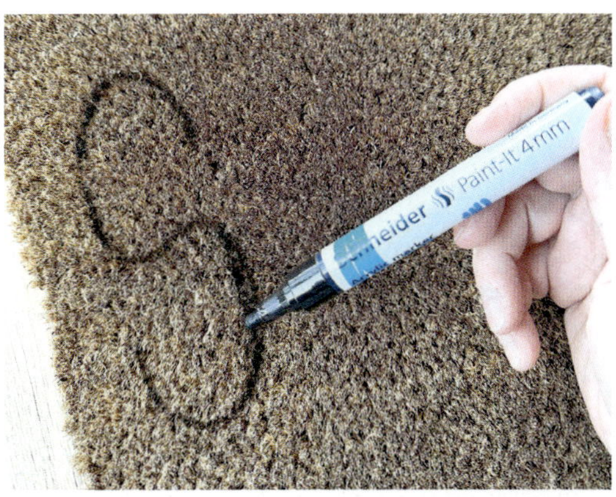


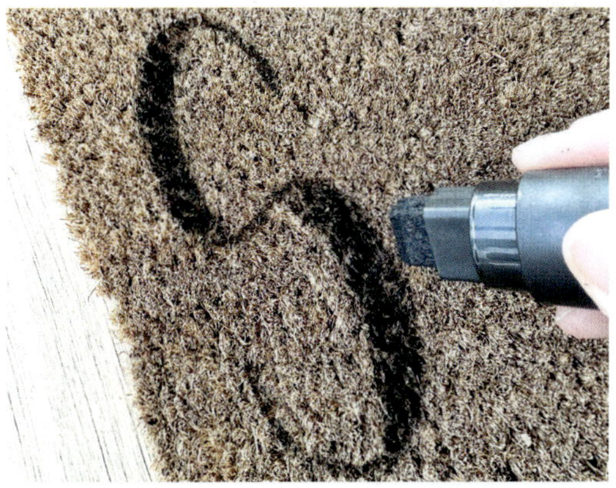

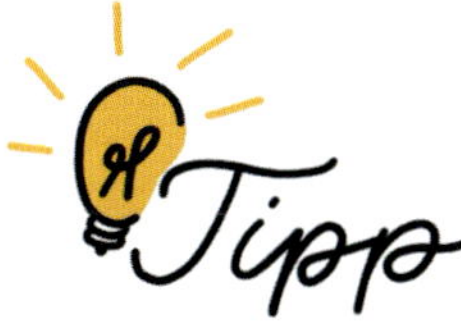


Vorsicht, die Marker spritzen, wenn du mit ihnen über den Kokos fährst. Lege daher am besten etwas als Schutz unter die Matte und ziehe ein altes Shirt über.

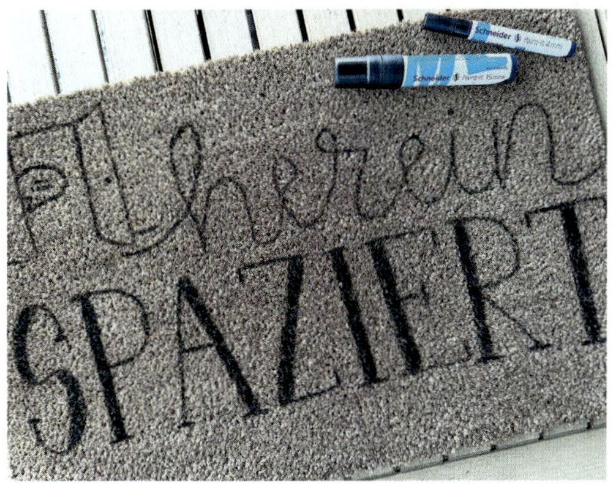


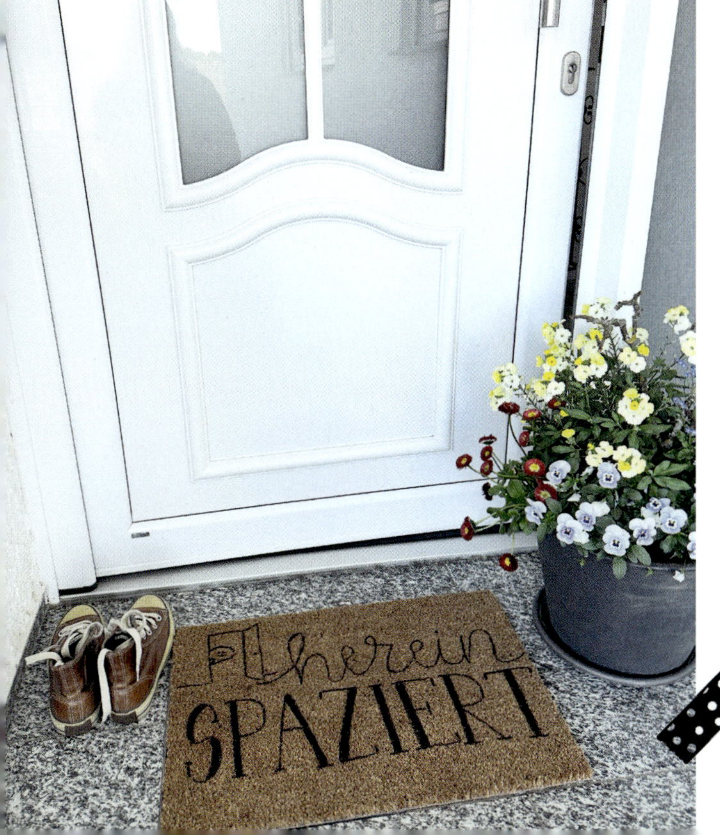

## Übersicht verwendeter Stifte

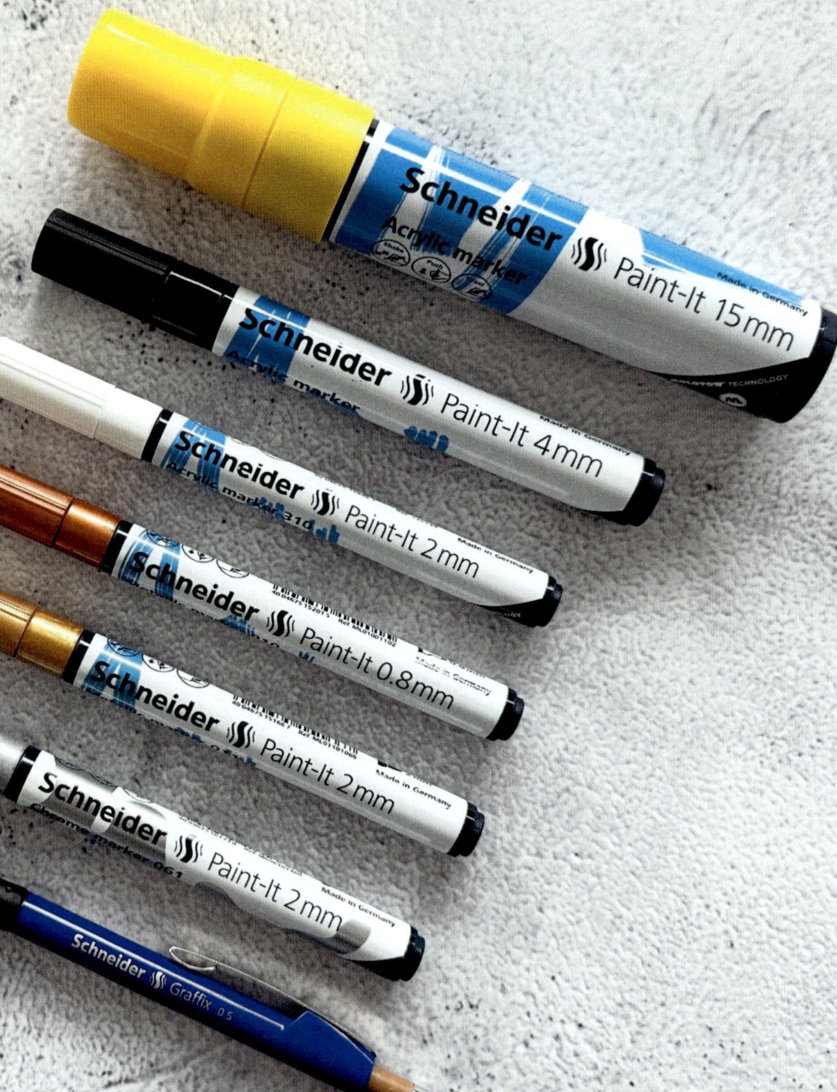

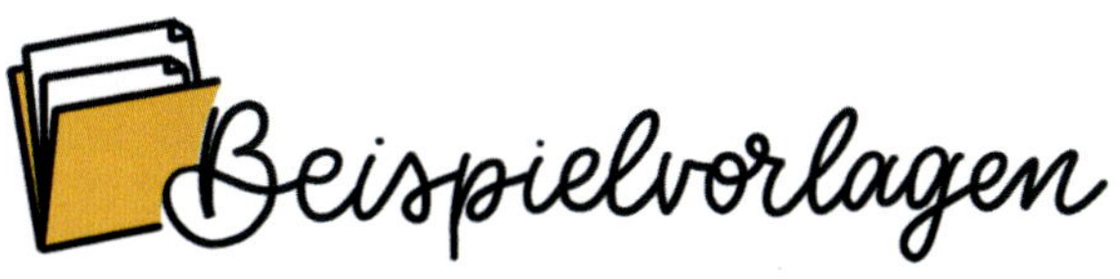


Weitere Vorlagen findest du in der Online-Bibliothek über den QR-Code am Ende des Buches.

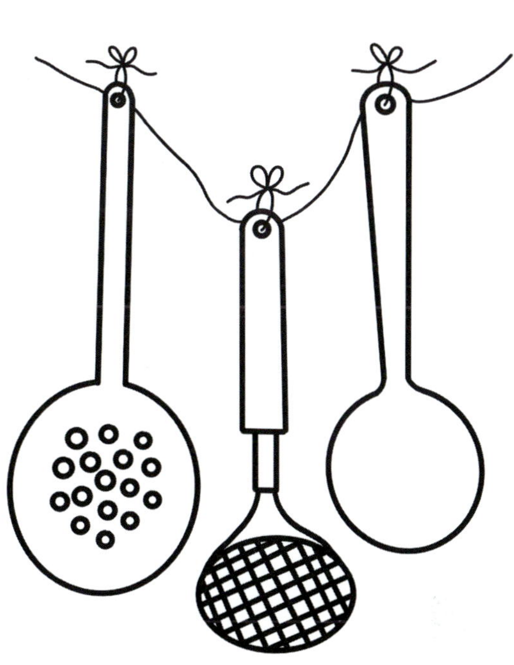

Enjoy the LITTLE things ♡

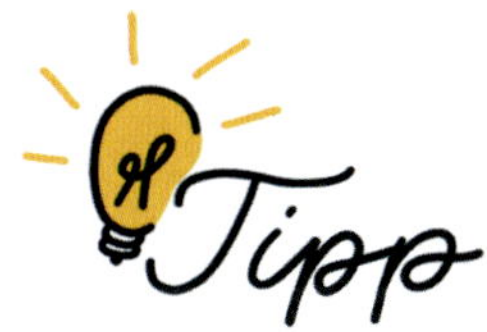


Einen Tipp habe ich noch zum Ende dieses Kapitels. Wahrscheinlich werden viele Gegenstände, die du gestalten möchtest, nicht flach sein und sich auf den Tisch ablegen lassen. Suche dir eine gute Position vielleicht in einem Armlehnstuhl. Auf die Lehnen kannst du deinen Ellenbogen gut abstützen und du erlangst mehr Stabilität beim kreativen Prozess.

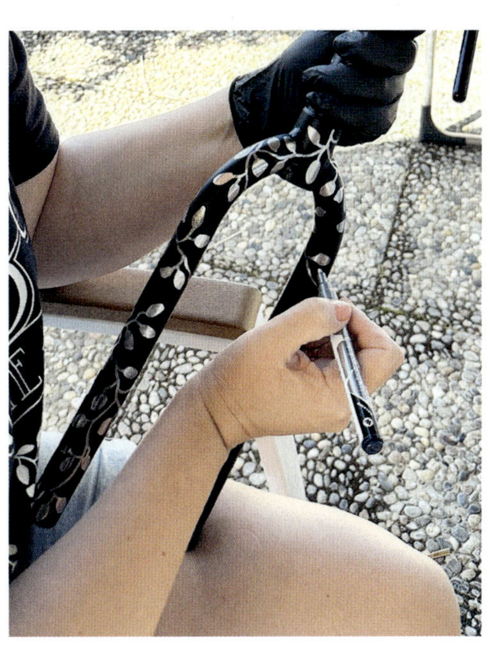

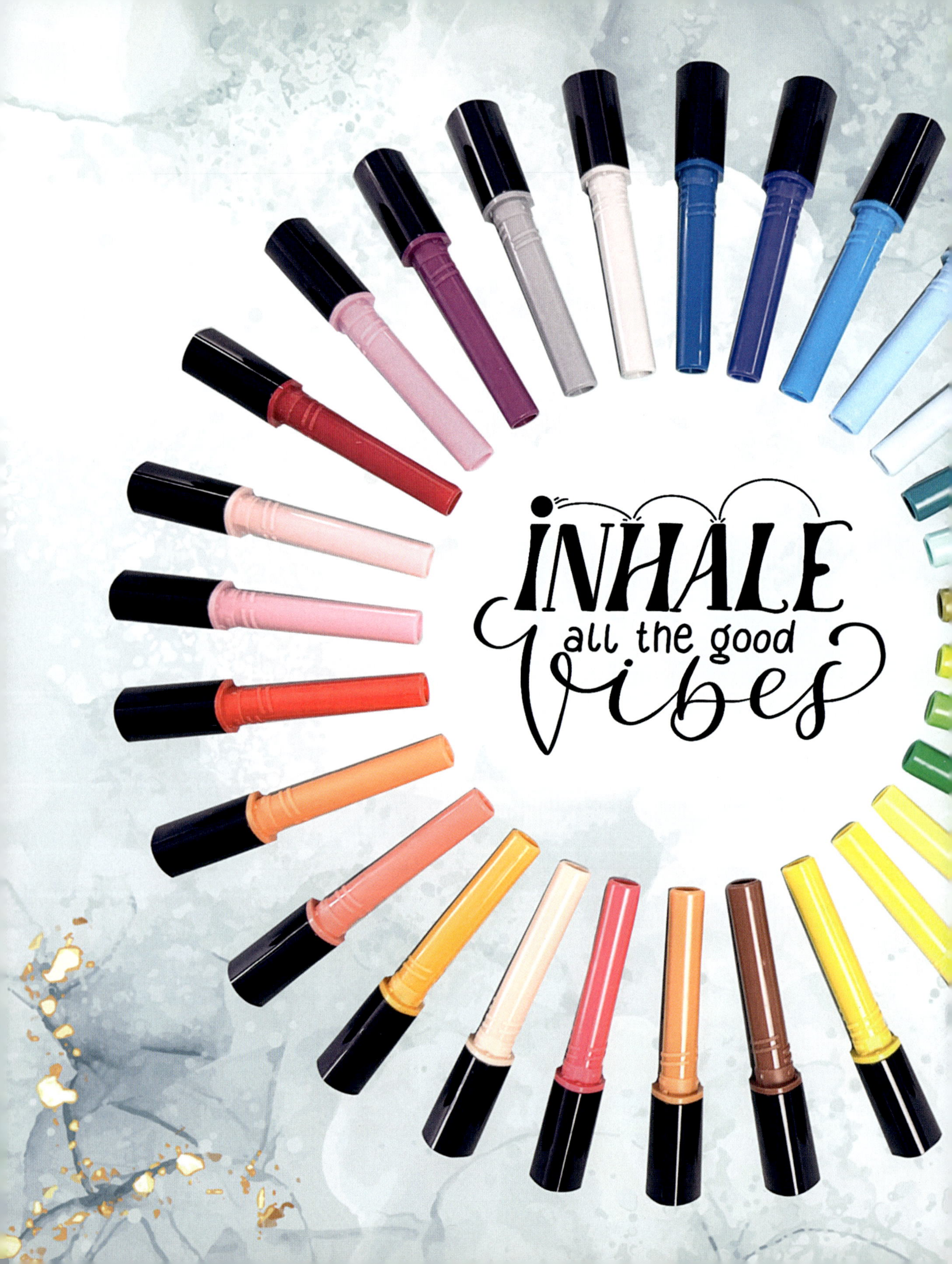
INHALE
all the good
vibes

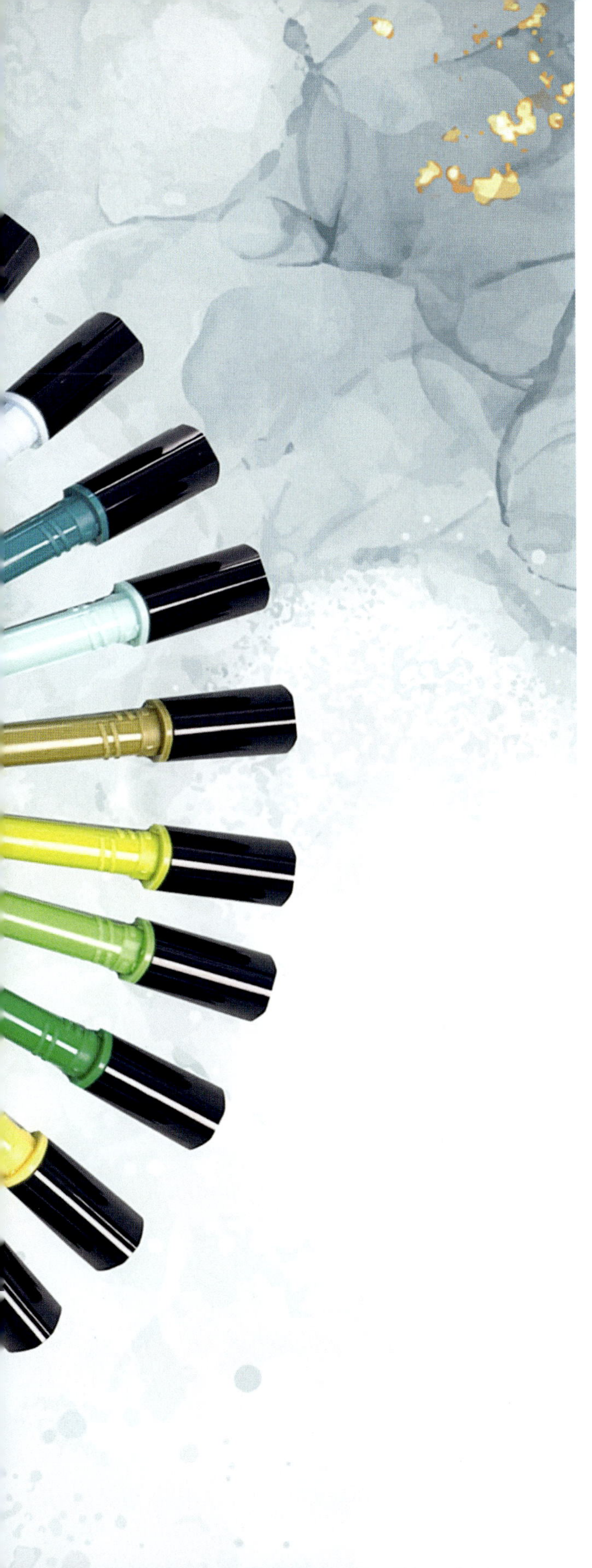

# Kapitel 4: GRÖßERE PROJEKTE + UPCYCLING

In diesem letzten Kapitel geht es nun vorrangig um das Thema Upcycling von „größeren" Projekten. In der heutigen Zeit sind wir zu schnell dabei, alte Dinge wegzuwerfen, anstatt sie aufzuhübschen. Ich möchte dir hier ein paar schöne Projekte vorstellen. Dabei werde ich auch vor der Spraydose nicht zurückschrecken. Wir beginnen mit ein paar kleineren Dingen, die oft schnell in den Müll wandern und arbeiten uns dann zu den größeren Projekten vor.

# Glasflaschen

Im Sommer lieben wir es, draußen zu sein und die warmen Temperaturen zu genießen. Unseren Gartentisch dekoriere ich sehr gerne mit upgecycelten Glasflaschen, die entweder als Blumenvase oder als Lichterkettenbehältnis hübsch hergerichtet sind. Wie ich das mache, zeige ich dir hier.

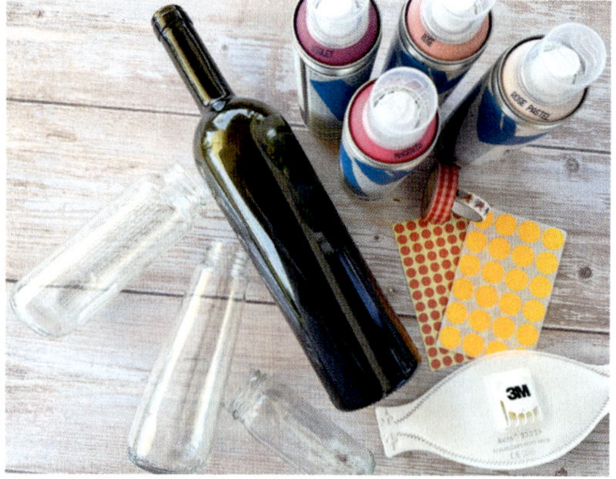


**MATERIAL**

Schneider Paint-it 030 Supreme DIY Spray
Schneider Paint-It 310 Acrylmarker (2 mm)
Verschiedene leere Glasflaschen
Washi-Tape in verschiedenen Breiten
Klebepunkte
Mundschutz
Lichterketten

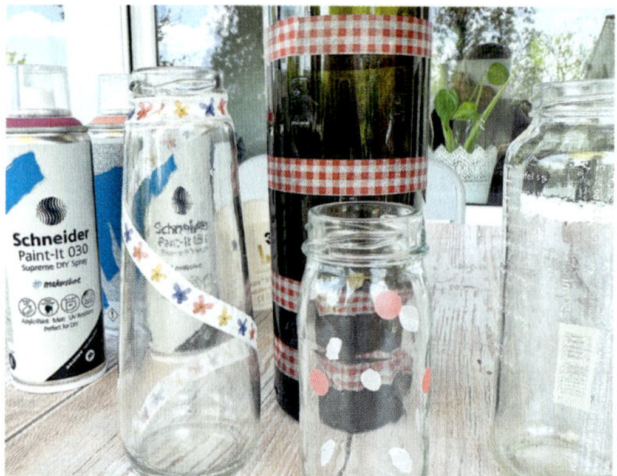


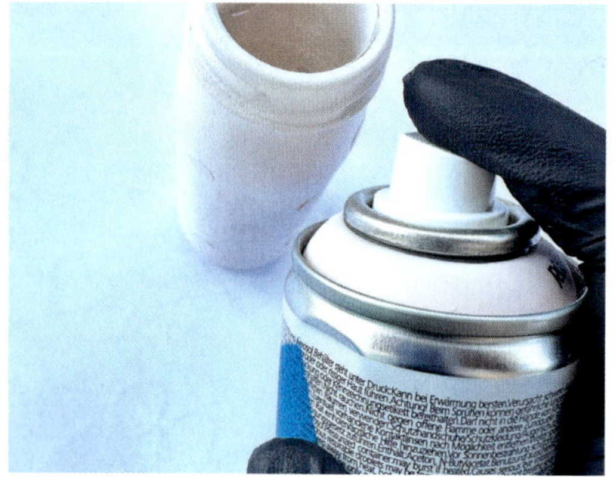

**SCHRITT 1 UND 2**

Zuerst klebe ich mit Washi-Tape bzw. den Klebepunkten die Flächen der sauberen Flaschen ab, die ich später nicht besprüht haben möchte. Anschließend bereite ich mir einen windgeschützten Platz draußen mit einer Unterlage vor, an dem ich dann die Flaschen in den Farben meiner Wahl besprühe. Dabei achte ich auf einen Abstand von ca. 10 cm und übe die Sprühbewegung in gleichmäßigen Zügen aus. Arbeite gegebenenfalls in mehreren Schichten und lass dazwischen immer alles gut trocknen.

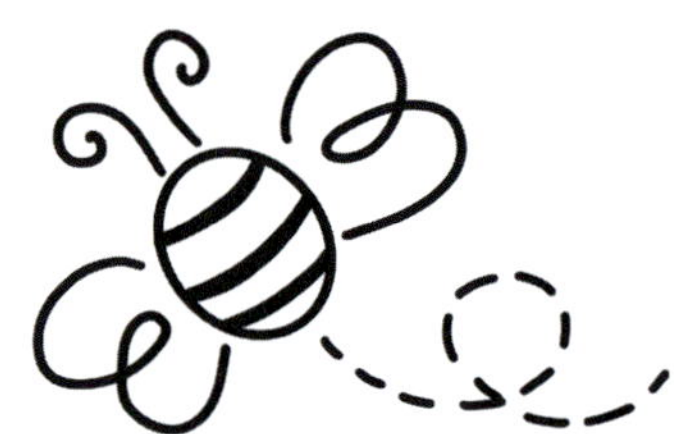

### SCHRITT 3 UND 4

Wenn dann alles gut getrocknet ist, entferne ich nun vorsichtig das Washi-Tape und die Klebepunkte. Anschließend setze ich mit den Acrylmarkern noch ein paar bunte Akzente auf die einzelnen Flaschen. In zwei der Flaschen fülle ich Lichterketten ein. Dafür verwende ich solche mit einer Steckvorrichtung in Weinkorkenform für Flaschen. Die zwei übrigen fülle ich mit frischen Blumen. Das sieht zusammen sehr hübsch aus.

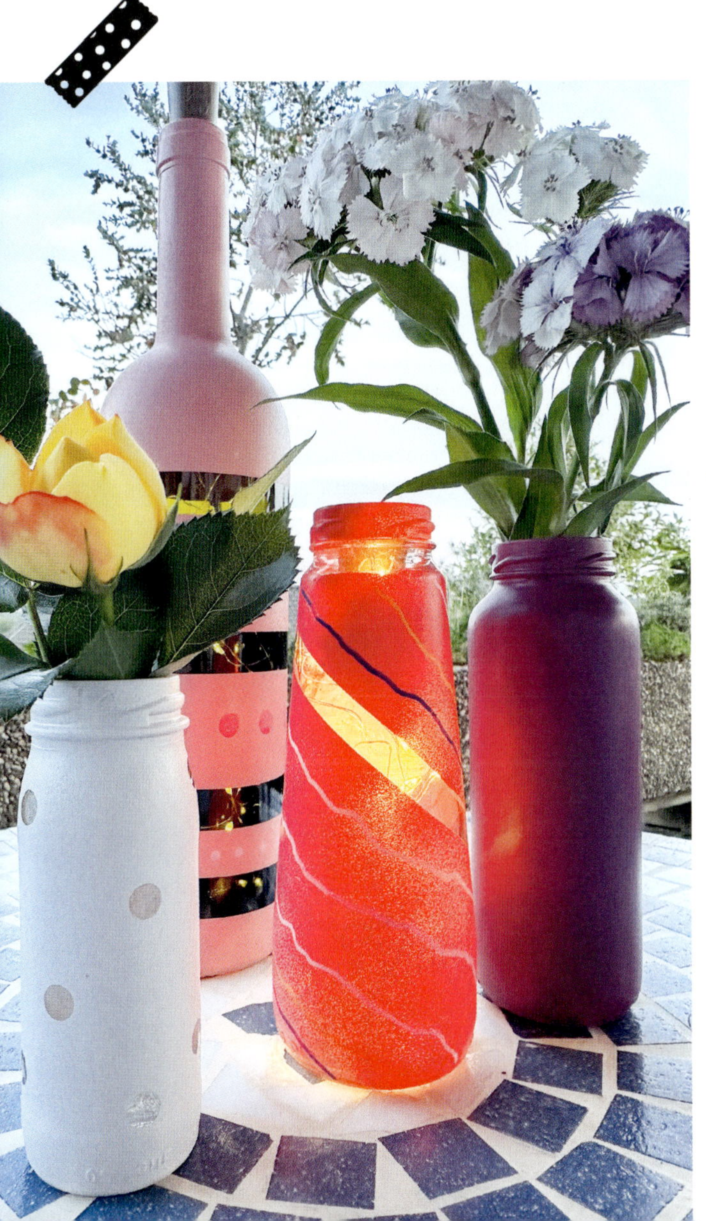

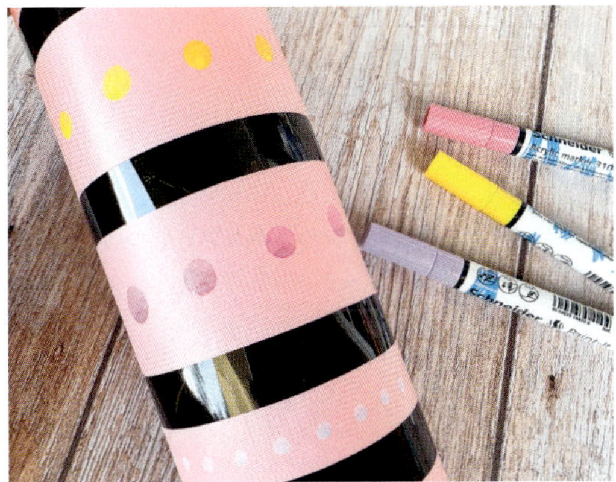

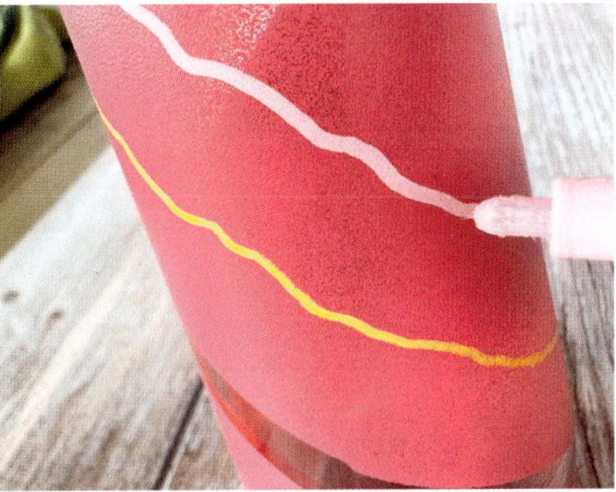

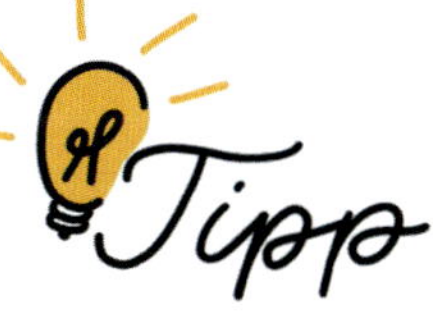


Ziehe beim Sprühen immer Handschuhe und eine Schutzmaske an. Vor dem Sprühen müssen die Dosen mindestens eine Minute lang in allen Richtungen gut geschüttelt werden. Wenn du eine Sprühdose das erste Mal benutzt, ist es besonders wichtig, die Düse erst „freizusprühen". Das heißt, dass du nach dem Schütteln erstmal mit ausgestrecktem Arm den Sprühkopf betätigst, bis der feine Nebel mit den bunten Pigmenten zum Vorschein kommt.

Wenn du zum Schluss noch mit einem Klarlack über deine Projekte sprühst, hast du sehr lange etwas von deinen schönen Kunstwerken.

# Gummistiefel

Als Kind habe ich die Geschichte von „Tante Olgas Windmühle“ sehr geliebt. In dieser bewirbt sich ein Kind mit einem alten Gummistiefel gefüllt mit Blumen bei einem Wettbewerb. Seitdem möchte ich so einen Stiefel gestalten. Ich nehme dich mit bei der Erfüllung dieses Wunsches.

**MATERIAL**

Schneider Paint-It 310 Acrylmarker (2 mm)
Alte Gummistiefel

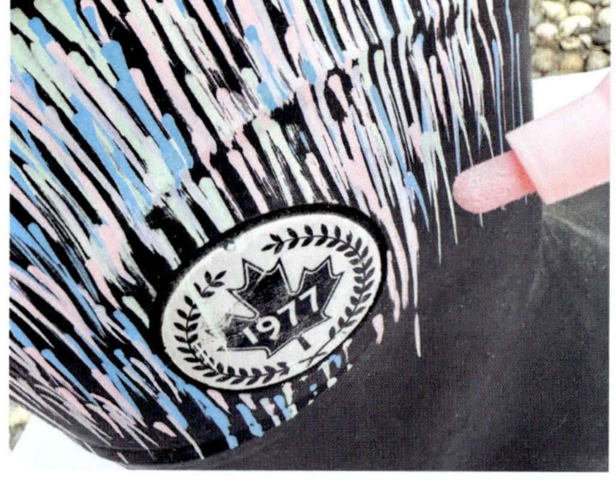


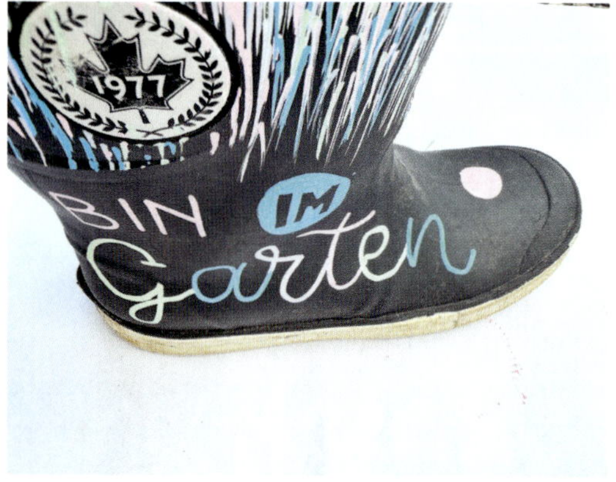


**SCHRITT 1 UND 2**

Die Stiefel möchte ich sehr bunt gestalten. Aus diesem Grund habe ich mir vier schöne Farben der Acrylmarker 2 mm herausgesucht. Mit diesen verziere ich dann im Wechsel den oberen Bereich des Stiefelschaftes mit kleinen, schnell gezogenen Strichen rundherum. Anschließend schreibe ich den Spruch „Bin im Garten“ auf den unteren, äußeren Bereich des Stiefels. Auch hier nutze ich alle vier Farben.

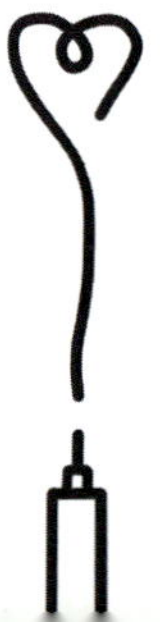

## SCHRITT 3 UND 4

Auf die Schuhspitze male ich noch eine große Blume. Zum Schluss sprühe ich den Stiefel, nachdem alles gut getrocknet ist, mit Klarlack ein. So ist er einsatzbereit für meinen Garten.

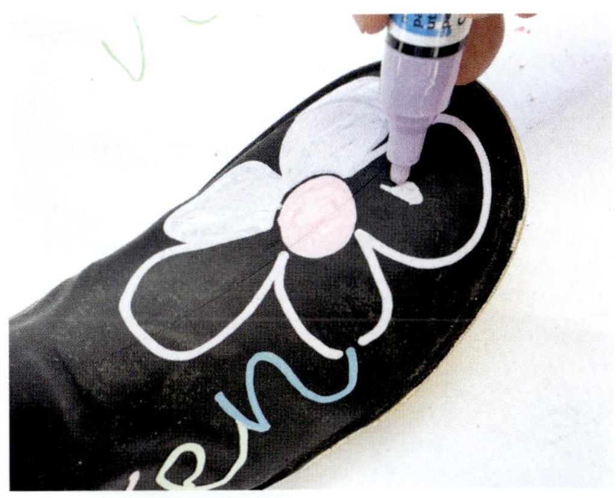

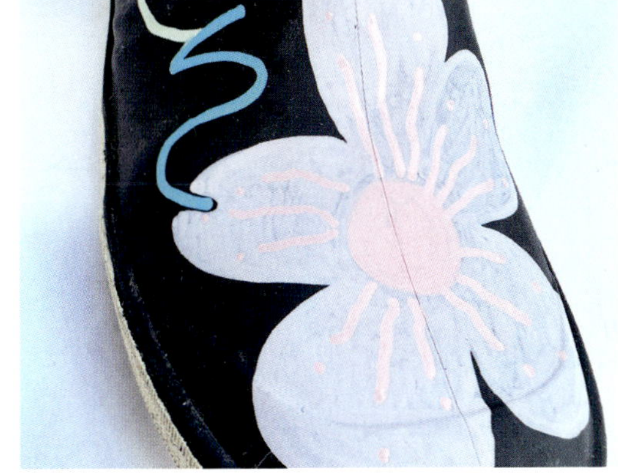

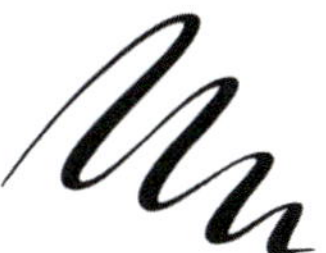

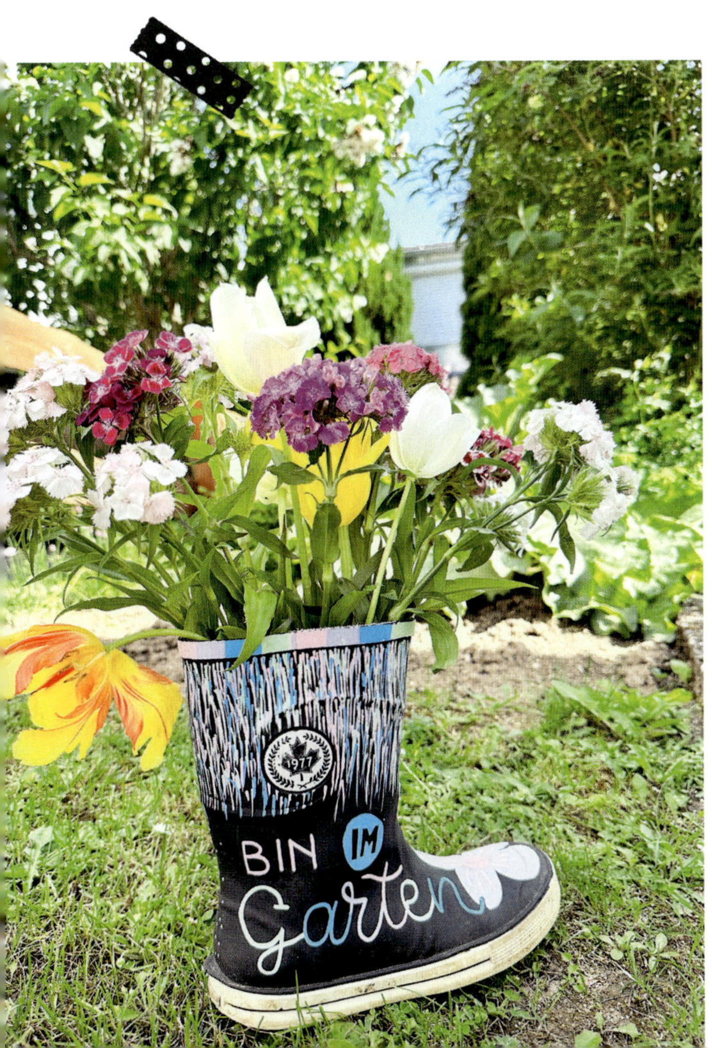


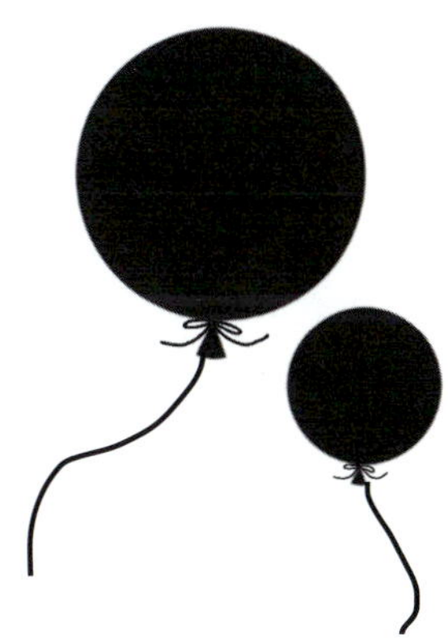

# Holzschild

Eine meiner Freundinnen ist mit einem Zimmermann verheiratet, der eine Holzwerkstatt hat, wo es wahre Schätze zu entdecken gibt. Dort bin ich auf dieses Holzbrett gestoßen, welches ich mitnehmen durfte, um es für sie zu gestalten.

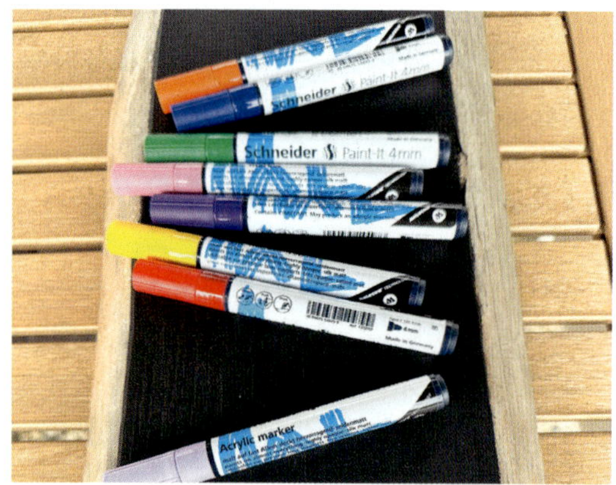


**MATERIAL**

Schneider Paint-It 310 Acrylmarker (2 mm)
Tafelfarbe in Schwarz
Holzbrett
Weißer Aquarellbuntstift

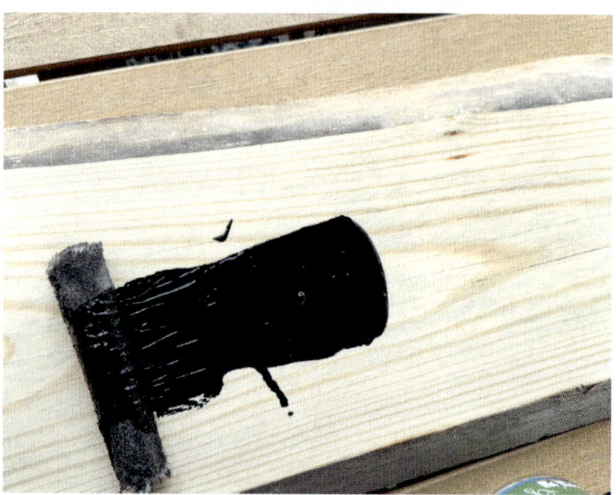

**SCHRITT 1 UND 2**

Für dieses Holzbrett habe ich mir eine Kombination von einer bunten Häuserfront mit dem Schriftzug „Home sweet Home" überlegt. Dafür streiche ich das Brett mit einem Rest Tafelfarbe aus einem anderen Projekt ein. Um die Deckkraft zu erhöhen, wiederhole ich diesen Schritt. Die Häuserfront gestalte ich sehr bunt mit den schönen Farben der Schneider Acrylmarker 2 mm. Der eine oder andere Baum darf natürlich auch nicht fehlen.
Die Vorlage kannst du dir über den Download-Code herunterladen und die Häuser dann in deinen Lieblingsfarben gestalten.

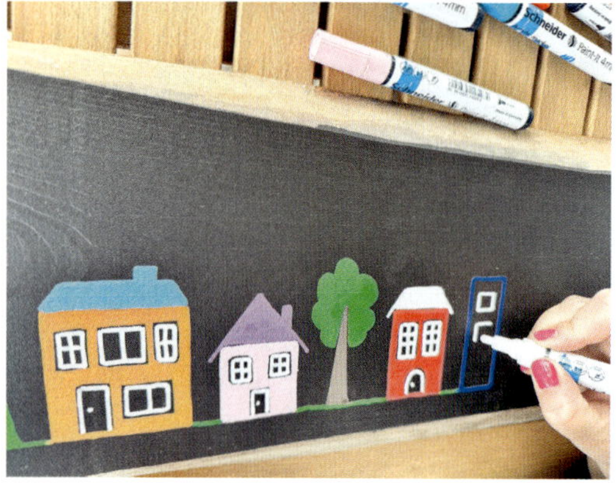

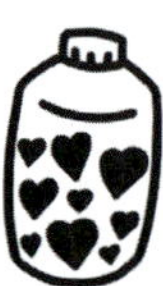

## SCHRITT 3, 4 UND 5

Wenn die Häuserfront gut getrocknet ist, folgt nun die Gestaltung des Schriftzuges „Home sweet Home“. Die einzelnen Alphabete daraus findest du im Kapitel „Grundlagen Handlettering & Schriften“. Dabei achte ich darauf, dass der Schriftzug über die ganze Länge des Brettes reicht. Wenn du dir da unsicher bist, verwende doch einen weißen Aquarellbuntstift zum Vorzeichnen. Das großartige an der Tafelfarbe ist ja, dass man sie feucht abwischen kann.

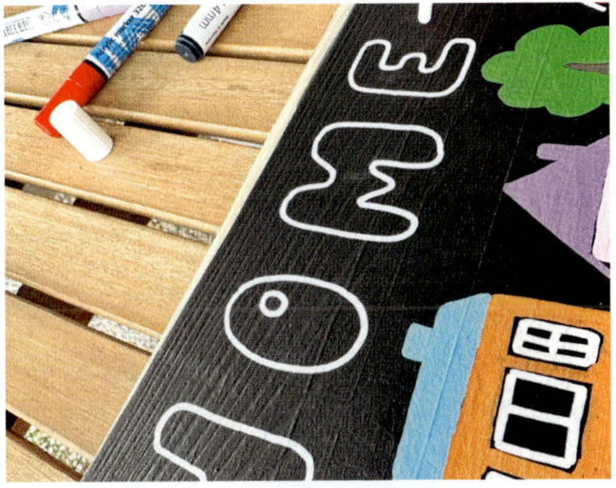

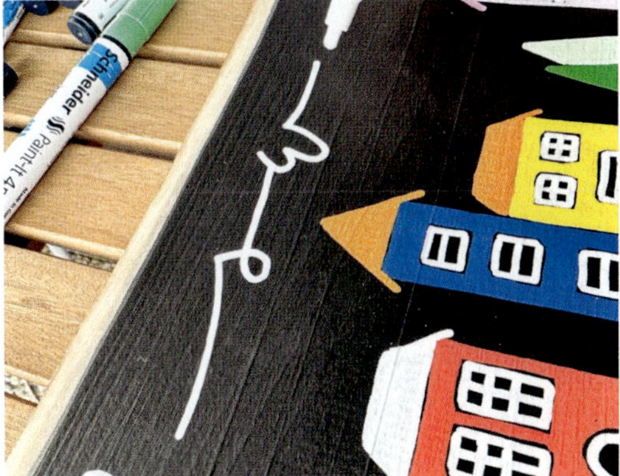

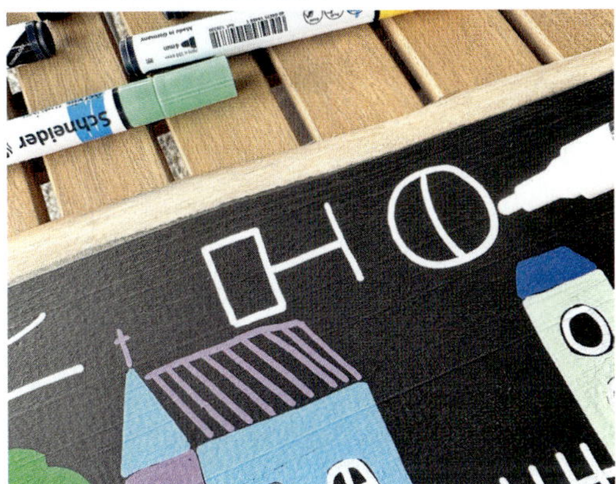

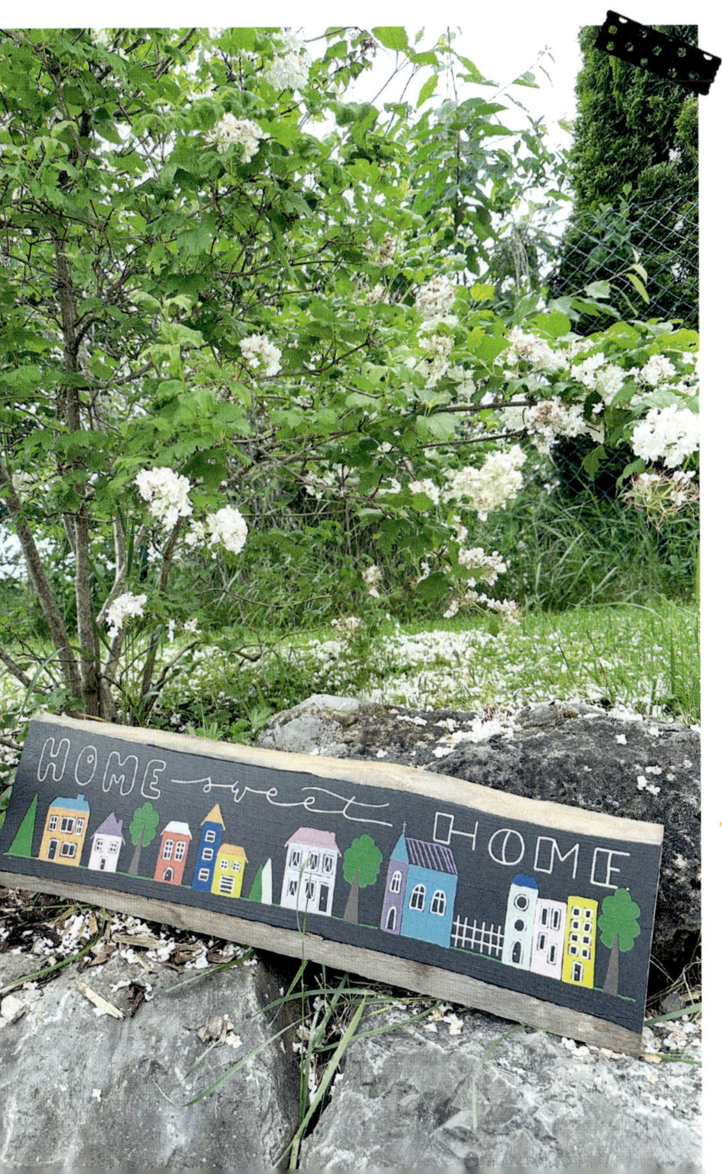


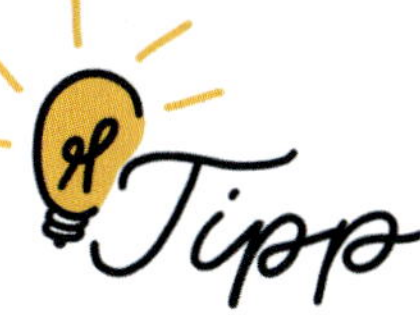


Die Haltbarkeit erhöhst du, indem du zum Schluss mit Klarlack die Fläche versiegelst.

# Tafelwand

Den Eingangsbereich unserer Wohnung wollte ich schon sehr lange neugestalten. Eine Wand komplett schwarz zu streichen, erfordert dabei etwas Mut, aber genau das war mein Ziel. Die Kombination von Tafelfarbe mit Kreidestiften gab dann den Ausschlag für die Zustimmung in der Familie für dieses Projekt, das ich dir hier zeigen möchte.

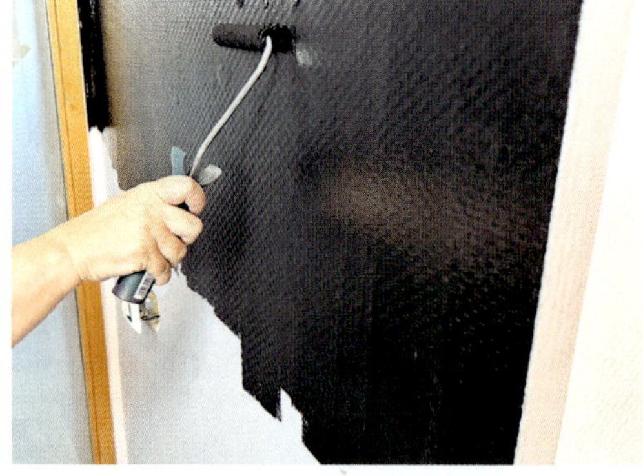

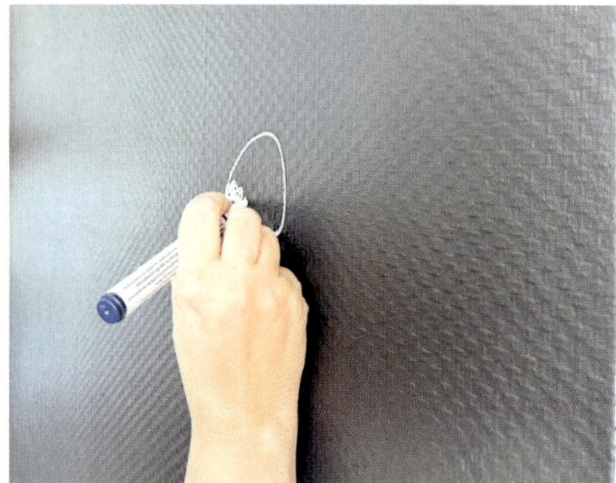

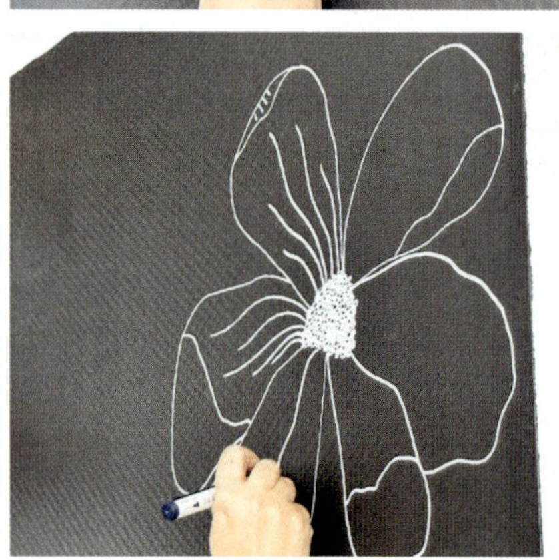

## MATERIAL

Schneider Maxx 260 Kreidemarker (15 mm) in Weiß
Schneider Maxx 265 Kreidemarker (2 mm) in Weiß
Tafelfarbe in Schwarz

## SCHRITT 1

Im Fachmarkt habe ich mir schwarze Tafelfarbe besorgt und damit die Wand zweimal eingestrichen, um die Deckkraft so zu erhöhen. Zwischendrin sollte das Ganze immer gut trocknen. Nachdem über Nacht alles gut getrocknet ist, male ich nun am nächsten Tag weiter.

## SCHRITT 2 UND 3

Mit dem weißen Kreidemarker von Schneider male ich zuerst eine weiße große Blume an die Wand, an der ich dann zwei weitere, kleinere Blüten ausrichte. Die Vorlage dazu findest du in der Online-Bibliothek, auf die du über den QR-Code im Buch kommst.

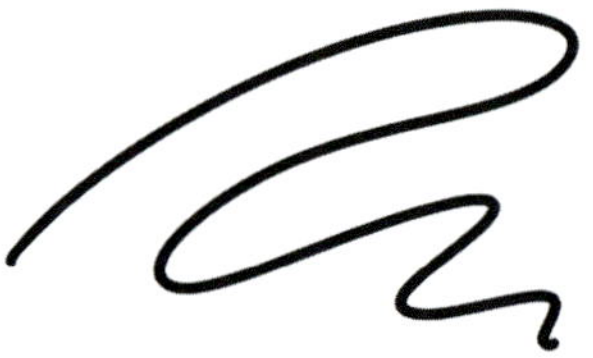

## SCHRITT 4, 5 UND 6

Im nächsten Schritt gestalte ich um die drei Blüten herum verschiedene Zweige und Blätter. Zum Ausmalen der größeren Flächen nutzen ich den dicken Kreidemarker. Dabei achte ich immer darauf, mit der Hand nicht auf die bemalten Flächen zu kommen. Wenn dieses Malheur doch einmal passiert, hilft ein feuchtes Tuch.

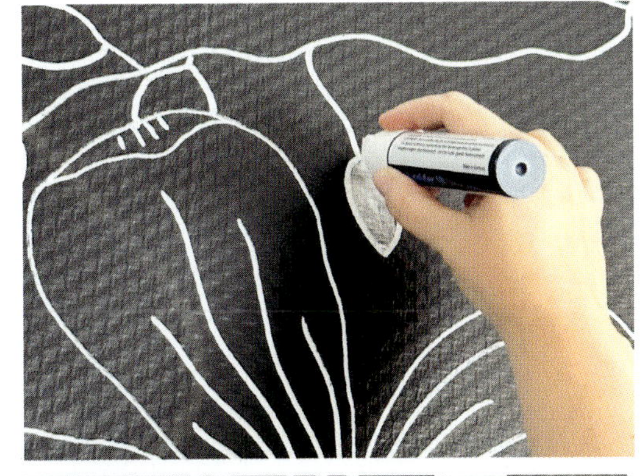

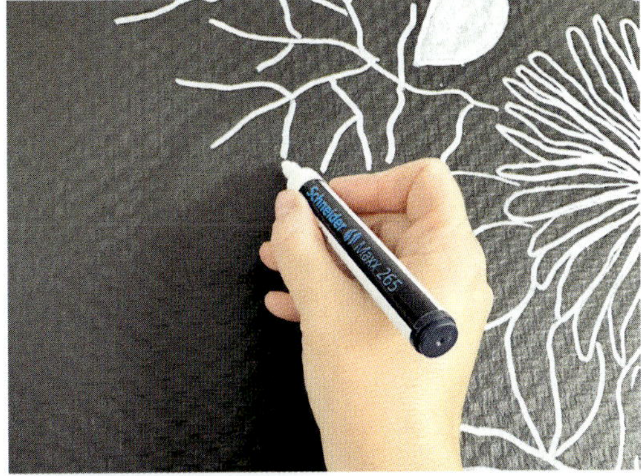


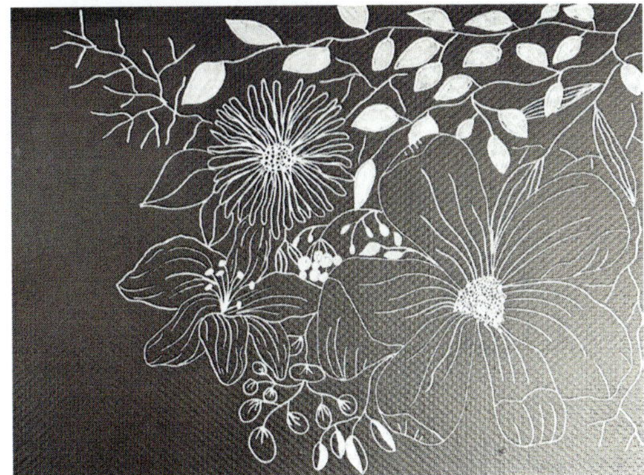

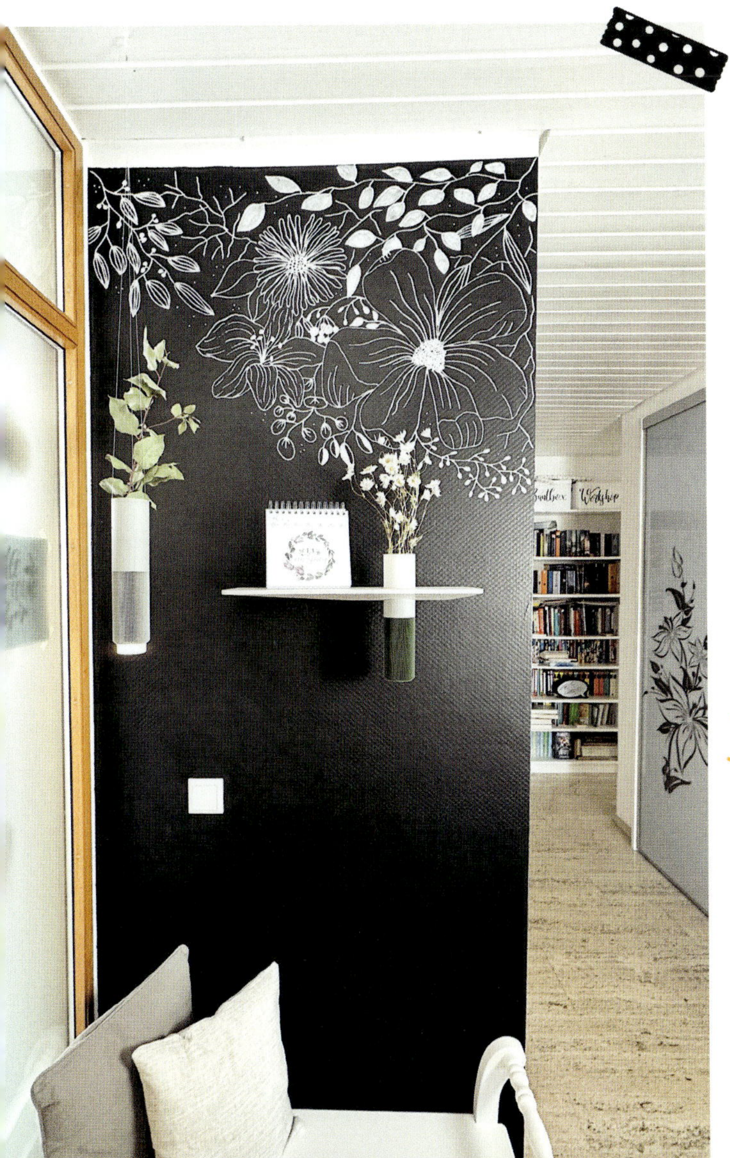

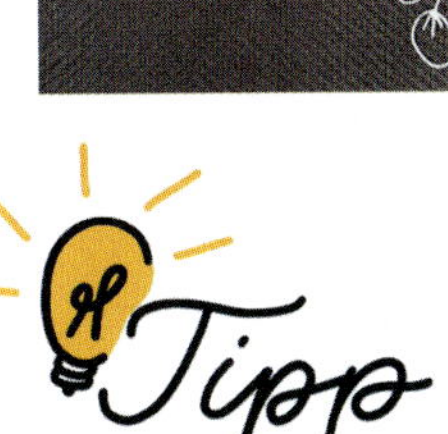


Bitte schüttele den Marker gut und pumpe ihn zwischendurch immer wieder auf, damit die Deckkraft mit der Zeit nicht nachlässt. Die Vorlagen kannst du dir auch in groß ausdrucken, dann fällt das Übertragen leichter.

# Beistelltisch

Meine Tochter hatte einen in die Jahre gekommenen Beistelltisch in ihrem Zimmer. Inzwischen war das alte Schätzchen bereits ziemlich abgenutzt, sodass der Tisch nicht mehr so schön aussah und nach einem Upcycling rief.

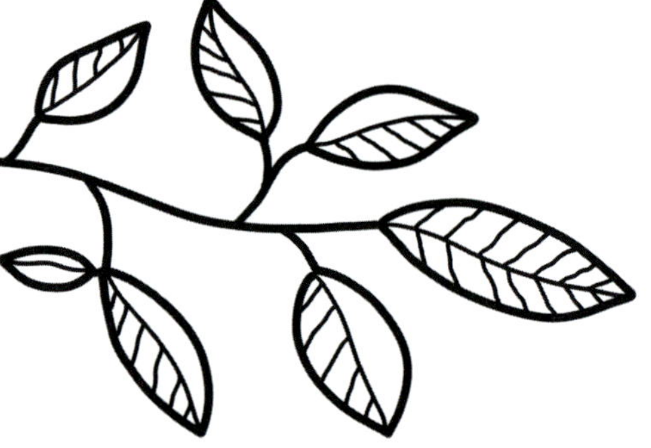

**MATERIAL**

Schneider Paint-it 030 Supreme DIY Spray
Schneider Paint-It 310 Acrylmarker (2 mm)
Kleiner Beistelltisch
Schablone (z. B. über Etsy bestellbar)
Schleifpapier

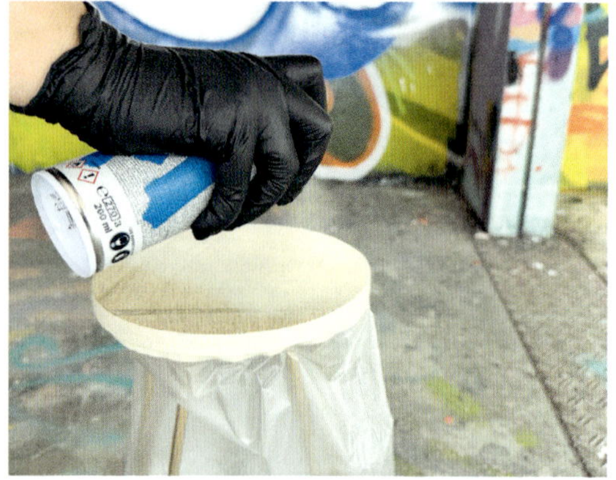

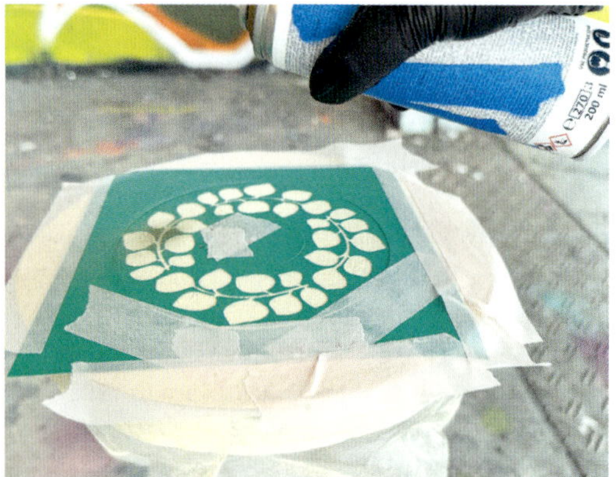

**SCHRITT 1 UND 2**

Bevor ich den Tisch aber verschönern kann, muss ich erstmal alle Klebereste und den Schutzlack mit Schleifpapier entfernen. Nachdem ich alle Flächen, die später nicht besprüht werden sollen, abgedeckt habe, sprühe ich die erste Schicht Acryllack auf meinen Tisch. Dabei gehe ich in ca. 10 cm Abstand immer in gleichmäßigen Bewegungen über die Platte. Anschließend lasse ich alles gut trocknen. Wenn das dann geschehen ist, klebe ich die Schablone eines Blätterkranzes auf die Tischplatte und sprühe diese nun mit einer zweiten Farbe ein. Ich habe mich für einen schönen Goldton entschieden, weil der gut zu den Tischbeinen passt. Dies lasse ich auch gut trocknen. Dann ziehe ich die Schablone vorsichtig ab.

## SCHRITT 3 UND 4

Mit dem schwarzen Acrylmarker 2 mm ziehe ich nun die Outlines um den Blätterkranz. Ein paar schwarze Punkte setze ich noch hinzu. Fertig ist das Tischchen. Dass der Lack an der Schablone etwas vorbeigelaufen ist, stört mich nicht. Dies liegt an dem groben Holz in Kombination mit der Plastikschablone, die nicht zu hundert Prozent anliegt. Ich mag es, wenn der DIY-Charakter so noch mehr verstärkt wird. Zum Abschluss sprühe ich alles mit Klarlack ein, um die Haltbarkeit zu erhöhen.

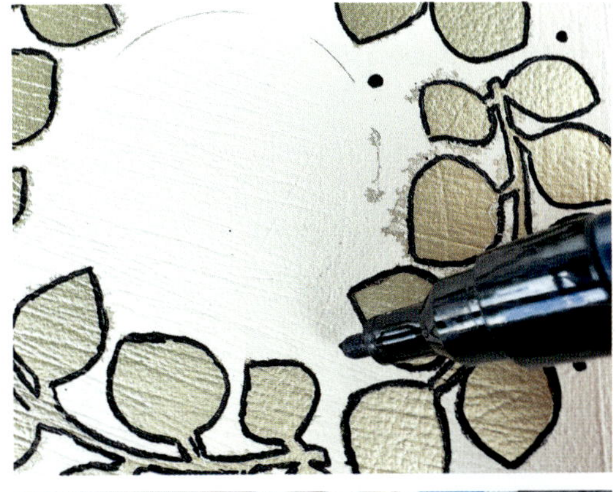

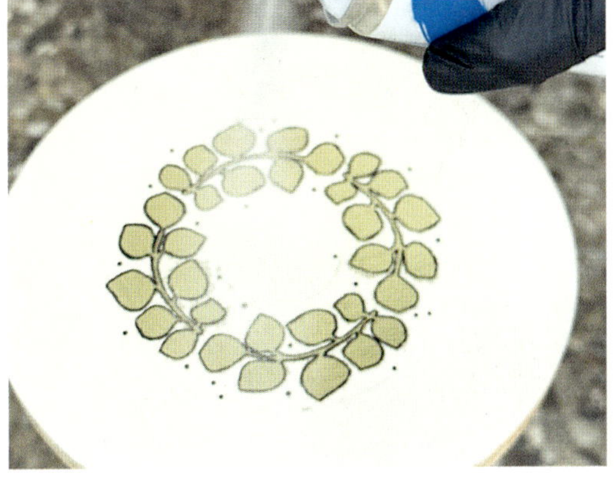

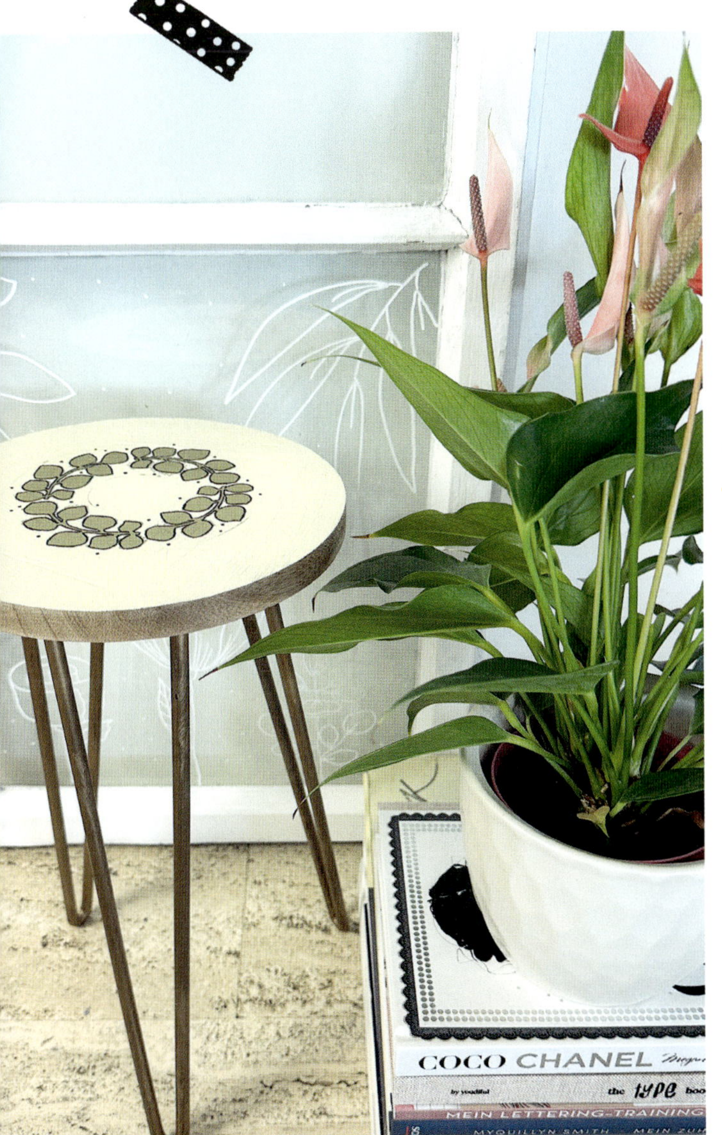


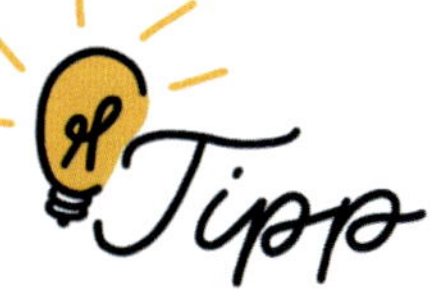


Ziehe beim Sprühen immer Handschuhe und eine Schutzmaske an.

Vor dem Sprühen müssen die Dosen mindestens eine Minute lang in allen Richtungen gut geschüttelt werden. Wenn du eine Sprühdose das erste Mal benutzt, ist es besonders wichtig, die Düse erst „freizusprühen". Das heißt, dass du nach dem Schütteln erstmal mit ausgestrecktem Arm den Sprühkopf betätigst, bis der feine Nebel mit den bunten Pigmenten zum Vorschein kommt.

# Spieltisch

Ich wünschte, die Idee nach einem Spieltisch wäre mir schon gekommen, als unsere Kinder noch klein waren. Denn mit solchen Steinen wurde in unserem Haus jeden Tag gespielt. So profitieren nun vielleicht deine Kinder und die deiner Freundin davon.

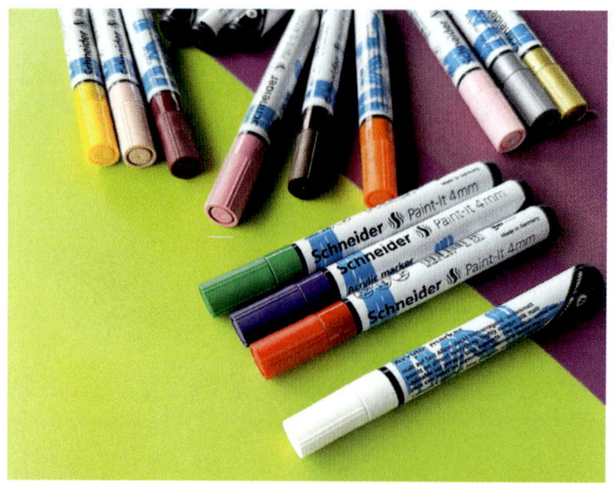


**MATERIAL**

Schneider Paint-it 030 Supreme DIY Spray
Schneider Paint-It 310 Acrylmarker (2 mm)
Kleiner quadratischer Tisch
Malerkrepp
Schleifmaschine
Spielplatte
Kreislineal
Bleistift

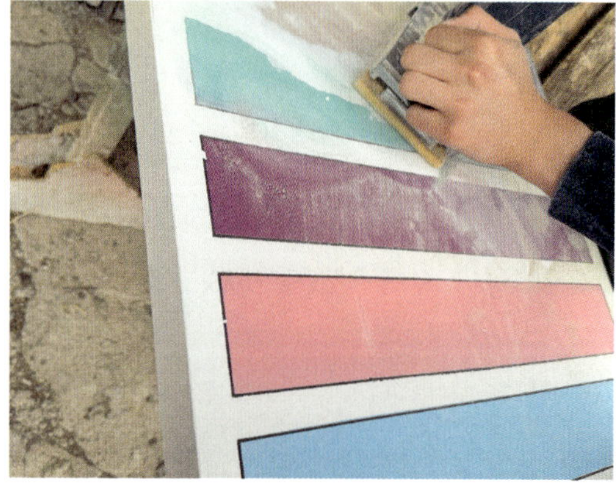

**SCHRITT 1 UND 2**

Bevor ich mit dem Sprühen beginnen kann, schleife ich die Tischplatte komplett ab. Nachdem die Platte von Staub befreit ist, sprühe ich einen Primer von Schneider auf, damit die Lackschicht später besser darauf hält.

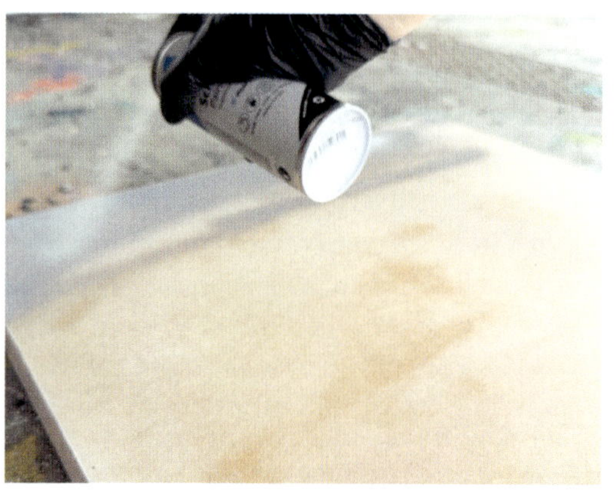

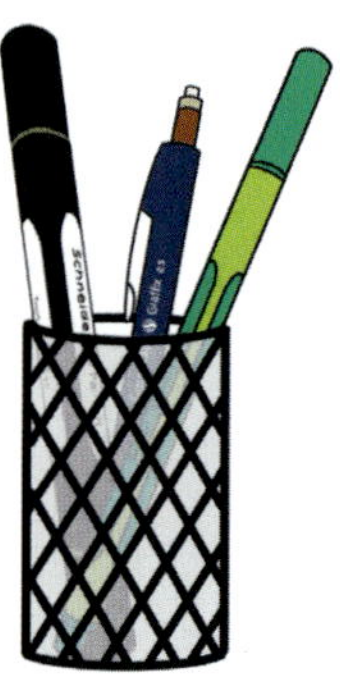

## SCHRITT 3, 4 UND 5

Wenn der Primer getrocknet ist, klebe ich Malerkrepp diagonal in die Mitte des Tisches. Anschließend sprühe ich die erste der zwei Farben auf die eine Hälfte des entstandenen Dreiecks. Wenn dieser Lack getrocknet ist, klebe ich das Malerkrepp nochmal neu auf, diesmal an der neu entstandenen Kante der ersten Farbe. Nun sprühe ich die zweite Farbe auf. Den leichten Sprühnebel, der sich auf der anderen Seite absetzt, belasse ich so. Wenn das Malerkrepp entfernt ist, entsteht so eine schöne Verbindung der zwei Farbtöne.

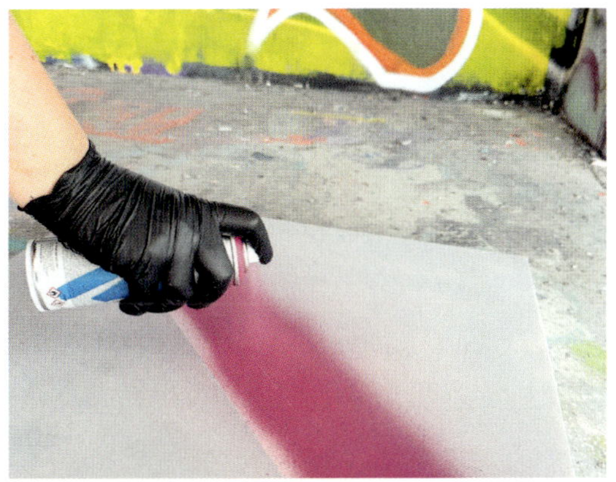

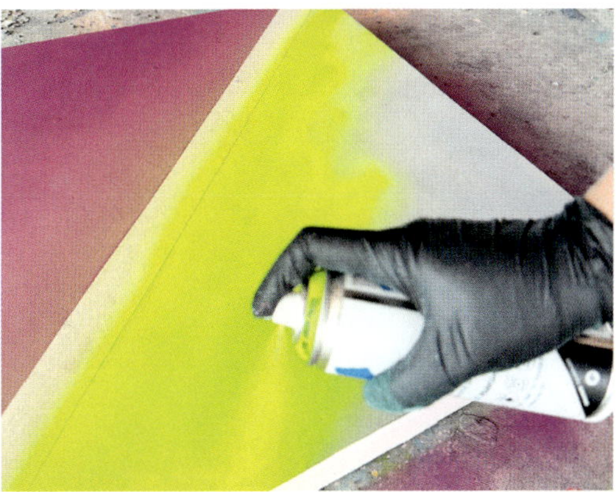

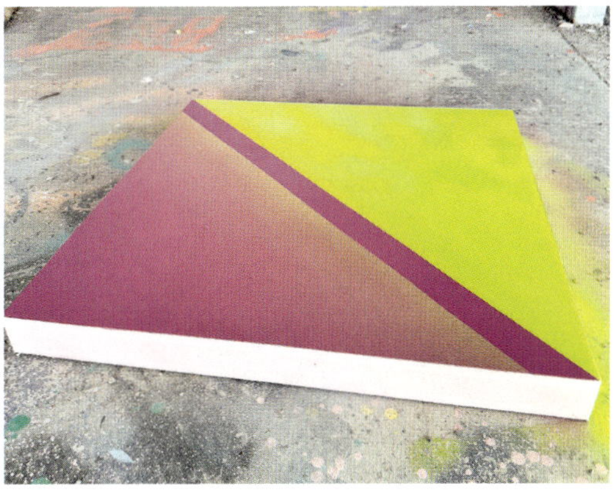

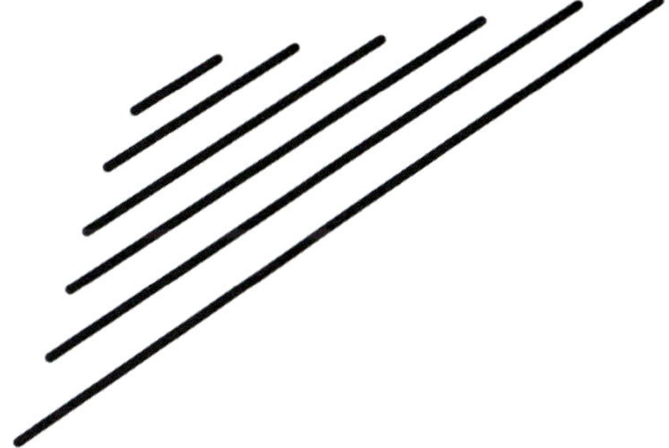

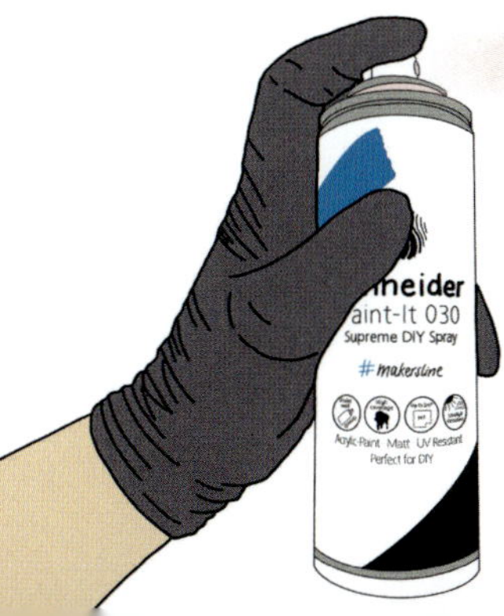

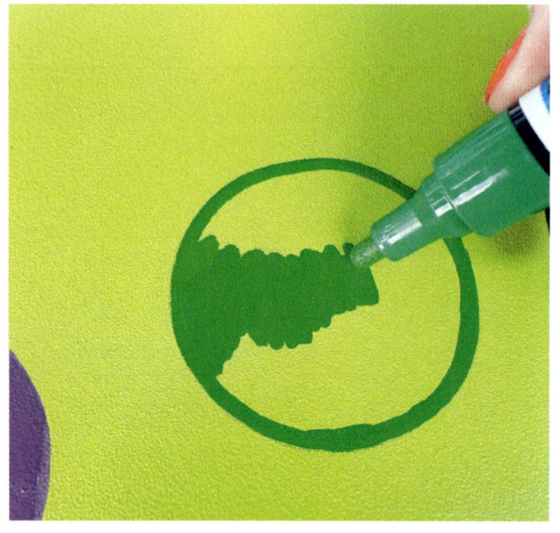

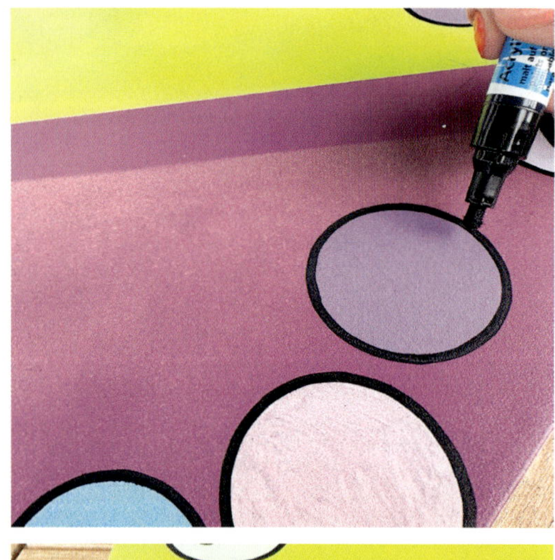

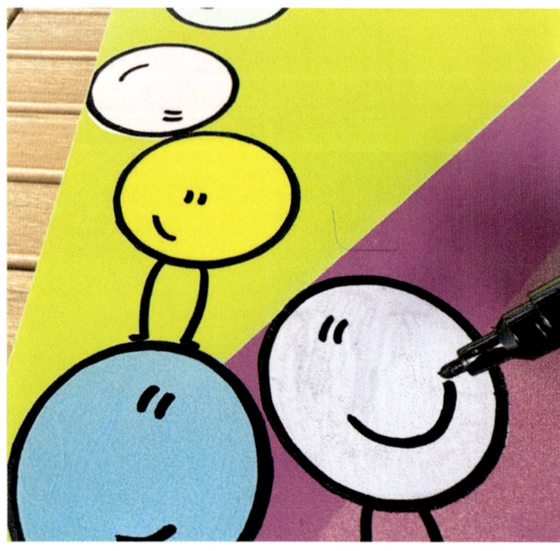

## SCHRITT 6, 7 UND 8

Nun geht es um das kindgerechte Verschönern der Tischplatte. Ich möchte am Ende eine Spielplatte auf den Tisch kleben. Dafür setze ich mir mit dem Bleistift Markierungen an die entsprechenden Ecken. Nun sehe ich den Platz, den ich gestalten kann. Mit Hilfe eines Kreislineals zeichne ich mir mit dem Bleistift große Kreise um die Tischplatte herum. Dabei berühren sich manche Kreise, manche nicht. Anschließend male ich die Kreise mit den unterschiedlichsten Farben der Acrylmarker bunt aus. Im nächsten Schritt umrande ich alle Kreise mit dem schwarzen Marker in 2 mm. Nun bekommt jede Kugel ein Gesicht und Beine. Dabei soll der Spaß im Vordergrund stehen, deswegen gibt es keine traurigen Gesichter. Wenn ich damit fertig bin, sprühe ich noch einmal Klarlack über die Tischplatte.

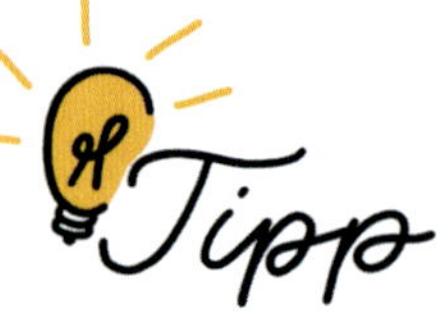


Ziehe beim Sprühen immer Handschuhe und eine Schutzmaske an.

Vor dem Sprühen müssen die Dosen mindestens eine Minute lang in allen Richtungen gut geschüttelt werden. Wenn du eine Sprühdose das erste Mal benutzt, ist es besonders wichtig, die Düse erst „freizusprühen". Das heißt, dass du nach dem Schütteln erstmal mit ausgestrecktem Arm den Sprühkopf betätigst, bis der feine Nebel mit den bunten Pigmenten zum Vorschein kommt.

Zum Sprühen von großen Objekten gehe ich gerne in für Sprayer eingerichtete Sprayzonen der Stadt. Dort stört man meist niemanden und man hat ausreichend Platz. Wichtig dabei ist nur, dass keine vorhandenen Kunstwerke übersprüht werden. Frage im Zweifel lieber bei der Stadt nach einem Ansprechpartner.

## SCHRITT 9 UND 10

Wenn dann alles gut getrocknet ist, klebe ich zum Abschluss nun die Spielplatte in den markierten Bereich. Dafür verwende ich doppelseitiges Klebeband.

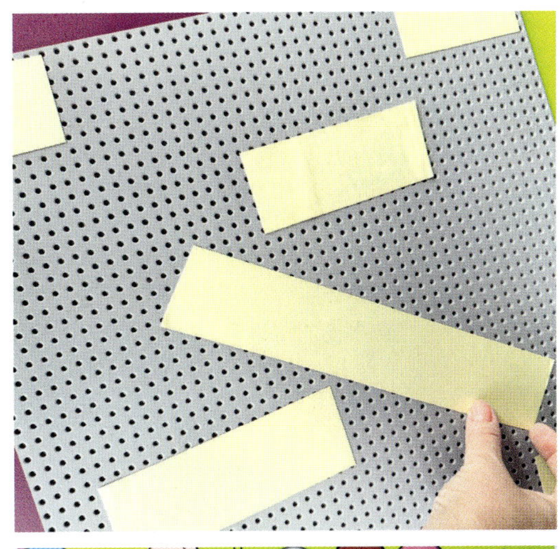

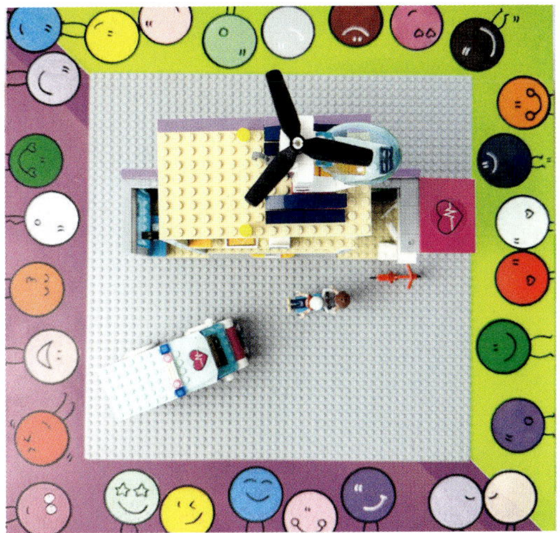

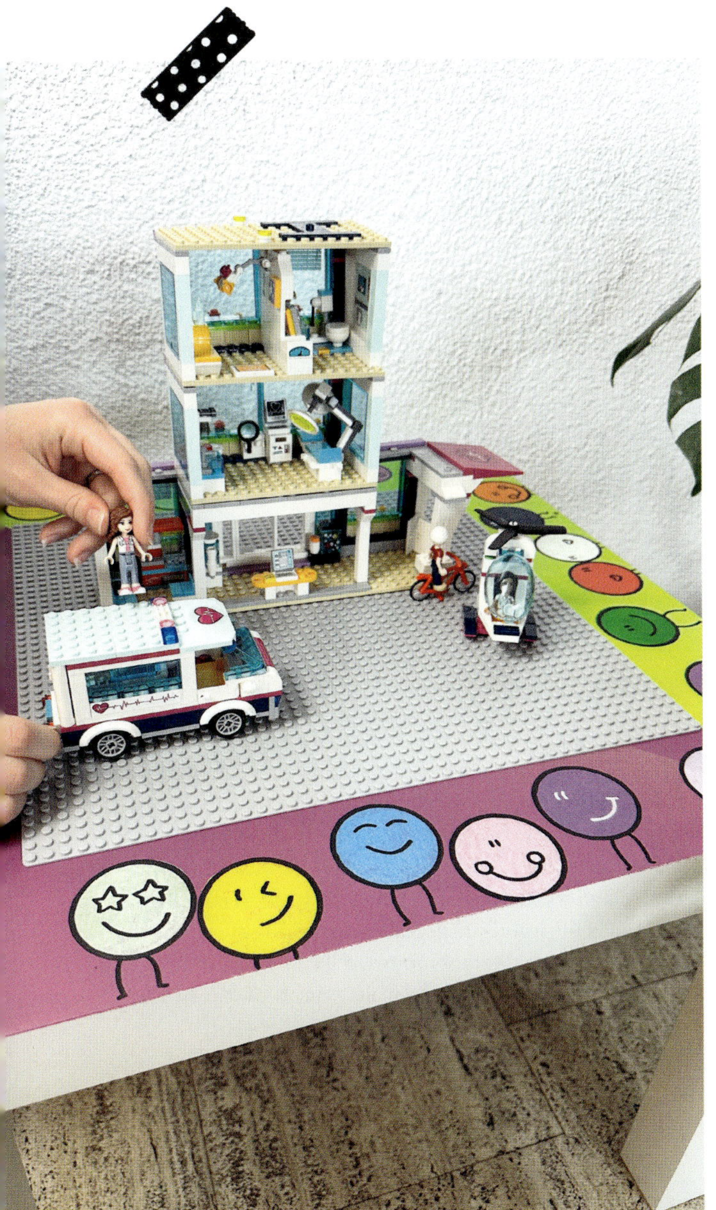

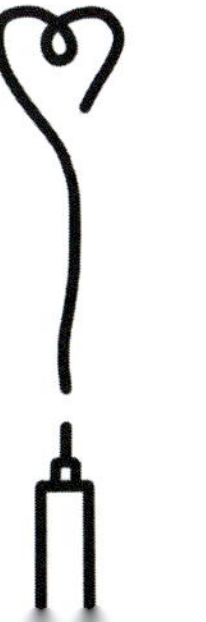

# Stuhl

Mein Holzstuhl, den ich als Kleiderablage im Schlafzimmer verwende, wurde mit der Zeit immer unansehnlicher, sodass es hier Zeit für ein Upcycling wurde. Mein Mann liebt die Farbe Blau, also war die Farbgebung auch schnell geklärt. Wie ich diesen Stuhl gestaltet habe, zeige ich dir hier.

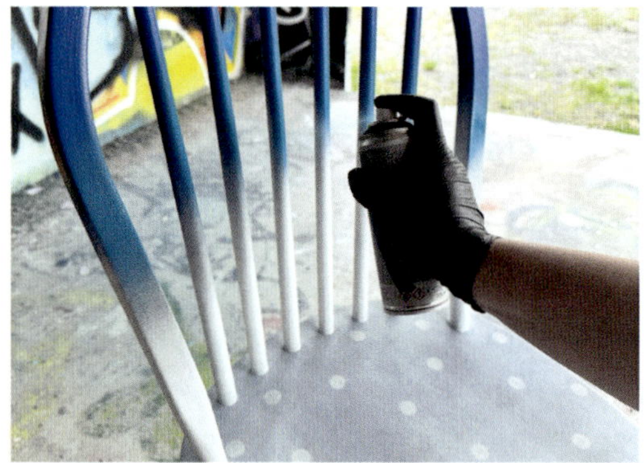

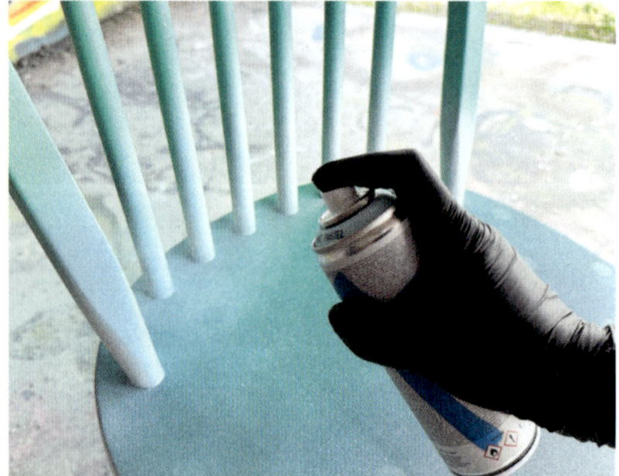

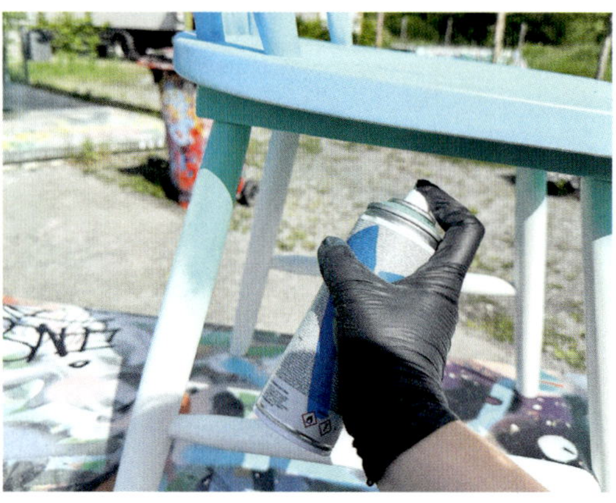

**MATERIAL**

Schneider Paint-it 030 Supreme DIY Spray in vier Blautönen
Schneider Paint-It 310 Acrylmarker (2 mm) in drei Blautonen
Holzstuhl

**SCHRITT 1, 2 UND 3**

Ich möchte die Stuhllehne mit einem Blending-Effekt (schöner Farbübergang) mit vier Blautönen gestalten, wobei der vierte Blauton auch über die Sitzfläche gezogen wird. So starte ich nun mit dem dunkelsten Blau und sprühe im gleichen Abstand in gleichmäßigen Bewegungen über den oberen Bereich der Lehne. Anschließend sprühe ich den nächsthelleren Blauton in der gleichen Weise auf. Dabei übersprühe ich die obere Schicht ein klein wenig. So entsteht ein schöner Blending-Effekt. Das Ganze wiederhole ich mit den zwei nachfolgenden Farben. Die hellste Farbe ziehe ich über die Lehne hinaus auf die Sitzfläche. Ich achte dabei immer darauf, dass keine hellen Stellen übrigbleiben. Zum Schluss sprühe ich noch die Beine im zweithellsten Blauton an.

**SCHRITT 4, 5 UND 6**

Wenn alles gut getrocknet ist, male ich mit einem Bleistift das Muster auf die Sitzfläche. Anschließend male ich die Felder entsprechend aus. Dafür beginne ich mit den kleinsten Rechtecken, anschließend die mittleren und zum Schluss die großen Flächen rundherum. Dabei achte ich darauf, dass alle Formen gut getrocknet sind, bevor ich die nächste ausmale. Nun male ich noch Outlines um jede Form. Danach fehlt nur noch der Klarlack als Schutz und der Stuhl ist fertig.

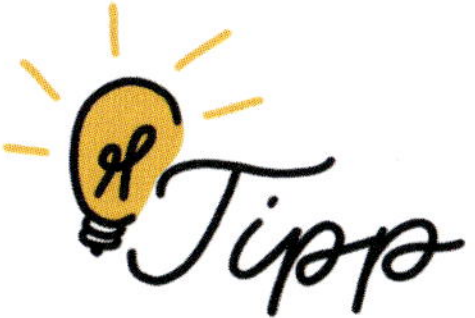


Ziehe beim Sprühen immer Handschuhe und eine Schutzmaske an.

Vor dem Sprühen müssen die Dosen mindestens eine Minute lang in allen Richtungen gut geschüttelt werden. Wenn du eine Sprühdose das erste Mal benutzt, ist es besonders wichtig, die Düse erst „freizusprühen". Das heißt, dass du nach dem Schütteln erstmal mit ausgestrecktem Arm den Sprühkopf betätigst, bis der feine Nebel mit den bunten Pigmenten zum Vorschein kommt.

Zum Sprühen von großen Objekten gehe ich gerne in für Sprayer eingerichtete Sprayzonen der Stadt. Dort stört man meist niemanden und man hat ausreichend Platz. Wichtig dabei ist nur, dass keine vorhandenen Kunstwerke übersprüht werden. Im Zweifel frage lieber bei der Stadt nach einem Ansprechpartner.

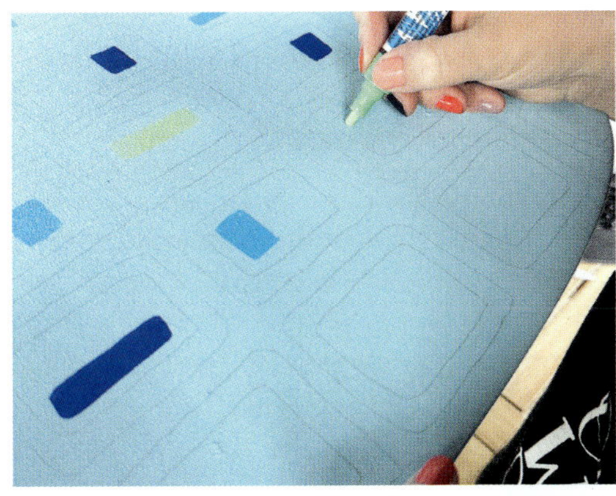

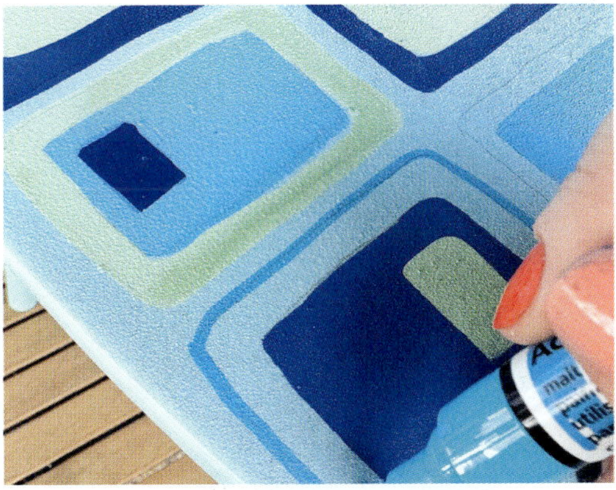

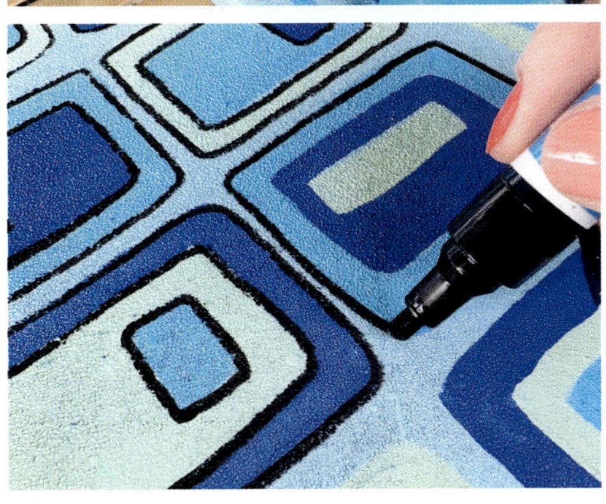

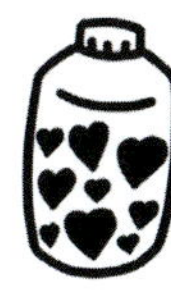

# Einrad

Das letzte Projekt dieses Buches ist eines meiner Lieblingsprojekte. Ein Rad selbst zu gestalten, ist schon eine tolle Sache. Ich möchte dir zeigen, wie ich ein Einrad verschönere. Du kannst das natürlich auch auf ein Fahrrad anwenden.

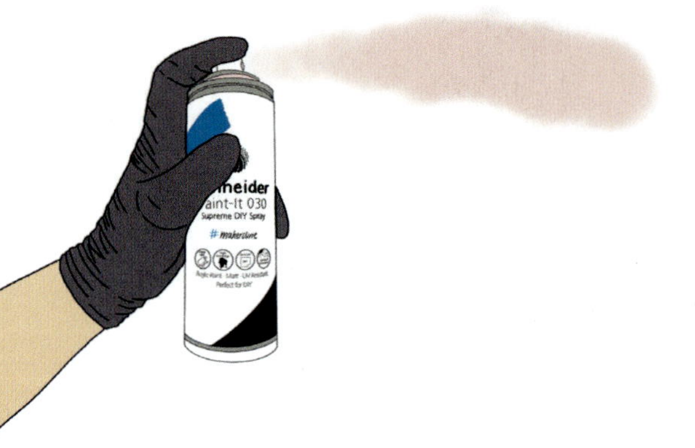

## MATERIAL

Schneider Paint-it 030 Supreme DIY Spray in Schwarz
Schneider Paint-It 061 Chrommarker (2 mm)
Einrad
Malerkrepp
Schleifpapier

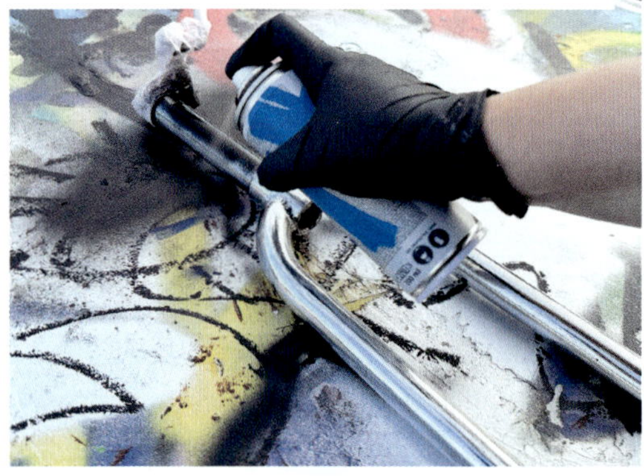

## SCHRITT 1 UND 2

Zuerst baue ich alle Teile des Einrades ab, die ich nicht zum Gestalten brauche. Übrig bleibt nur die Gabel. Diese schleife ich mit etwas Schleifpapier an. Danach schütze ich alle Flächen, die nicht besprüht werden sollen, indem ich Malerkrepp aufklebe. Im nächsten Schritt sprühe ich dann den schwarzen Lack in gleichmäßigen Bewegungen auf die Gabel. Das Ganze lasse ich kurz trocknen. Danach ist die Rückseite dran. Anschließend überprüfe ich, ob noch Stellen des alten Chroms hindurch scheinen und besprühe diese.

## SCHRITT 3 UND 4

Wenn dann alles gut getrocknet ist, geht es mit dem Chrome Marker weiter. Bei diesem Marker liebe ich besonders den Spiegeleffekt, der so gut zum Rad und den restlichen Elementen in Chrom passt. Ich möchte eine Blätterranke malen. Der Schwierigkeitsgrad ist sehr hoch, denn durch die Form der Gabel ist es nicht so leicht, gleichmäßig zu arbeiten. Ich ziehe Handschuhe an, damit ich nicht aus Versehen Fingerabdrücke auf den Blättern hinterlasse. Außerdem positioniere ich die Gabel so auf meinem Schoss, dass ich überall gut rankomme. Da ich keine gute Ablagefläche für meine Malhand habe, stütze ich den Arm auf die Lehne des Stuhls ab, auf dem ich sitze. Das stabilisiert meinen Arm und hilft mir, nicht zu verrutschen.

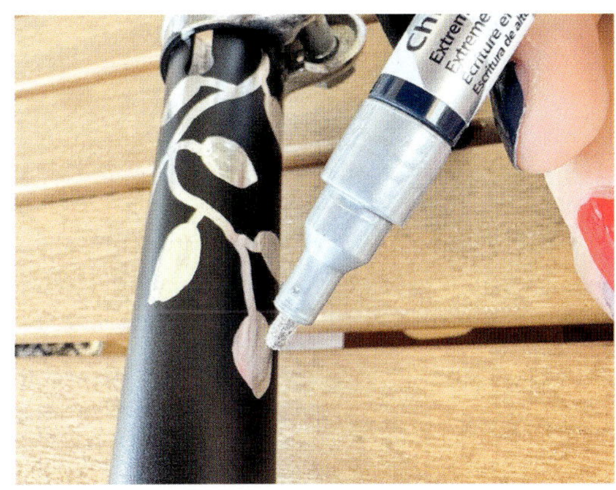

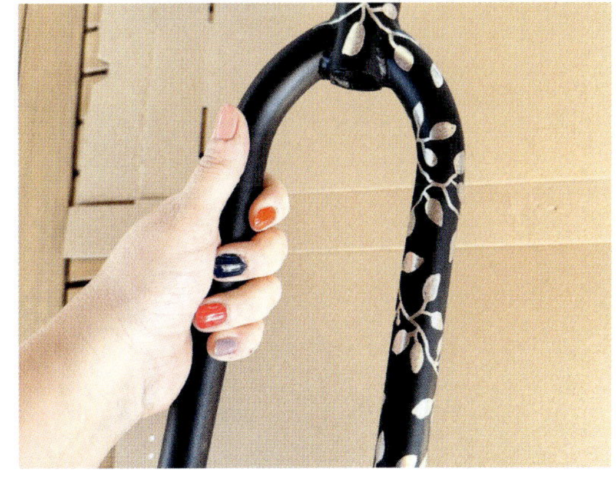

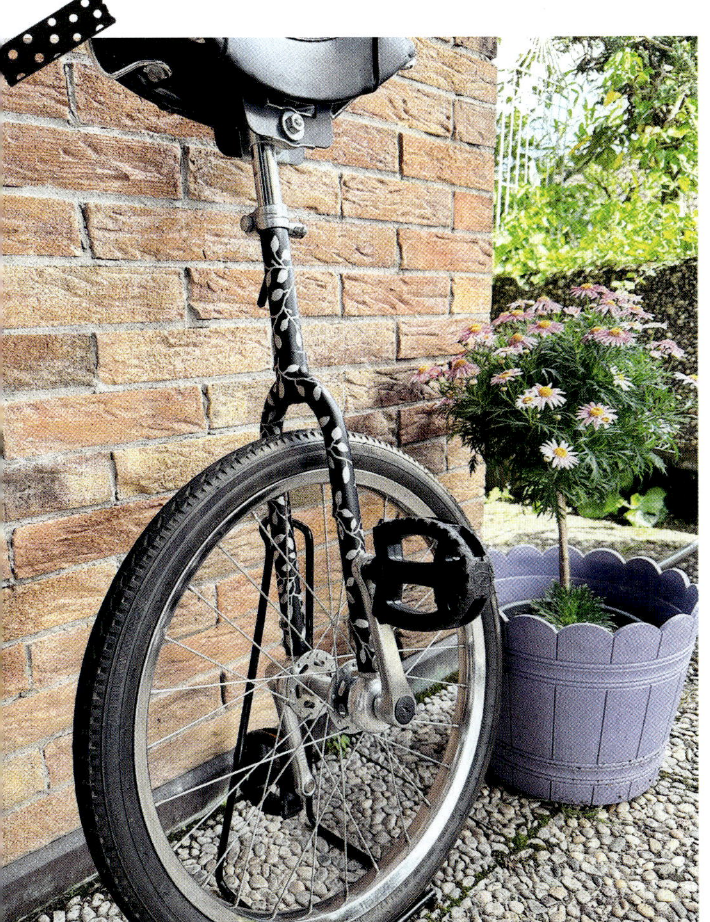

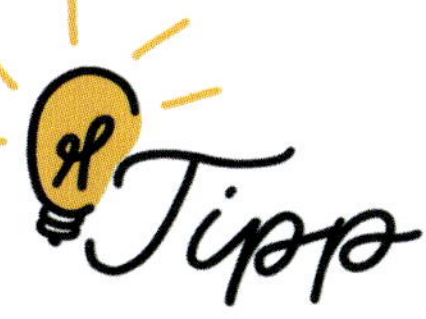

### Tipp

Ziehe beim Sprühen immer Handschuhe und eine Schutzmaske an.

Vor dem Sprühen müssen die Dosen mindestens eine Minute lang in allen Richtungen gut geschüttelt werden. Wenn du eine Sprühdose das erste Mal benutzt, ist es besonders wichtig, die Düse erst „freizusprühen“. Das heißt, dass du nach dem Schütteln erstmal mit ausgestrecktem Arm den Sprühkopf betätigst, bis der feine Nebel mit den bunten Pigmenten zum Vorschein kommt.

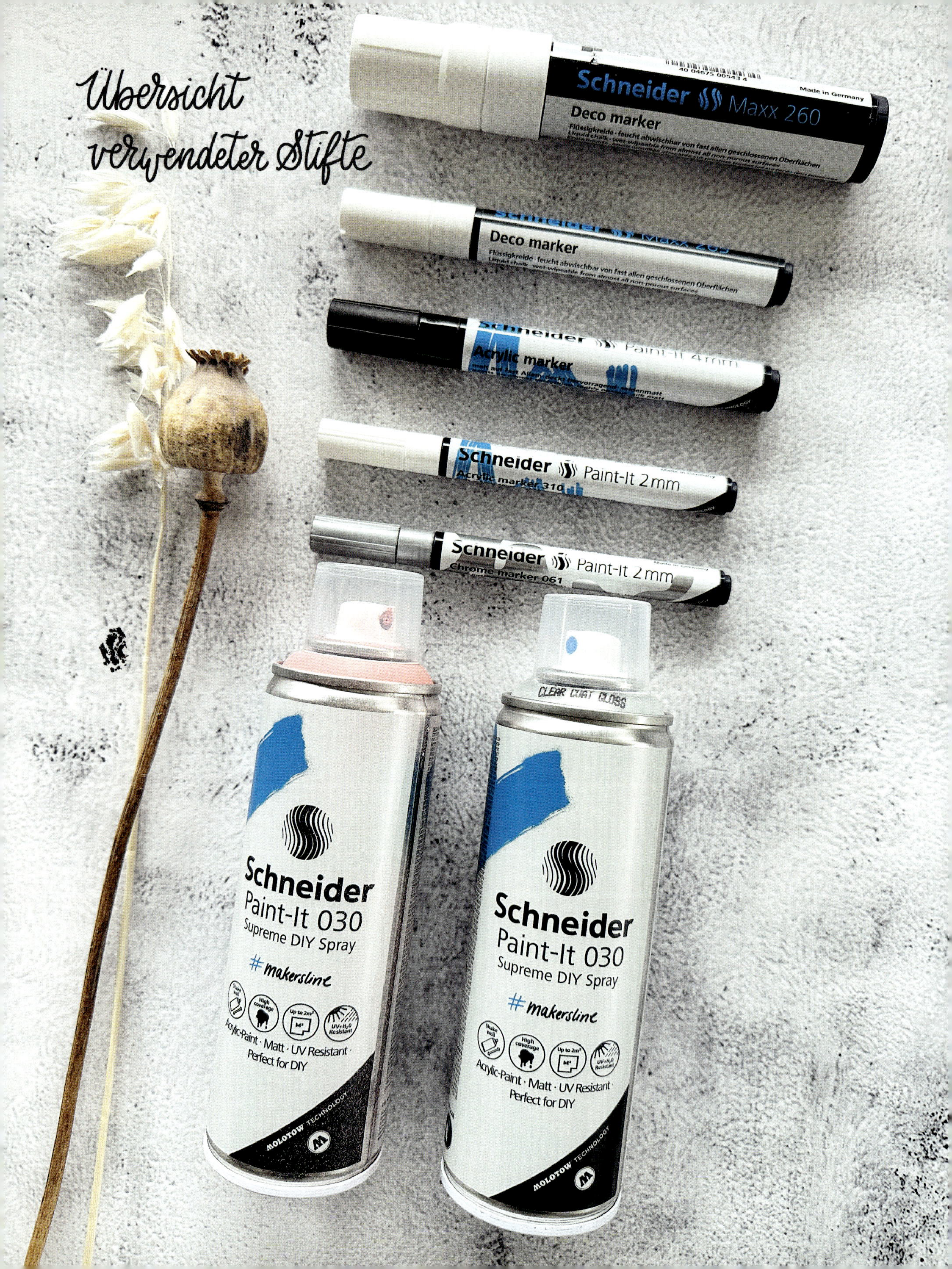

Übersicht verwendeter Stifte

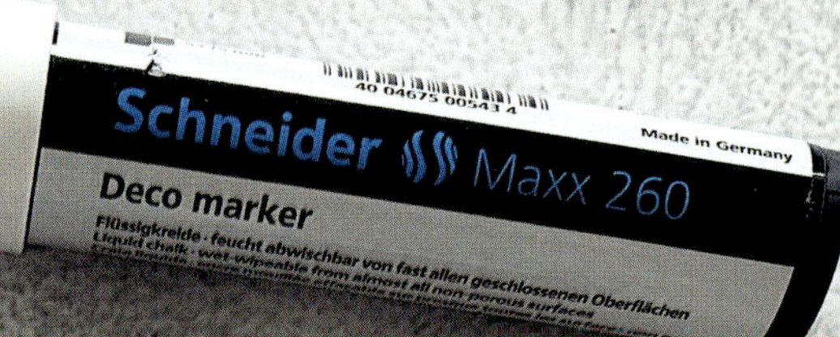

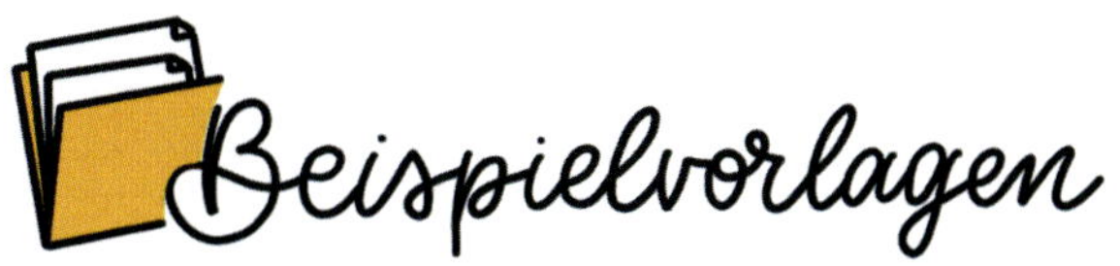

# Beispielvorlagen

Weitere Vorlagen findest du in der Online-Bibliothek über den QR-Code am Ende des Buches.

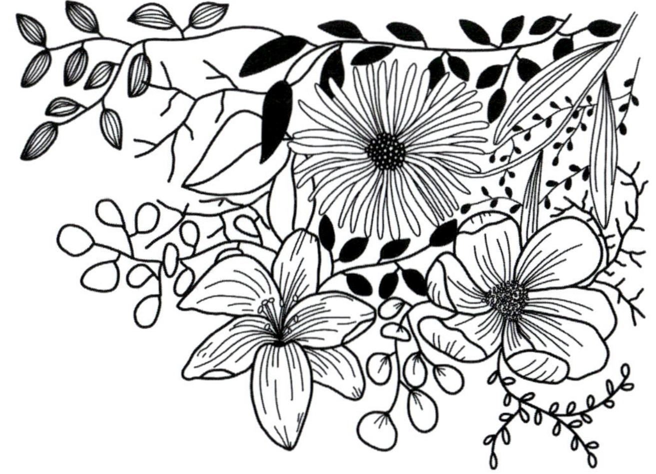

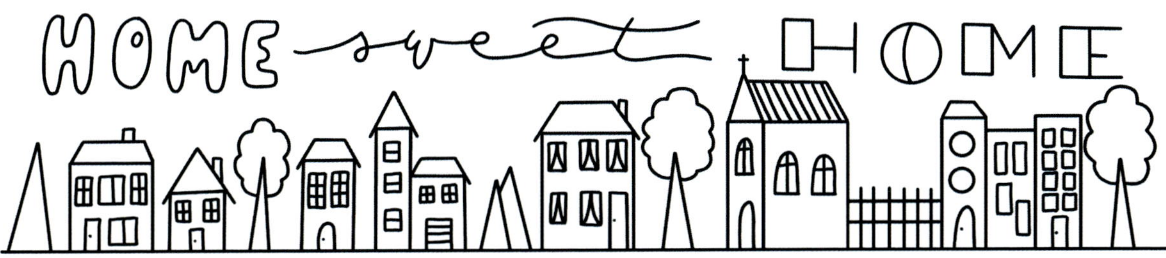


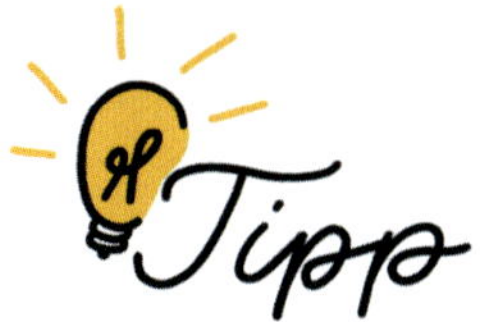

## Tipp

Einen Tipp habe ich noch zum Ende dieses Kapitels. Wenn du mit Markern länger auf gröberen Untergründen arbeitest, wirst du feststellen, dass sie mit der Zeit ausfransen. Du kannst die Stiftmienen der meisten Marker mit einem Handschuh ganz leicht herausziehen und umdrehen. So hältst du im Nu wieder einen Stift wie neu in der Hand.

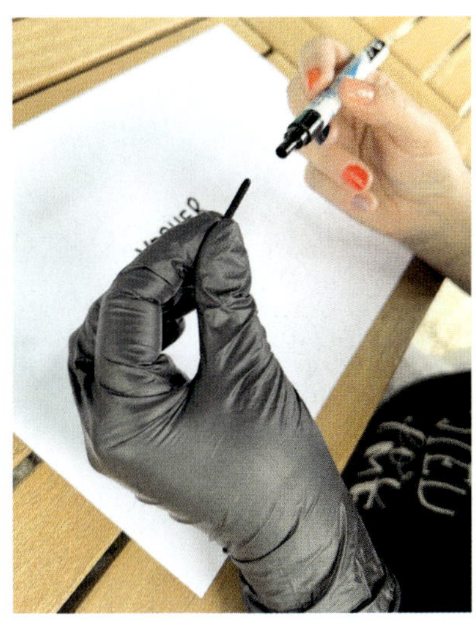

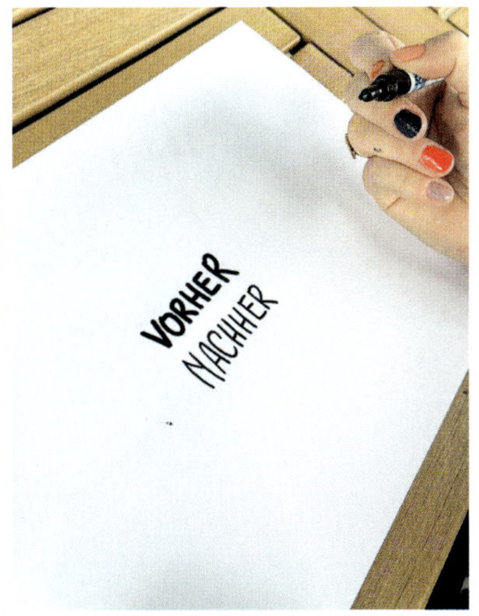

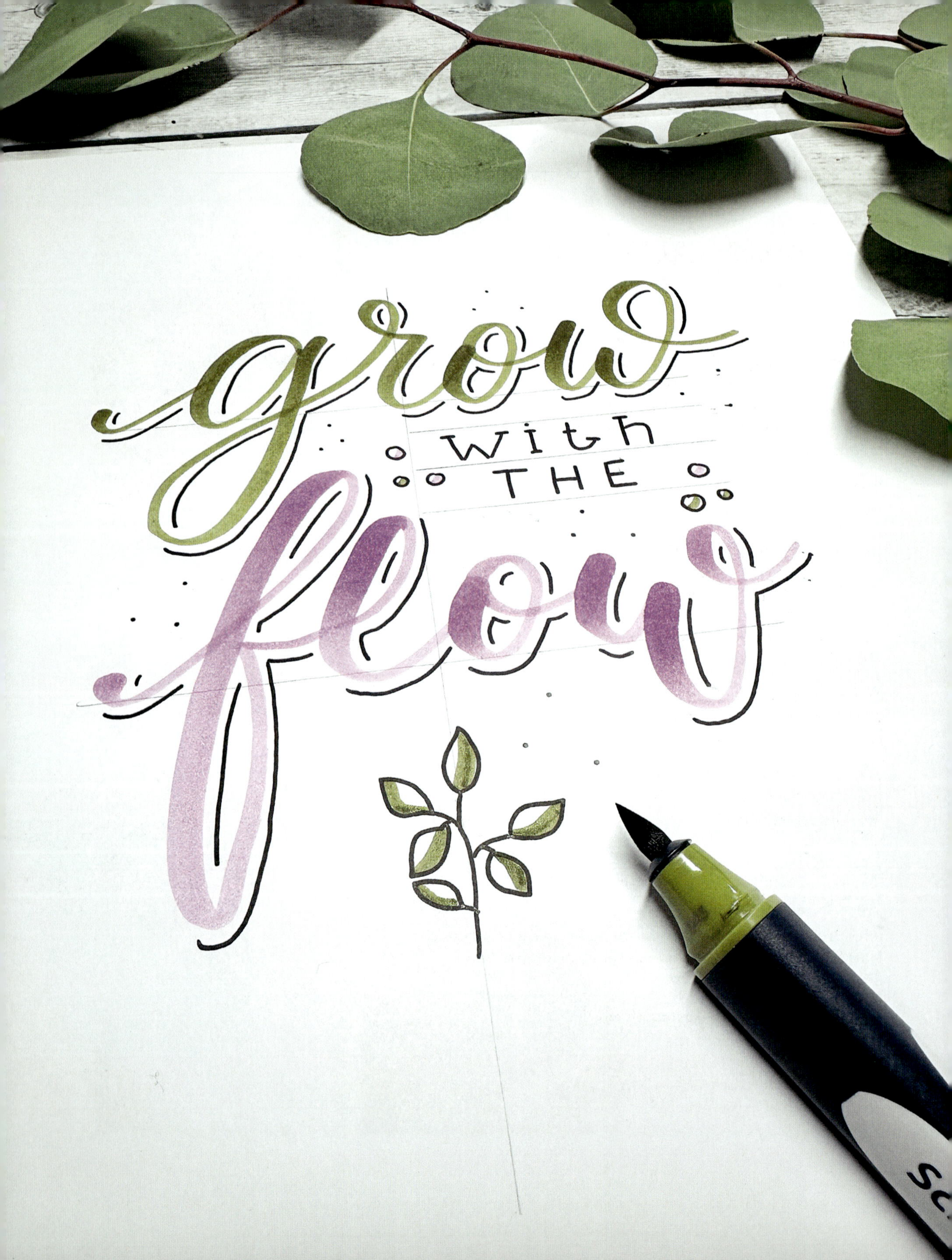
grow
with
the
flow

# Schlussgedanken

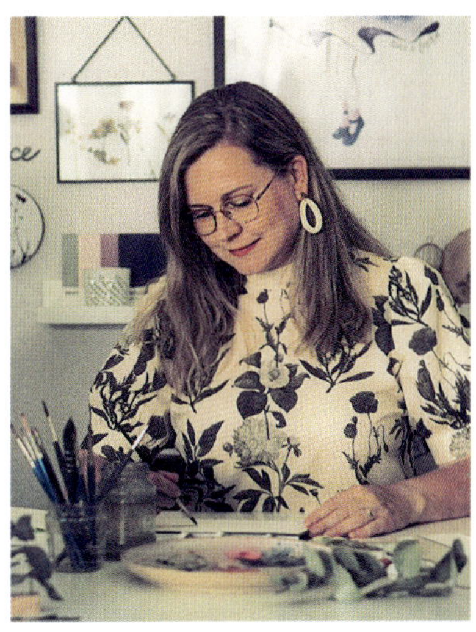

Am Ende dieses Buches lasse ich nochmal alle Projekte Revue passieren. Es hat Spaß gemacht, dich auf meine kreative Reise mitzunehmen. Ich hoffe, du hattest ebenso viel Freude. Ich möchte dich ermutigen, meine Projekte selbst auszuprobieren oder auch eigene Einfälle zu gestalten. Wirf die Ängste vor der leeren Fläche über Bord:

Wie wäre es, wenn du von jedem Land, in das du reist, einen Teller sammelst, den Namen des jeweiligen Reiseziels in einer Schriftart schreibst, die das Land repräsentiert, und eine Installation in der Küche schaffst?

Was wäre, wenn du für eine Freundin einen lieben Gruß auf eine Glasflasche schreibst, mit einer Flaschenpost versiehst und sie dann an jene Freundin schickst, der es gerade nicht so gut geht?

Wie wäre es, wenn du ein altes Regal abschleifst und es neugestaltest, bevor du es entsorgst und ein neues kaufst? Vieles lässt sich wunderbar recyceln.

Ich hoffe, dass wir uns gegenseitig inspirieren können und unsere Leidenschaft für das Kreativsein und das Schaffen von bedeutungsvollen Dingen weiter ausbauen und nähren können.

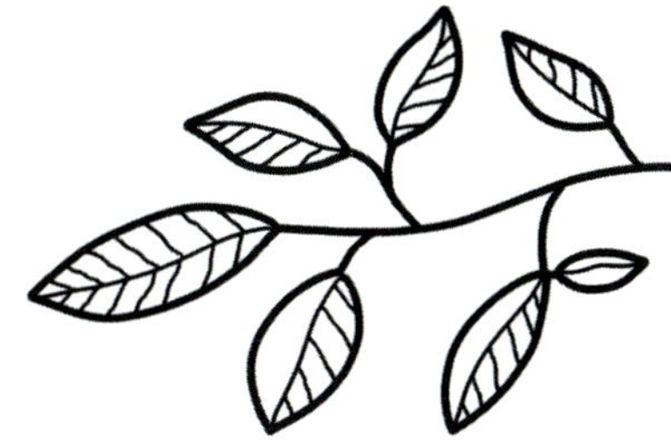

Weitere Inspirationen findest du auch auf meinem Instagramkanal: @Katja.Visualisiert

Ich würde mich freuen, wenn du deine Projekte unter dem Hashtag #katjavisualisiert mit mir teilst, damit ich deine kreative Reise verfolgen kann.

Ich freue mich auf den Austausch mit dir.

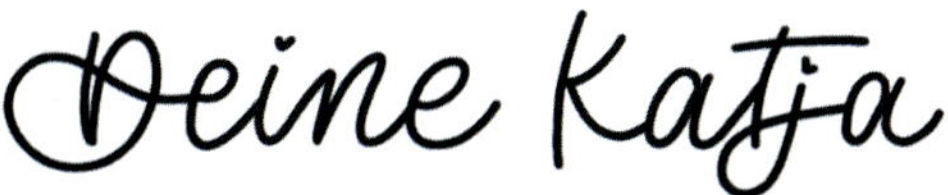

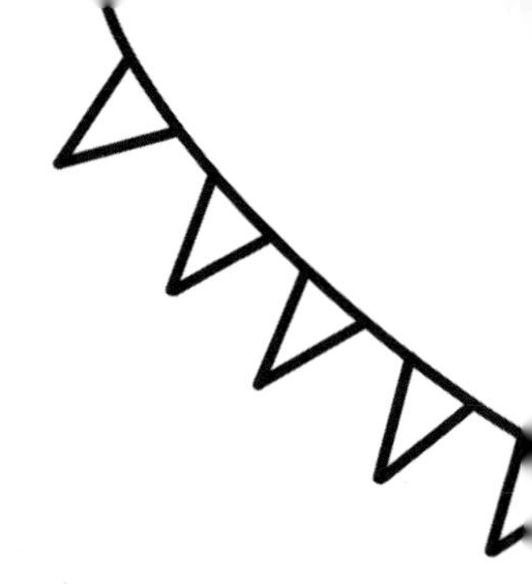

**Die DigiBib – Alle Updates für dich**

Hier findest du alle aktuellen Infos zu deinem Produkt, außerdem Extras, Videos, Vorlagen und mehr!

**www.topp-kreativ.de/digitale-bibiliothek/**

Freischaltcode: 57550

**IMPRESSUM**

FOTOS: Katja Reiter
LEKTORAT & PRODUKTMANAGEMENT: Iris Stegmanns
UMSCHLAGGESTALTUNG: Petra Schmidt
LAYOUT: Carina Scheffel
SATZ: Arnold & Domnick, Leipzig
DRUCK: Neografia, Slowakei





1. Auflage 2024

ISBN 978-3-7358-8158-8 • Best.-Nr. 28158


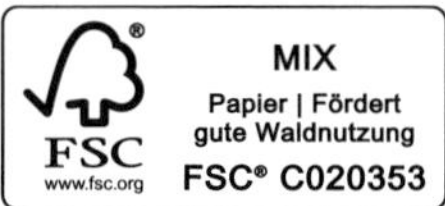



Penguin Random
House Verlagsgruppe
FSC® N001967


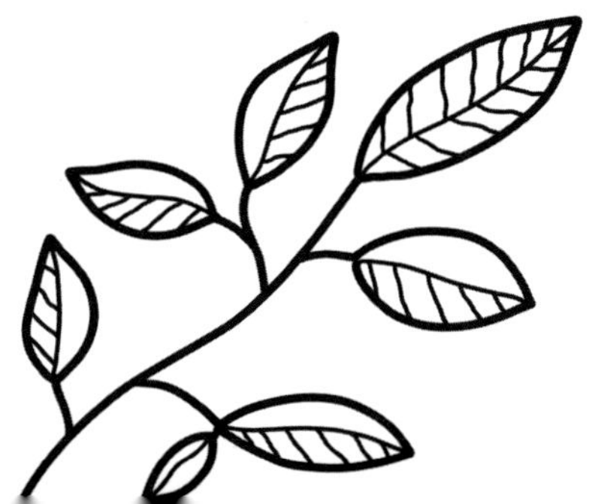